神奈川の関東大震災

100年後の視点

鈴木 晶／小川輝光／藤田賀久 編著

えにし書房

凡例

◇本書掲載の写真・画像で特に記載のないものは、著作権フリー素材を利用しています。

◇本文中の〔　〕は、末尾の参考文献を示しています。

◇第１部では、慰霊碑や震災遺構などに訪問できるよう、地図に位置を示しました。

はじめに

鈴木 晶

わたしが小学生だったころ、毎週月曜日は全校児童があつまって朝会がおこなわれていました。児童の前でお話をする先生の背景には4階建ての校舎がありました。壁面に小さな意匠が施されていたり、玄関にはステンドグラスがありました。長いスロープもあって、私はそこの掃除当番をしたことがありました。そのゆとりのある空間をもつ横浜市立子安小学校の校舎が、関東大震災の復興校舎だと知ったとき、その校舎はもう建て替えられていました。教科書などで学んできた関東大震災は身近にあったのです。

関東大地震はいまから100年前の1923（大正12）年に発生し、そこから起きた状況を総称して、関東大震災と呼ばれています。その前にも大きな地震や災害は起きていましたし、そのあとも起きました。起きた事象は、人によってさまざまな形で認識されて、記録され、語り継がれる中で「歴史」になっていきます。そこには忘れ去られた歴史もあり、また隠された歴史もあります。それらは「過去」であり、「現在」でもあり、もしかしたら「未来」かもしれません。

歴史の場所にはいまも記憶やモノがあったりします。この本を手に取って下さったみなさんは、読み進めながらアタマの中で関東大震災をめぐる歴史の動きを考えたり、当時の人びとの姿を思い浮かべてくださるでしょう。そこからどのような想像ができるでしょうか。そして、そうした営みから、みなさんは関東大震災の「記憶の場」を作ってみてはどうでしょうか。この言葉は、フランスの歴史学者ピエール・ノラが提唱した概念です。この本をめくりながら想像をふくらませる中で、人びとはなぜそのような行動をしたのか、どのような時代背景があったのか、その後にどのような影響をあったのか、などと思索をつなげてみてはどうでしょうか。ノラは「記憶とは生命であり、生ける集団によって担われる」と述べています。この本を手にした方は、関東大震災を生き抜いた方々や犠牲者にいま生命を吹き込むことができるのです。

第1部「神奈川県各地域の関東大震災」は、執筆者が各地を丹念に歩いて、史料を探して分析したものです。足元から関東大震災を体感することができると思います。第2部「テーマから見た神奈川の大震災」は、起きた事象に対していかに多角的に迫るか、という視点をもって掘り下げています。そして第3部「関東大震災100年その後」は、「未来への教訓」というサブタイトルが付いているように関東大震災がいまだに現代的問題でもあることを明確にして、自然災害との向き合い方を提示してみました。

わたしたち筆者にとって、みなさんが多層的に、足元から、そしてグローバルな視野から、100年前の関東大震災を通して「歴史の中の個人」という存在に目を向けてくだされば望外のよろこびです。そして「国際理解のための歴史を再訪する」（テッサ・モーリス＝スズキ）ことで、社会と向き合い、行動することにつなげてみてはどうでしょうか。それはこれからの防災への教訓にもなるはずです。

関東大震災100年の今年、わたしは4月から新しい職場へ歩いて通勤することがあります。道すがら通り抜けるトンネルには、「復興局」と刻まれたプレートがあります。その先には復興橋脚が架かっています。トンネルの縁には横浜大空襲の時についたとされる焦げ跡があります。また、少し寄り道をして山手の丘を登れば、そこには震災で崩れた洋館や、外国人商人を横浜に呼び戻すために建てられた復興洋館があります。いまも関東大震災は身近にあるのです。そして、新しい職場の歴代校長プレートには、震災記念館を造った中川直亮の名が初代校長として刻まれています。

通勤途中にある山手隧道（トンネル）と「復興局」銘板（1928）

目に見える風景は一つでも、この本がみなさんの心の中に「記憶の場」をつくる手助けになれば幸いです。さあ、まずは100年前にまなざしを向けることから始めましょう。

神奈川の関東大震災　目次

第３部　関東大震災 100 年その後──未来への教訓

第１部
神奈川県各地域の関東大震災

第１部は、神奈川県を襲った関東大震災の様子を地域ごとにまとめました。執筆者は各地を歩き、経験や教訓が刻まれた震災記念碑を訪ね、残された資料や文献研究を通じて、100年前の状況を考えました。地図情報を充実させましたので、ぜひ皆さんもフィールドワークに出て関東大震災を感じてみてください。

第１章　関東大震災と横浜
――フィールドから見る関東大震災

鈴木 晶

1.　関東大震災と横浜

横浜は、輸出入とも盛んな港町として有名です。開港後は貿易・商業都市として繁栄しながら、明治末期からは工業都市化が進んでいました。日本の玄関口として、多くの船舶や人々が行き交い、各国領事館や商館・商社が建ち並んでいました。中国、インドをはじめアジアからの人々もコミュニティを形成しました。また仕事を求めて多くの労働者が各地から集まってきました。

関東大震災では、横浜の建造物は耐震性の問題が指摘されます。1854 年の安政東海地震、翌年の安政江戸大地震などの経験は、街づくりでどう意識されたのでしょうか。現在の桜木町駅から石川町駅の間と横浜駅周辺は幕末の埋立地で地盤が脆弱でした。

大震災から 100 年が経つ現在でも、横浜には多くの震災の痕跡があり、大事に維持、保存されているものがあります。ここではいくつかの視点で紹介していきましょう。

2.　世界とのつながり

①領事館、外国商館など

1859 年の開港後、修好通商条約に基づいて東海道・神奈川宿付近の寺院に外国領事館が置かれました。しかし、日本人と外国人を分離したい幕府の思惑で、横浜に開港場が整備され、移転していきました。当時、17 の領事館や関連施設が置かれており、現在も痕跡があるのが**清国（山下町公園）**、**カナダ（政府通商事務所 / マリンタワー前）**、**フランス（フランス山公園のメダリオン）**です。領事館での犠牲者は、オランダや清の総領事をはじめ、アメリカ副総領事、サッカーを日本に普及させた恩人である英国総領事館・副領事の**W・ヘーグ（横浜開港資料館にプレート）**などがいます。

山下町公園
（以下写真はすべて筆者撮影）

カナダ政府通商事務所

フランス領事館にあったメダリオン

ヘーグたちのプレート

山手外国人墓地モニュメント

カイバーの墓

妙香寺「九六館内横死之墓」

蓮光寺「大震災殉職者」

また数多くあった外国商館での犠牲者の墓石は**天徳寺**（**中区和田山**）「**震災横死者供養塔**」、**蓮光寺**（**中区石川町３丁目**）「**大震災殉死者**」（**共友会／横浜ユナイテッドクラブ日本人従業員**）、**妙香寺**（**中区妙香寺台**）「**九六館内横死之墓**」があります。

山手外国人墓地には、門の右手に大きな**追悼モニュメント**が建ち、墓地には**フェリス女学校のカイパー校長**などが眠っています。**根岸外国人墓地**には、ユナイテッドクラブなどでの犠牲者13基の墓や、横浜市が建立した**外国人のための追悼碑**があり（1926年）、現在も横浜市長からの献花があります。

②インド

横浜にはイギリス人と共に、また商人としてインドの人々が幕末から来浜していました。1921年には横浜比無度（ヒンドゥー）協会が設立されました。彼らの存在は横浜のビジネス界には重要で震災後には神戸に移住したインド人を、官民挙げて店舗兼住居を用意して迎え入れました。

震災ではインド人28人が犠牲になりました。この時、横浜の人々がインド人を救済しただけではなく、インド人所有のテニスコートで日本人への炊き出しも行われました。山下公園にある**インド水塔**は、横浜市民への感謝の気持ちとして在日インド人協会から寄贈されたもので、現在でも毎年９月１日には在浜インド人、駐日インド大使、横浜市の関係者などが列席して、献花が行われています（**公園中央口の路面にもインド水塔のデザインがある**）。

このインド水塔の寄贈が震災16年後の1939年であることは、イギリスへの抵抗運動の高まりと、日本の反英運動の高揚が結びついた、とも推測されます。

根岸外国人墓地・外国人碑

９月１日に亡くなったアメリカ人の墓

インド水塔での「9/1 セレモニー」

③朝鮮半島

日本は日清・日露の戦間期に産業革命を一気に進めて、工業化そして軍事化を進めていました。不足する労働者は国内の地方から、さらに1910年、韓国併合が行われて土地調査事業で土地を奪われたりして離農した植民地労働者や、中国からの労働者が増加していました。神奈川の朝鮮人は運輸業（沖仲士など）や土木建築業者での単純肉体労働者が42%を占めていました〔岡本真希子〕。厳しい植民地支配に、朝鮮半島では1919年には3.1独立運動が起き、中国でも日本や帝国主義への抗議から5.4運動が起きました。国内では第一次大戦後の大戦不況のもと、安価な労働力だった朝鮮半島や中国からの労働者への不満が出始めていました。

1923年の関東大震災での朝鮮人への流言飛語は9月1日夜、横浜から始まったとされます。「朝鮮人が井戸に毒を投げ込んだ」「襲撃してくる」といったデマは、そうした事実はなかったにもかかわらず急速に広まり、混乱や不安が拡がる中で朝鮮人や中国人への虐殺が行われました。誤認された日本人も殺害されました。横浜市発行の『横濱市日報』9月14日付に、中央地区警備隊長名で「借用武器を返せ」という記事が掲載されています。

当初、横浜では約130といわれる自警団があり、彼らによる虐殺のほか、デマを信じたり、取り締まりを強化したかった軍や警察による虐殺の記録もあります。虐殺にはいくつかの要因が考えられますが、最大の要因は日本の植民地支配に端を発して、民衆がデマを植民地支配の報復ととらえたことや、軍や警察が朝鮮や中国の人々や社会主義などの運動を抑え込みたかったからだといえます。自警団結成のきっかけは米騒動でした。この時青年団が民衆側で騒動に加わったため、警察権力側に引き付けるため「民衆警察」として、在郷軍人を交えた治安対策のために組織されました。この動きに関与した一人が赤池濃（あつし）です。内務省・警察官僚として、米騒動時に警視庁、その後朝鮮総督府警務局長（1919～1922年）などを経て、震災時には警視総監でした。「植民地支配の経験をもっている軍隊と警察が先頭にたって民主主義体制を攻撃、とくに植民地民衆である朝鮮人すべてを敵視した」〔斎藤秀夫〕という構造がみえてきます。

虐殺の拡大で政府側からは、9月4日に自警団の行きすぎた行動を、5日には朝鮮人への制裁・流言を肯定する報道を禁止した上で、朝鮮人や社会主義者の不穏な動きがあったなどと情報を捏造したのです〔関東大震災時朝鮮人虐殺90年神奈川実行委員会〕。このほか、不況などにより不満がたまっていた民衆が「憂さ晴らし」的に暴発したとも指摘されます。そのベースには、福澤諭吉の「脱亜論」が影響したアジア蔑視の風潮も考えられます。

一方、鶴見や川崎地区での虐殺犠牲者は十数名でした。ただ、大川常吉・鶴見警察分署長の話で知られるように、9月2日に総持寺で、3日に鶴見分署に移送した朝鮮人約220人、中国人約70人が取り囲まれるなど、一部住民が激高していた状況はありました。ここでは町議会が県外追放を主張する中、大川分署長が9月4日に町議会へ出向いて、実際に朝鮮人・中国人たちがどのような様子か見てほしい、と主張して視察が実現しました。また、県警高等課長・西坂勝人は東京へ救援要請に行った帰路の様子をこう記しています。「新国道の中央に卓子椅子を揃えて事務を執って居たが警察署は真暗である。理由を聞けば鮮人多数を収容したが住民の計擧を慮り燈火を滅して置いたのだと云うことであったし、道路上の警察仮事務所付近には多数の鮮人が保護されて寝て居った」〔「震災一週年の想出」〕。

大川常吉碑

小野重行碑

佐藤善治郎碑

村尾履吉墓と敬慕碑

こうした大川の人道的判断と行動、地元議員・小野重行や有力者・佐久間権蔵などとの話し合いや説得、神奈川県警の見解もあって彼らの生命は救われ、9月9日、他の市内各署の朝鮮人と共に、浅野造船所岸壁から横浜港の華山丸へ移送されました（鶴見署から301名、合計723名。232名は横須賀海軍工廠へ引き渡され労役に従事）。大川は朝鮮人を雇っていた親方たちと、日常から接点があったそうです。翌年２月には地元潮田町の朝鮮人８名連署の感謝状が贈られています。大川の行動の評価と、「同時に地域のリーダーたちが民衆と署長との間で緩衝的な役割を果たして民衆の暴発を防いだことも見逃せない」〔今井清一〕という分析は、現代の社会のあり方も改めて問うています。横浜駅近くの神奈川高等女学校（現在の神奈川学園）でも校長が朝鮮人をかくまい、守りました。

横浜での朝鮮人虐殺は、神奈川区から南区を中心に行われました。虐殺人数については、金承学と在日留学生グループ〔大韓民国臨時政府機関紙『独立新聞』〕と、吉野作造たちの調査があり、全体で6661人（吉野2613余人）、神奈川県では1162人～2000人（吉野1129余人）が虐殺されたとしています。横浜で100名余の遺体があった地域は軍隊、警察の警備拠点と重なります〔山本すみ子〕。ただし公的機関が調査をしなかったため、その数は確定できていません。

＊朝鮮人虐殺（10人以上犠牲者の場所）　金承学と在日留学生グループ調査
子安から神奈川停車場150人、新子安町10人、御殿町付近40人、浅野造船所48人
神奈川鉄橋（青木橋）500人、浅間町及び浅間山40人、保土ヶ谷町31人、井土ヶ谷町30人、
戸山、鴨山30名＊、根岸町35人、土方橋から八幡橋103人、久保町30余名、戸部30人、
若尾別荘付近10余名、金沢村12人　（＊戸山、鴨山は、戸部、鶴越か）

当時、町中にあった朝鮮人の遺体の一部は市営三ツ沢墓地に運ばれ、行路不明人の墓域の大きな穴に投げ込まれました（虐殺遺体かは不明）。近所に住む退役海軍大佐、村尾履吉（のりよし）は翌年９月１日、朝鮮人埋葬地に木塔を建て、近くの陽光院で追悼法要を実施しました。これに同日、南区の宝生寺で追悼会を行った李誠七（イ・ソンチル）たちが合流しました。1883年、朝鮮生まれの李は朝鮮人の遺体を荼毘に付して位牌を作り、その後社会事業家として活動しました。村尾は1933年に２坪の土地を購入して、朝鮮人墓地を建設しました。自らの名を残さずに死後５年で共葬を望んでいましたが、1946年５月に亡くなると李たちは翌年、そこに村尾の墓を建て、「敬慕碑」を建てました。そして、朝鮮人墓所を**蓮勝寺（港北区菊名）に移設し（「朝鮮人納骨塔」、「弔魂碑」、1989年改修記念碑）、納骨堂を東林寺（港北区岸根）**に造りました。現在、追悼式は民団系が宝生寺、総連系が東林寺で行って

蓮勝寺「朝鮮大納骨塔」「弔魂碑」

宝生寺「関東大震災韓国人慰霊碑」

久保山墓地「関東大震災殉難朝鮮人慰霊碑」

います。蓮勝寺移設時に「弔魂碑」は九文字分が削られており、天皇の慈悲による、との文意だったようですが、正確には判明していません〔後藤周〕。「鮮民内地ノ文化ニ憧レテ」という文面にも問題を感じます。

南区の宝生寺は震災１年後に、住職の理解もあって李誠七が追悼式を開催しました。この縁もあって 1971 年に「**関東大震災韓国人慰霊碑**」が建立されています。

避難する途中で電柱に縛られた朝鮮人の遺体を目撃した石橋大司氏は、一市民として**久保山墓地の「横濱市大震火災横死者合葬之墓」**の近くに「**関東大震災殉難朝鮮人慰霊碑**」を建てました（1974 年）。裏面には「少年の日に目撃した一市民建立」と刻まれています。

当時の状況について多くの目撃証言が残されています。地元の南吉田第二小学校、寿小学校、石川小学校の児童が書いた「震災作文」が、横浜ハギハッキョの活動の中で発見されています（東京では『東京市立小学校児童震災記念文集』（展望社、2022 年）が復刻出版されています）。前述の県警察部高等課長・西坂勝人〔『神奈川県下の大震災と警察』〕や、戸部署長・遠藤至道〔『補天石』〕と警察官僚の記録があります。遠藤によれば、十数名の朝鮮人を第一中学校（現希望が丘高校）の理化実験室にかくまったと記されています。それぞれ史料検証をしながら読む必要もあります。

④中国

幕末から多くの中国人が買弁や商人、職人として来浜しました。中国からの人々は出身地別のコミュニティを形成して生活していました。日清戦争後には、日本に学ぼうとする多くの留学生が東京や横浜に来たり、変法派（康有為、梁啓超など）や革命派（孫文、黄興など）が逃れてきて、人口は増えていました。それゆえ震災での犠牲者は多く、横浜の外国人の 1789 人のうち 1541 人が中国人でした。1873 年に造成された**中華義荘（中国人墓地）**には、「**横浜震災後華僑山荘紀念碑」を中心に出身地別の墓碑** 15 基が建ち並んでいます。「**聘珍樓大震災殉難者慰霊碑**」もあり、コミュニティを大切にする中国人の文化が見えてきます。

横浜の中国人には、孫文の革命運動に協力した社会主義者もいて、官憲に狙われた可能性〔斎藤秀夫〕も推測されます。朝鮮人虐殺のみならず、中国人が襲われて虐殺された証言も多くあります。作家・評論家の保阪正康氏は、父親が東神奈川で体験した中国人虐殺の話を紹介しています。襲撃での死亡、傷害、行方不明者は 97 名でした〔伊藤泉美〕。横浜などで犠牲になった中国人学生の碑が、東京の麒祥院（文京区湯島、「中華民国留学発亥地震遭難招魂碑」）にあります。

市民団体が実施している追悼セレモニー

中華義荘の地蔵王廟と同郷会の殉難碑

＊アジアからの人々は、立場により処遇が大きく異なりました。インドからの人々に対しては救援があり、震災後も官民の協力で横浜に戻れるようにインフラが提供されました。その一方で虐殺された人たちがいたのです。1919 年の独立運動への反応は大きな要因です。虐殺された中国人には、「外国人」殺害ということで中国政府は調査団を派遣して、抗議しています。しかし朝鮮の人々は「日本人」ということで、政府としての犠牲者調査は行われませんでした（内閣府中央防災会議 2008 年『災害教訓の継承に関する専門委員会報告書』では犠牲者の 1 ～数%、と言及）。生命が、その立場などでここまで異なる扱いになっていたのです。

3.　物と場

100 年前の大震災ですが、横浜でも追体験をすることは可能です。ここでは現存する遺跡を中心に紹介します。まず、①現在も使用されている場所、②遺跡として保存・展示されている場所、③説明板だけがある場所にカテゴライズしました。①については現在も「現役」として使用されている意味、②については遺跡として残されている意味を、そして③については「現物」と「現物がない場所」をつなぐ、という意味で分類しています。その上で、④遺物が残されている場所、⑤自然環境の痕跡、⑥遺跡、説明板はないが記憶・記録に残すべき場所、にわけています。

①現在も使用されている場所

現在の**神奈川県立歴史博物館（中区南仲通 5 丁目）**は、横浜正金銀行の本店（1904 年）でした。日本銀行より早く設立されたこの銀行の堅牢な建物も、ドームを焼失しました（1968 年復元）。隣の**損保ジャパン横浜馬車道ビル（旧川崎銀行／中区弁天通 5 丁目）**も被災し、現在は当時の壁面が活用されています。また**開港記念会館（中区本町 1 丁目）**は横浜開港 50 年を記念した建物です。多くの部分が焼失し解体直前でしたが、その歴史的意義から修復されました。塔部の赤レンガの色がところどころ異なるのは、その痕跡です。新港埠頭にある**赤レンガ倉庫（中区新港 1 丁目）**は 2 棟のうち 1 棟が一部焼失して短くなっており、いまはイベント広場となっています。山下公園前の**戸田平和記念館（中区山下町）**も前部分だけが残っています。いずれも大きな損傷を受けながら使われ続けて、われわれに震災の被害を伝えてくれる貴重な建造物です。

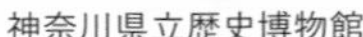

神奈川県立歴史博物館

横浜開港記念会館

手前が短くなっている赤レンガ倉庫

②遺跡として保存・展示されている場所

開発の際に土器や古墳が出土することがありますが、横浜中心部でも震災や空襲で破壊された遺構が出土することがあります。その強固な土台から、建物の多くが火災によって崩壊したと考えられます（**2代目横浜駅、2代目市庁舎基礎遺構、旧税関事務所、西洋邸宅遺構**（**80番館**）、**三渓園・松風閣崩壊跡**）。建造物としては、**元・開通合名会社壁面**（**中区北仲通1丁目**）が保存されています。2020年、横浜市の新庁舎が竣工しましたが、この工事の過程で大震災により崩壊した横浜銀行集会所や護岸などの遺構が出土しました。現在、**州干島遺跡**（**中区北仲通6丁目**）と総称されて、数か所で展示されています。

2代目横浜駅遺構

2代目市庁舎基礎遺構

税関事務所跡（手前のレンガ）

山手町80番館遺構

元・開通合名会社壁面

戸田平和記念館

③説明板だけがある場所

いくつかの寺院・神社、また企業や店舗では、震災を記した説明板を作っています。こうした説明板を作った方の気持ちを想像してみながら、街中に歴史の記憶を残そうとする取り組みが、多くの市民の歴史観を育んでいます（リスト参照）。

百段公園説明板

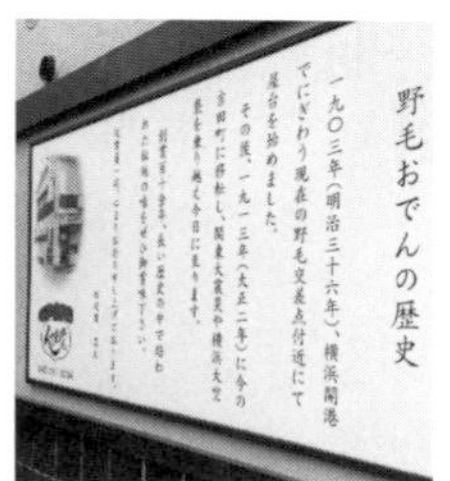

野毛おでん

④遺物が使われている例

関東大震災の遺物を利用した一番の場所は、ガレキなどを埋め立てて1930年に造成された日本初の臨海公園、**山下公園**です。その周辺では、中華街の**媽祖廟**の工事で発見された震災時のレンガが一部使用されたり、**海岸教会のモニュメントの礎石**に震災で崩壊した建物の石柱が使われています。また、損壊した鳥居をモニュメントなどに使用している神社や焼け跡にあったという**地蔵尊（西区願成寺）**や**倒壊鳥居（西区浅間神社など）**、崩壊したレンガ壁の一部を使用した**霞橋（西区霞ヶ丘）**などもあります。

山下公園

霞橋

浅間神社の倒壊鳥居

⑤自然環境

市内中心部では、地形に現れた震災の痕跡は見つからないと思われましたが、新市庁舎の工事で発見されました。**市庁舎地下１階（アトリウム下）**に展示されています。また「**象の鼻**」（**桟橋**）の護岸工事で発見された部分は震災による沈降がみられます。

自然の生命力の強さを教えてくれるのが、**開港資料館中庭にある玉楠の木**です。1854年日米和親条約締結時に、ペリーたちが上陸した場面の絵（ハイネ画）にも描かれていて、「豚屋火事」（1866年）と関東大震災で焼けてしまいながら、ふたたび芽吹き、開港資料館の中庭に現在もしっかり根を張っています。また横浜では湧き水が多くの生命を救いました（**中区打越霊泉など**）。

力強く根を張る玉楠の木

横浜市役所地下の隆起地形

「象の鼻」

⑥遺構・遺跡はないが記録に残る場所

ここでは具体的な場所を細かくはあげませんが、遺構や遺跡がなくとも、当時の記録にある場所は数多くあります。公的記録や小学生が日記に残したような場所をいくつか紹介します。

＊横浜での犠牲者数：加賀町署７千余人　伊勢佐木町署１万２千余人、寿署 2072 人、〔今井清一〕
　戸部署 1007 人、山手本町署 631 人、神奈川署 207 人、横浜水上署 309 人
・軍隊：憲兵隊本部、在郷軍人会本部、神奈川警備隊司令部設置（神奈川区高島山）
・臨時医療施設：関西府県連合（神奈川高等女学校）、済生会、日赤仮病院（浦島丘）、倉敷紡績（Y 校）
・外国からの救援：米陸軍救護班上陸、病院建設（中区新山下）
・その他：老人保護所（南区玉泉寺）桜道下に外人救護所（中区桜道下）
＊中国人虐殺が多かった場所：神奈川区子安町、神明町、西区高島町〔伊藤泉美〕

4.　追悼碑・墓

①特徴ある追悼碑……企業・団体

無縁仏のために横浜市が建立したのが「**横濱市大震火災横死者合葬之墓**」（**久保山墓地**）です。ここでは身元不明者約 3300 人の犠牲者が眠っています。すぐ近くには震災での対応に奔走し、9 月 16 日に亡くなった**横浜商業学校初代校長・美澤進の墓所**もあります（本書 118–119 頁参照）。

また当時、北仲通５丁目にあった**横浜地方裁判所での犠牲者**（約 100 人）の碑が、現在の**横浜地方裁判所の前**に建てられています。

横濱市大震火災横死者合葬之墓

横浜には多くの企業・工場があったことから、そうした場所や業界での追悼碑も建立されています。総持寺には**東芝による供養塔**や、保土ヶ谷区の**富士瓦斯紡績**では 4000 人近くの職工のうち、地方出身者を中心に 454 人もの犠牲者があったことから**東光寺に追悼碑**があります。ここから明治末期から横浜が工業都市化していたことを知ることができます。このほか、**業界として印刷、刺繍業による追悼碑、廓諸職**などからの**復興碑**があります。

横浜地方裁判所慰霊碑

富士瓦斯紡績「受難者之墓」

東芝「遭難死亡者供養塔」

「木村担乎先生終焉之地」

大正時代は格差が拡大したことで、貧困層向けの私立学校がいくつも設立されます。その一つが鄰徳学校で、震災で倒壊して犠牲になった設立者**木村担乎の終焉地碑と頌徳碑**があります。

＊職能関係の追悼碑
鶴見区　総持寺「遭難死亡者供養塔」(東芝)
西区　横浜地方裁判所「慰霊碑」
西区　東福寺「為横浜印刷業者震災惨死群霊追福」
西区　久保山　光明寺「横浜女子美髪模範研究会建立供養塔」
西区　久保山　回向院「横濱大工職組合第一部」
西区　久保山墓地「横浜割烹調理師吉野社員震災横死者記念塔」
南区　宝生寺　「横浜市壽理髪業組合建立横死者」
港南区　真光寺　「刺繍業　震災横死者之碑」
南区大　鷲神社「三社復興／廓諸職」「震災紀念」
保土ヶ谷区　東光寺「関東大震受難者之墓」

真光寺「刺繍業震災横死者之碑」

②その他の碑

横浜での被災というと中心部の建造物の倒壊・火災のイメージが強くありますが、追悼碑の立地を見ると、それだけではなく内陸部、特に横浜に多い丘や坂にあります。多くは密集していた家屋の延焼による一酸化炭素中毒死だったと推測されます（**中区谷戸坂、大丸谷坂、南区蓮沼坂など**)。これは横浜大空襲の時と同様の傾向です。

金沢区には**龍華寺「震災横死漂流者供養塔」と地蔵尊、由来碑**があります（1924 年 8 月 24 日建立)。由来碑には、地元の人々が 40 有余名の遺体を 9 月 14 日までに埋葬したが、翌年 7 月 22 日に荼毘に付し、また地元・大橋新太郎の妻・須磨子が 13 回忌に碑を建てたと刻まれています。このような漂着碑は、横浜以外にもあります（品川、大井、羽田、横須賀など)。1924 年 2 月 10 日付夕刊『やまと新聞』は、「虐殺鮮人数百名の白骨　子安海岸に漂着」と報じ、9 月 8 日の暴風で、虐殺されて海に放棄された遺体が漂着したことを報じました。

③復興

横浜では震災後、国としての帝都復興計画と、市としての復興計画＝「大横浜」構想が始まりました。しかし世界大恐慌の影響を受けて、財政難で計画は縮小を強いられます。しかしその取り組みの証として、市内各所では復興橋脚・小学校・公園が建造され、いまも復興碑や復興局銘板、説明板があります（本書 4 頁参照)。復興小学校は 31 校建設され、そのすべてにスロープが取り入れられました。現在はすべて建て替えられましたが、当時のステンドグラスが残る学校もあります（子安、日枝、大岡、滝頭)。復興公園は山下、野毛山、神奈川各公園、また、児童遊園地、元町公園があります。

大丸谷坂の地蔵

谷戸坂追悼碑

龍華寺

野毛山公園説明板

5.　おもな式典、セレモニー

震災直後の９月中旬から各組織、町内会などで開催されたものを史料からピックアップしました。各地を網羅したものではありません。

1923 年	9 月 23 日	英総領事館追悼式
	10 月 5 日	横浜公園で遭災者大追悼會（日蓮宗僧侶）
	10 月 18 日	常磐町衛生組合と青年團主催で大追悼会
	11 月 1 日	横浜公園　県市連合大追悼会、市教育者慰霊会（市教育会）
		このほか、総持寺で福島県人会追悼会を開催
1924 年	9 月 1 日	横浜公園　1 週年慰霊祭　神奈川県・横浜市連合
		山手外国人墓地　外国人追悼会（2898 人）英語・仏語で柱状の碑建立
		中華会館　中華民国人追弔会
		南区宝生寺　朝鮮人犠牲者追弔会（以後毎年開催され現在に至る）
1925 年	9 月 1 日	横浜公園　大震災殉難者三週忌追悼会
		西区戸部倶楽部　朝鮮同胞追悼会（警察介入あり）
1927 年	9 月	中区山下町中華親和劇場　震災四周年追悼会
1928 年	9 月	中区長者館　関東大震災虐殺事件第五週年追悼会（警察介入あり）
1929 年	4 月 23 日	横浜公園　震災復興「奉迎」式（昭和天皇が列席、約 2 万人参加）
		（横浜では翌年からこの 4 月 23 日を復興記念日と定めた）
	24 日	野毛山公園　復興祝賀式（市民約 1 万人参加）
1947 年以降		村尾履吉追悼　陽光院で 50 回忌まで実施

＊近年の追悼セレモニー

1980 年代～　久保山・常清寺で追悼行事実施

2013 年～　9 月第一土曜日　久保山「殉難朝鮮人慰霊碑」前～「関東大震災時朝鮮人虐殺神奈川追悼会」（主催：関東大震災時朝鮮人虐殺の事実を知り追悼する神奈川実行委員会）。

2022 年 9 月 1 日　鶴見区建功寺　関東大震災百回忌慰霊法要（鶴見区仏教会主催 20 カ寺）

〔『横濱市日報』、山田昭次作成資料など参照〕

海岸教会（震災で倒壊した石材を使用）

「震死」と刻まれた墓石（箕輪墓地）

復興校舎の一つ、子安小学校（100 年誌より）

6.　記録

震災直後から数多くの記録本、写真集の出版、また映像が上映され始めていました。今も図書館などに収蔵されています。横浜市は『横浜市震災誌』全 5 冊（1926 年～ 1927 年）を発刊して記録を残しています。横浜には震災翌年から戦時中まで震災記念館がありました（本書 147-149 頁参照）。当時、横浜に関係して発行された公式記録やそれに近いものを列挙します。

石野瑛『大震火災の横浜』1923 年
小池徳久『横浜復興録』横浜復興録編纂所、1925 年
神奈川県警察部『大正大震火災誌』1926 年
西坂勝人『神奈川県下の大震火災と警察』警友社、1926 年
神奈川県『神奈川県震災誌・附録』1927 年
横濱市震災記念館『震災記念館陳列品説明書』1928 年など

横浜では、明治期の史料は関東大震災で、その後の史料は横浜大空襲で焼失してしまい、市史を編むのに大変な苦労があったと聞きます。朝鮮人虐殺についての研究は 1950 年代から斎藤秀夫によって始められました。

また、地元の教員たちが子どもたちとの教育活動の中で、この問題に向き合うことで史実を知り、差別や偏見をなくすことにつなげていく調査・研究が、横浜ハギハッキョの活動から生まれました〔後藤周、山本すみ子など〕。フェリス女学院大学の取り組み〔『関東大震災女学生の記録：大震火災遭難実記』〕もあります。

一方で 2012 年、中学生向け副読本『わかるヨコハマ』での「虐殺」表現などが市議会で問題とされました。歴史学や歴史教育学、そして現場での実践をどう考えたのでしょうか。生命にかかわることが軽視されたことは人権問題であり、識者やメディアからも指摘がありました。

7.　視点

横浜では、震災後も使われている建造物や、遺構が多くあります。自分なりにテーマを決めて歩いてみてはどうでしょうか。そしてその場で起きたことを想像して、当時の人々が何を考え、どう行動したのか、追体験してみましょう。また虐殺事件を当時の日本の植民地支配といった社会構造

金蔵院「大震火災横死者供養塔」

増徳院大震災碑（行方不明）

居留地 48 番館

復興橋脚・港中学校

を意識して考えてみると、日本とアジアとの関係が見えてくるかもしれません。「朝鮮人が井戸に毒を投げこんだ」という流言は、パニック状態だったとはいえ、植民地支配の「仕返し」などと決めつけた人が多いようです。その前に日本が朝鮮半島で3.1独立運動を弾圧した時、井戸に毒を入れたという話も伝わっています〔松尾章一〕。不況の下で日本の人々も生活が酷い状況でした。一方で朝鮮人を守ったという話がいくつもあります。見つかれば自らの命も危うい中での行動は、日常生活を共にする中での信頼関係があってこそとされます。

関東大震災という、起きたことは一つですがそこからのできごと、人々の感情、それに影響を及ぼす社会の構造を考えていきたいですね。

後藤周は、600人以上の小学生の「震災作文」が3～6か月後に書かれたにもかかわらず、児童たちの無自覚な作文の背後に大人の無自覚を読み取り、「アジアの隣人を思い込みで殺してしまったことへの反省」がないまま「だからこそ次の戦争の時代は用意できたのだろう」と指摘しています〔神奈川新聞2014年9月9日付〕。最近でも、前述の副読本問題や、都知事が継続されてきたメッセージを「すべての人々への法要を行っていきたい」（2017年～）と災害と虐殺を同質に扱うようになっています。

近年、広島水害や熊本・大阪地震の直後に、外国人への差別的ツイートが見られて、2018年には法務省人権擁護局から注意喚起が行われました。関東大震災を学ぶことは、差別、多文化、防災を考える機会につながります。私たちは「日本の災害史上最悪の事態」〔2008年、政府中央防災会議報告書〕から、史実や当時の時代背景だけではなく、現代にも存在する共通の問題について自覚的になり、二度と繰り返さない意識が大事です。このことが横浜での最大の教訓ではないでしょうか。

【参考文献】

今井清一『横浜の関東大震災』有隣堂（2007）
遠藤至道『補天石』水月道場（1924）
大阪府『関東地方震災救援誌』大阪市（1924）
関東大震災70周年記念行事実行委員会『この歴史永遠に忘れず』日本経済評論社（1994）
後藤周作成資料「再び、三ツ沢フィールドワーク資料」（2010）、「朝鮮人虐殺を伝える横浜の石碑をたどる」（2012）
武村雅之『手記で読む関東大震災』古今書院（2005）
武村雅之ほか『神奈川県における関東大震災の慰霊碑・記念碑・遺構（その3県東部編）』名古屋大学減災連携研究センター（2016）
内閣府中央防災会議『災害教訓の継承に関する専門委員会報告書』第2編（2008）

西坂勝人『神奈川県下の大震災と警察』警友社（1926）
フェリス女学院 150 年史編『関東大震災女学生の記録：大震火災遭難実記』フェリス女学院（2010）
沼田清「［資料］関東大震災写真の改ざんや捏造の事例」『歴史地震』第 34 号（2019）
松尾章一『関東大震災と戒厳令』吉川弘文館（2003）
山田昭次作成資料「関東大震災時の朝鮮人虐殺の国家責任とは何か」
山本すみ子「横浜における関東大震災時朝鮮人虐殺」『大原社会問題研究所雑誌』No.668（2014）
横浜市『震災救護施設概況』横浜市（1924）
横浜市『横濱市日報』横浜市（1923）
岡本真希子「横浜における朝鮮人虐殺について」『この歴史永遠に忘れず』日本経済評論社（1994）
斎藤秀夫『関東大震災と朝鮮人さわぎ』歴史科学協議会（1958）
伊藤泉美「関東大震災と横浜華僑社会」『横濱開港資料館紀要』15（1997）
武村雅之「横浜市における関東大震災の慰霊碑・記念碑・遺構」『横濱都市発展記念館紀要』10（2014）

フィールドマップ

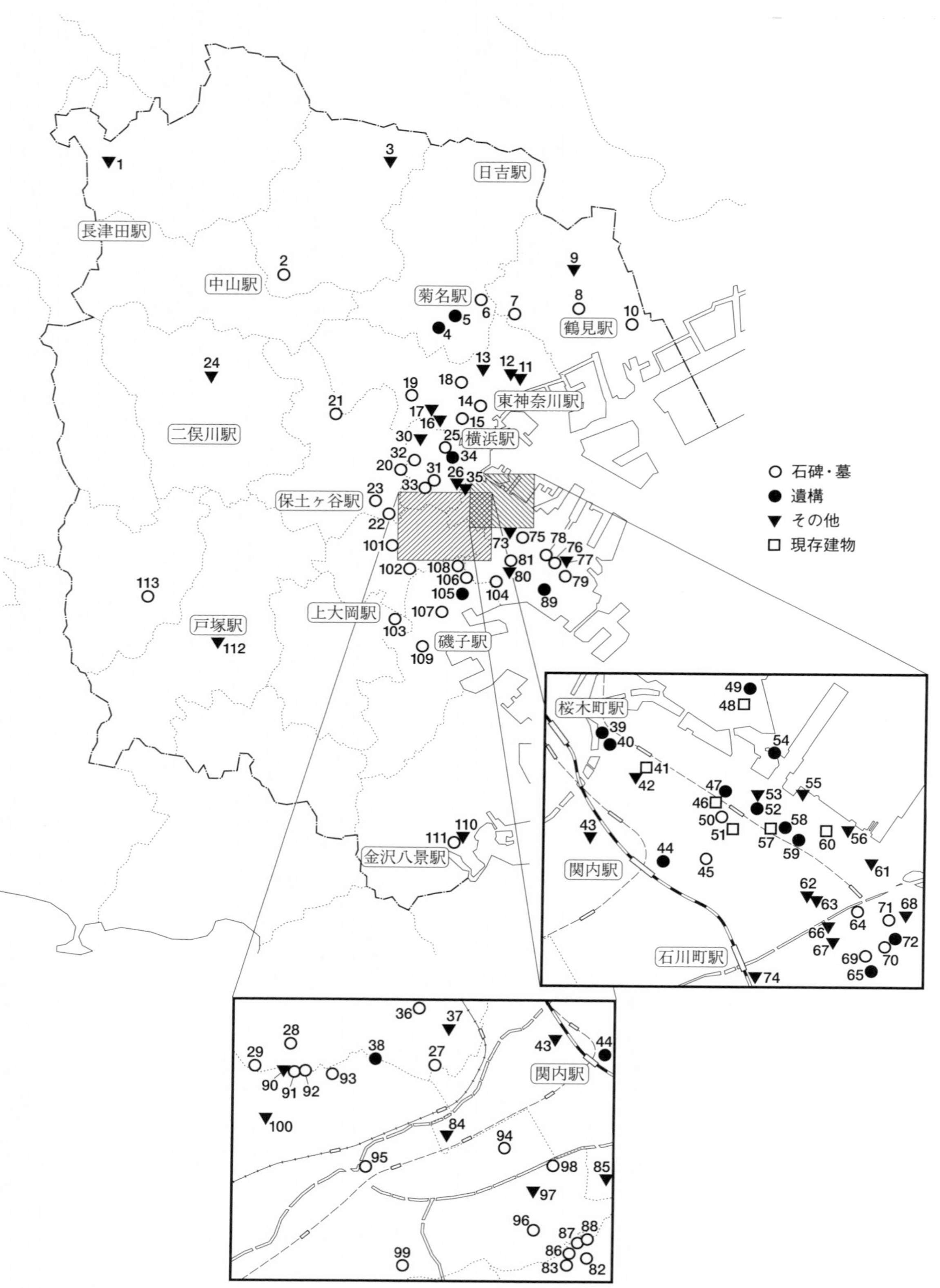
日吉駅
長津田駅
中山駅
菊名駅
鶴見駅
東神奈川駅
横浜駅
二俣川駅
保土ヶ谷駅
上大岡駅
磯子駅
戸塚駅
金沢八景駅
桜木町駅
関内駅
石川町駅
○ 石碑・墓
● 遺構
▼ その他
□ 現存建物

横浜の関東大震災関連モニュメント・痕跡リスト

■青葉区		
1　住吉神社	奈良町	「十一時五八分大震災倒壊」
■都筑区		
2　杉山神社	佐江戸町	「震災復興之碑」
3　山田神社	南山田町	社号標、一之鳥居
■港北区		
4　東林寺	篠原町	納骨堂
5　篠原八幡神社	篠原町	倒壊鳥居利用
6　蓮勝寺	菊名５丁目	「朝鮮人納骨塔」、墓地改修碑
		「韓国人納骨塔」、墓地改修碑
■鶴見区		
7　建功寺	馬場１丁目	「大震災・火災横死者供養之碑」
8　総持寺	鶴見２丁目	「遭難死亡者供養塔」（東芝）
9　愛宕神社	下末吉５丁目	石板「…震災倒壊…」
10　東漸寺	潮田町３丁目	「故大川常吉氏之碑」、大川家墓
■神奈川区		
11　大安寺	入江１丁目	説明碑（大震災で本堂焼失）
12　相応寺	七島町	鐘楼
13　八幡神社	白幡仲町	「白幡地方改良記念碑」
14　金蔵院	東神奈川１丁目	「大震火災横死者供養塔」（旧）
		「大震火災横死者供養塔」（新）、説明板
15　本覚寺	台町	「大正十二年…横濱都市計劃」
16　神奈川学園	沢渡	佐藤善治郎像（通常非公開）
17　観音寺	三ツ沢東町	犠牲者供養・観音教会→観音院→観音寺
18　（個人宅）	斎藤分町	「大震災遭難死者追悼記念供養塔」（非公開）
19　三ツ沢共同墓地	三ツ沢上町	村尾履吉墓
		「敬慕碑」
■保土ヶ谷区		
20　橘樹神社	天王町１丁目	「建震災復興記念」
21　東光寺	上星川２丁目	「関東大震受難者之墓」
22　北向地蔵堂	岩井町	「再建記念碑」
23　大仙院	霞台	「故木村先生頌徳碑」
■旭区		
24　神明社	今宿西町	「大震災記念」、倒壊鳥居
■西区		
25　パークハイツ横浜	平沼１丁目	「横浜ゴム発祥の地」
26　伊勢山皇大神宮	宮崎町	「照四海」塔（震災で損傷、修復）
27　東福寺	赤門町２丁目	「為横浜印刷業者震災惨死群霊追福」

28　久保山墓地	元久保町 震災犠牲者墓あり	「横濱市大震火災横死者合葬之墓」 「関東大震災朝鮮人慰霊碑」 「横浜割烹調理師吉野社員震災横死者記念塔」(倒壊) 「大震災横死者供養塔」愛心会 「萬霊之墓」末吉橋急坂など 美澤進墓(Y校校長・震災後倒れる)
29　大聖院	元久保町	「大震火災殉難者追悼碑」
30　浅間神社	浅間町1丁目	震災で倒壊した鳥居
31　願成寺	西戸部町3丁目	「大震災風水害横死者供養塔」 地蔵尊(藤棚と岩亀横丁のもの)
32　浅間車庫前公園	浅間町4丁目	「木村担乎先生終焉之地」
33　久成寺	藤棚町1丁目	「関東大震災横死者…慰霊塔」
34　旧横浜駅	高島町	崩壊した駅舎遺構(1915年)
35　成田山	宮崎町	五大尊並八大童子「大震災ノ厄ニ…」
36　羽沢稲荷	西戸部町1丁目	「馬頭観音塔」
37　野毛山公園	老松町	震災復興事業説明板
38　霞橋	霞ヶ丘	レンガ壁など崩壊したものを再使用
■中区		
39　洲干島遺跡	北仲通6丁目	工事で出土した震災時の建造物遺構
40　市役所地下	本町6丁目	工事で出土した震災時の隆起地層
41　神奈川県立歴史博物館	南仲通5丁目	元横浜正金銀行(1904年)。震災でドーム焼失
42　横浜馬車道ビル	弁天通5丁目	旧川崎銀行、外壁が当時のもの
43　野毛おでん	吉田町	震災、空襲を受けたという説明板
44　旧市庁舎	港町1丁目	2代目市庁舎基礎遺構(1911年)
45　横浜公園	横浜公園	復興記念碑、噴水塔(復興記念)
46　開港記念会館	本町1丁目	震災で内部焼失、塔レンガ修復跡(1917年)
47　県庁前遺構	北仲通1丁目	元・開通合名会社壁面
48　赤レンガ倉庫	新港1丁目	1号館の半分損失(1911、13年)
49　旧税関事務所	新港1丁目	震災で崩壊した建物の遺構(1914年)
50　横浜地裁	日本大通	「慰霊碑」
51　三井物産1号館	日本大通	日本初の鉄筋コンクリート造(1911年)
52　横浜海岸教会	日本大通	発祥地碑の土台は震災でのもの
53　開港資料館	日本大通	英国領事館員犠牲者プレート 玉楠の木(震災で焼失後発芽)
54　象の鼻	海岸通1丁目	防波堤遺構
55　インド水塔	山下町	山下公園内。インド人から市へ
56　山下公園	山下町	崩壊建物のガレキで造成(1930年)
57　ラ・バンク・ド・ロア	山下町	旧露亜銀行(1921年)
58　旧居留地48番館	山下町	旧モリソン商会1階部分(1883年)

59　山下居留地遺跡	山下町	開発で外国商館跡が出現
60　戸田平和記念館	山下町	建物の前面部分だけ残存（1922 年）
61　カナダ政府通商事務所	山下町	説明板（マリンタワー前）
62　山下町公園	山下町	清国領事館跡地（震災で崩壊）
63　媽祖廟	山下町	工事で出土した瓦礫を壁に使用
64　（元）増徳院	元町 1 丁目	「大震災横死者慰霊碑」（不明）
65　元町公園	元町 1 丁目	西洋邸宅遺構（80 番館）
66　元町百段館	元町 2 丁目	百段階段の昔の説明と写真
67　百段公園	元町 2 丁目	説明版写真
68　フランス山	山手町	フランス領事館跡、メダリオン
69　元町プール前	山手町	復興碑
70　山手外国人墓地	山手町	入口に慰霊碑
		震災犠牲者墓（カイパーなど）
71　谷戸坂	山手町	「大震災追悼碑」
72　横浜地方気象台	山手町	アメリカ海軍病院井戸
73　山手トンネル	山手町	復興局銘板
74　大丸谷坂	石川町 1 丁目	大丸谷震災地蔵尊
75　妙香寺	妙香寺台	「九六館内横死之墓」
76　天徳寺	和田山	「震災横死者供養塔」
		「震災横死者供養塔」（1929）
77　琴平神社	和田山	琴平神社由来説明板
78　箕輪墓地	和田山	「大正十二年九月一日震死」（3 名）
79　多聞院	本牧元町	「震災横死者供養塔」
80　築井戸稲荷	豆口台	「大震火災殃死者各霊位」地蔵
81　根岸外国人墓地	仲尾台	「ERECTED IN…」外国人追悼碑
		震災犠牲者墓（数十基）
82　中華義荘	大芝台 看板崩壊 王廟内に割れた碑	「本山后土之神」15 の碑、墓
		「横浜震災後華僑山荘紀念碑」
		「大震災遭難者之墓」
		「九一震災遭難者之墓」
		「聘珍樓大震災殉難者慰霊碑」
83　蓮光寺	大芝台	大震災殉死者（共友会）
84　子育地蔵尊	伊勢佐木町 7 丁目	金台寺の震災犠牲子ども慰霊地蔵
85　打越の霊泉	打越	震災、空襲で多くの人命を救った
86　圓大院	大平町	「大震災横死者追悼記念碑」
87　大圓寺	大平町	「大震災遭難横死者之碑」
		「大正震災長者五遭難横死者追悼碑」
88　西有寺	大平町	「大正大震災遭難横死者供養塔」
89　三溪園	本牧三之谷	松風閣崩壊跡

■南区		
90　常清寺	清水ヶ丘	永代供養施設（震災、空襲）
91　回向院	清水ヶ丘	「大震火災横死者諸精霊塔」（不明）
92　光明寺	三春台	「震火災横死者追善供養塔」
		「追遠碑　激震猛火横死者精霊」
		「両縁供養塔」、「天野家供養塔」、菩薩像
93　大光院	三春台	「大正震災横死者追悼碑」
94　大鷲神社	真金町１丁目	「三社復興／廓諸職」「震災紀念」
95　日枝神社	山王５丁目	献樹碑
96　蓮沼坂	八幡町	「大震災横死者供養塔」
97　中村八幡宮	八幡町	被災説明版
98　玉泉寺	中村町１丁目	「関東大震災焼死者供養」
99　宝生寺	堀の内１丁目	「大正大震災横死者之碑」
		「震災横死者供養塔」
		「大震災横死者追悼の碑」
		「関東大震災で亡くなった有情を供養するためにこの碑を建てる」
		「関東大震災韓国人慰霊碑」
100　大原隧道	南太田〜清水丘〜保土ヶ谷	復興事業、歩道と水道があり、東隧道／保土ヶ谷区岩井町につながる
101　旧日切地蔵	井土ヶ谷上町	「大震災横死者追悼之碑」
102　吉祥寺	大岡１丁目	「大震災火災横死者諸精霊之碑」
■港南区		
103　真光寺	上大岡東３丁目	「刺繍業　震災横死者之碑」
■磯子区		
104　白瀧不動尊	根岸町３丁目	「大震災紀念碑」
105　磯子八幡神社	原町	倒壊鳥居利用
106　海照寺	坂下町	万霊法善塔〜震災・戦災無縁仏
107　金蔵院	磯子４丁目	「大震災横死者碑」
		五重石塔〜震災供養塔
108　宝積寺	馬場町	「大震災追悼碑」
		「震災供養精霊」（５歳の子を悼んで）
109　森神社	森２丁目	「復興紀念」
		「鳥居建立建碑の序」
■金沢区		
110　安立寺	町屋町	震災・戦災など無縁仏
111　龍華寺	町屋町	「震災横死漂流者供養塔」、地蔵尊
■戸塚区		
112　戸塚駅西口	戸塚町	「豊塚堰」碑

■泉区		
113　中田寺	中田北２丁目	「香川法隆上人頌徳碑」
復興橋脚	復興局 37、横浜市 141	港中学校門柱（元花園橋親柱）など 現存橋脚多数あり
復興擁壁		野毛坂切通、本覚寺擁壁
復興護岸		掘割川護岸（上部）
復興西洋館	外国人向け	山手 234 番館

《**コラム**》

山田神社（都筑区）の震災復興碑から見えるもの
――中原街道が繋いだ「ネットワーク」

柴 泰登

私の勤務校（中央大学附属横浜中学校・高等学校）の大棚グラウンドのほど近くに、山田神社（神奈川県横浜市都筑区南山田町 3795、横浜市営地下鉄グリーンライン東山田駅より約 600 メートル）があります。この神社はもともと妙見社と呼ばれ、1445（文政 2）年、諏訪山大普門院観音教寺第 85 世正応僧正が、武蔵国秩父郡大宮町の妙見社から分祀して建立されたと伝えられています。しかし 1910（明治 43）年 11 月に周辺の神社と合祀されると、同時に山田神社と改称されています。

この参道入り口の左側には社号標が建てられていますが、実はその裏面に、本碑奉納の由来と、山田神社が関東大震災からどのように復興したかが記されています。

裏面は摩滅が激しく読み取りにくいですが、以下のような文章が刻印されています。

本碑奉納者小俣庄右衛門ハ橘樹郡高津町二子ノ石工ニシテ
孤叔父ニ養ハル平素病弱叔父之ヲ憂ヒ其無事成長ヲ本社ニ
請フタリ今庄右衛門齢五十子孫繁栄家業隆昌之レ全ク神護ノ
厚キニ因ルヲ信シ感謝ノ念切ナルヲ以テ此奉納ノ擧アリシ

別記
大正十二年九月一日大震災アリ本社社殿破損並ニ鳥居數基其外
石垣等崩壊シタルヲ以テ之ヲ復舊スルノ止ムナキニ至ル諸工事
ハ大正十五年九月一日起工同年十月二日竣成之ニ要セシ費額ニ
千六百餘圓役夫三百八十人ナリ

山田神社の社号標（左・正面、右・裏面。筆者撮影）

碑文を解読すると、この社号標はもともと橘樹郡高津町（現在の川崎市高津区北部）在住の石工小俣庄右衛門が、50 歳の時に奉納したものであることが読み取れます。また別記からは、1923（大正 12）年に起こった関東大震災によって本殿や鳥居、石垣などに大きな被害が生じたことが分かります。しかし、そのわずか 3 年後の 1926（大正 15）年に、約 1 か月かけて復旧工事が行われたことが記されています。しかしなぜ、山田神社は現地から離れた石工の手によって社号標が建立され、かつ関東大震災後、これほどまでに迅速な復旧に成功したのでしょうか。

この疑問を解くカギは「中原街道」にあると言えます。この街道は東京の虎ノ門を起点とし、大磯で東海道と合流するのですが、実は山田神社はその街道沿いに存在します。小俣庄右衛門が在住していた高津町はこの街道を使えばアクセスが容易です。また、山田神社は合祀後に周囲の尊崇をより集めたと考えられますが、人々は中原街道を利用して参拝に来たのでしょう。「中原街道を利用した、山田神社と周囲とを繋ぐネットワークの存在」が社号標にまつわる謎を解いてくれるのではないでしょうか。

教員は「世界の一体化」など、歴史の授業でマクロな視点でネットワーク論を紹介してしまいがちですが、学校の身近というミクロな視点からもネットワークを感じ取れる絶好の教材が存在していることは、忘れないようにしたいものです。

【参考文献】

『写真と地図と記録で見る　関東大震災誌・神奈川編』千秋社（1988）
武村雅之「横浜市における関東大震災の慰霊碑・記念碑・遺構」『横浜都市発展記念館紀要』第 10 号（2014）
『図説　都筑の歴史』編さん委員会編『図説　都筑の歴史』都筑区ふるさとづくり委員会（2019）
横浜都市発展記念館・横浜開港資料館編『関東大震災 90 周年記念　関東大震災と横浜　―廃墟から復興まで―』横浜市ふるさと歴史財団（2013）

《**コラム**》

市街地の被災民を受け容れた横浜郊外
――「中川村」を手掛かりにして見えてくるもの

柴 泰登

私の勤務校（中央大学附属横浜中学校・高等学校）が位置する都筑区牛久保および大棚は、当時都筑郡中川村に属していました。そこは震災直後、どのような様相を呈していたのでしょうか。

『神奈川県震災誌』に残る「神奈川県管内震災被害図」を見ると、中川村では建物の倒壊や道路の損傷などの被害が生じていたことが分かります（資料 1）。また建物や道路だけでなく、被害は橋梁や河川に及んでいたことが分かります（資料 2）。しかし、現在の横浜市の他地域より北方に位置する都筑郡の倒潰率は軒並み低く、都筑郡全体でも死傷者が 91 名に留まっていました（中川村では 1 名）。

けれども余震が続くなか、当時の横浜市近郊に位置していた中川村を含む都筑郡には、すぐに多くの市街地からの避難民が押し寄せるようになりました（9 月 2 日以降、都筑郡内に流入した避難者数は約 8500 人に上ったとされています）。しかしこの混乱の中で中川村は、約 7990kgに及ぶ食糧だけでなく、義捐金 815 円（133 人から）を被災者に提供しています。なぜこのようなことが可能だったのでしょうか。

中川村が余力を残していた理由は、1903 年に刊行された『神奈川県都筑郡中川村々是調査』からうかがい知れます。それによれば当時中川村は農村地帯で、米・麦類などが栽培されただけでなく、竹林から筍や山菜も入手できたようです。これらのうち、米以外の生産物はおもに自家消費されていました。すなわち関東大震災当時、中川村の人々の手元には食糧があったと考えられます。それらを提供することで、被災民を救ったのでしょう。横浜市街部とその近郊地帯は、大震災時にこのように対照的な様相を見せていたのです。

このように、学校に身近な「中川村」というミクロな視点から関東大震災を観察していくと、新たな局面が見えてきます。教員はついマクロな視点に基づき、都市部中心にこの事件を捉えようとしますが、「中川村」をキーワードとすることで、われわれは歴史的事象を重層的に理解するきっかけを得られるのです。

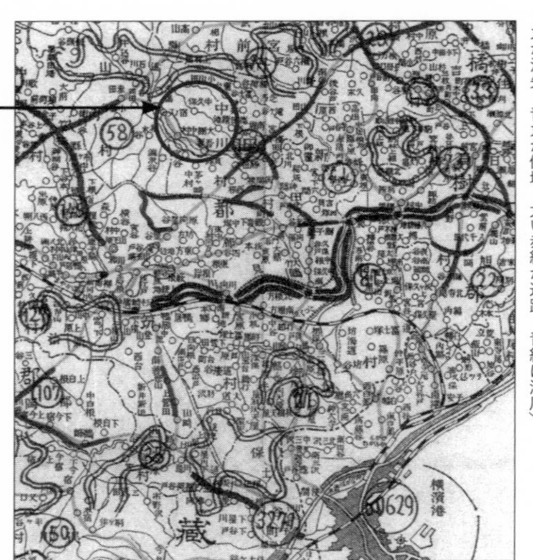

資料 1「神奈川県管内震災被害図（部分）」（『神奈川県震災誌』（神奈川県、1927年）付図より）。丸で囲まれた数字は焼失戸数、倒壊戸数、上塗りの線は道路、河川の損害を表す（原図はカラーで赤丸が消失、青丸が倒壊、太い赤線が道路、青線は河川）。

項目	被害状況
建物（住家）	全壊 55 棟（損害額 4 万 325 円）、半壊 83 棟（損害額 4 万 4560 円）、半壊以下 64 棟（2 万 70 円）。損害額の合計は 10 万 4955 円。
建物（非住家）	全壊 134 棟（損害額 2 万 1470 円）、半壊 71 棟（1 万 5455 円）、半壊以下 236 棟（損害額 1 万 9400 円）。損害額の合計は 5 万 6325 円。
道路	破損個所 58 カ所、破損延長は約 2393 メートル、損害額は 9380 円。
橋梁	5 カ所（矢橋、松橋、矢崎橋、鍛冶橋、境橋）が損傷。損害額は 1410 円。
河川	早渕川は 42 カ所、総延長で約 4703 メートルの堤防が破損。損害額は 1 万 2269 円。

資料 2 『関東大震災誌・神奈川編』から分かる中川村の被害状況

第２章　川崎の関東大震災
――朝鮮人虐殺問題を中心に

中山拓憲

はじめに

川崎の人々は関東大震災においてどのような経験をしたのでしょうか。

川崎は、明治の終わりごろより工業都市への道を歩みました。すると、工場労働や土木建築作業などに従事する朝鮮人が早くから住むようになりました〔朝鮮総督府調査『阪神・京阪地方の朝鮮人労働者』〕。したがって川崎の関東大震災を考える上では、朝鮮人の虐殺問題を避けることはできません。

これまで川崎では、市民団体などが主体となって関東大震災当時の事実を探究する活動や研究発表が積極的に行われてきました。例えば2012年には、川崎市教育委員会教育文化会館と多民族共生のまちづくり企画運営員「かわさきマウル」が、川崎の朝鮮人虐殺に関する学習会やシンポジウムを開催しました。2022年には川崎在日コリアン生活・文化・歴史研究会が「関東大震災虐殺と川崎」というテーマで展示会を開催し、さらに2023年夏にもイベントが予定されています。

本稿では、これら多くの研究成果に学びつつ、改めて川崎の関東大震災を振り返ります。なお、川崎市の誕生は1924年のことであり、ここでは1927年に合併した田島町（現在川崎区の一部）を含む地域を扱うことにします。

本稿を読み、より深く知りたいと思われた方は、社会福祉法人青丘社が川崎市より受託を受けて運営しているふれあい館に行かれることをお勧めします。事前に問い合わせてそこに行けば、川崎在日コリアン生活・文化・歴史研究会のメンバーにも会えると思います。

1.　川崎の震災被害

川崎の震災被害のうち、住宅被害は全壊2916戸、半壊4455戸、全焼１戸、半焼２戸（合計7374戸）、人的被害は死亡者383人、負傷者751人、行方不明者16人（合計1150人）でした。〔『大正震災誌』内篇、1926年、p453 川崎市史より〕

震災経験者に聞き取りをした記録が収録されている『十一時五十八分り災者の声』（川崎市臨港消防署婦人消防士グループ編集、1970年）によると、聞き取りした地域では、多くの家が半壊でした。被害が強かったのは瓦葺の家であり、多くが全壊しました。一方で、草葺きの家は比較的被害が少なったようです。瓦葺の大師小学校校舎は全壊しましたが、震災当日は始業式であったため、児童は午前中に下校していたことが不幸中の幸いでした。

火災による被害は少なかったようです。『り災者の声』によれば、農家の人たちは、母屋と「たき屋」（炊事場のこと）が離れていたことや、昼食を正午前に取る習慣があったので、地震発生時にはすでに調理が終わって火を消していたことが理由に挙げられています。1軒が全焼しましたが、これは縫物をした際の「こて（アイロンのようなもの）」の残り火が原因であり、地震の12時間後に起きた火災でした。

浜町とその周辺は、工場が多く建っており、日本鋼管が有していた社宅4棟をはじめ、工場の社宅に多くの被害が集中しました。また、浅野セメントの工場には、高さ55メートル・直径4.5メートルの巨大な煙突が4本立っていましたが、このうち2本が倒壊しています。

実は川崎における犠牲者383人の多くは工場で亡くなっています。たとえば富士瓦斯紡績川崎工場（154人）、東京電気川崎工場（65人）、日本鋼管川崎工場（9人）、明治製糖川崎工場（8人）、日本蓄音機川崎工場（4人）、浅野セメント工場（4人）です。

もっとも被害者を出した富士瓦斯紡績では、154人の犠牲者のうち134人が女性で、そのうち46名は沖縄出身者でした。彼女たちが夜勤明けで寝ていたところに建物内部にあった煉瓦製の防火壁が倒れて犠牲となったのです。〔「コラム5工場の被害と救援」『災害の教訓の継承に関する専門調査会報告書 1923年関東大震災【第2編】』2008年3月〕

以上を振り返ると、川崎では、昔から住む農家と比べて、新しく建てられた工場やその社宅における犠牲者が多いという特徴が見えてきます。彼らは天災の犠牲者であり、同時に近代化・工業化がもたらした「人災」の被害者でもあったのです。

2.　朝鮮人虐殺の諸相

工業都市へと変貌しつつあった川崎には多くの朝鮮半島出身者が住んでいました。関東大震災が発生した1923年当時、神奈川県下に住む朝鮮人労働者は1680人（土工1215人、人夫294人、職工・紡績18人、鋼管13人等）、このうち569人が川崎在住でした〔朝鮮総督府調査「阪神・京浜地方の朝鮮人労働者」『他民族共生のまちづくり〜戦前のかわさきにおける日本人と朝鮮人の関係史に学ぶ学習報告／資料集』より〕。そのため、多くの朝鮮人労働者が工場や社宅倒壊で犠牲になったことが考えられます。

関東大震災における朝鮮人虐殺の悲劇は広く知られています。「朝鮮人が井戸に毒を投げ入れた」「朝鮮人が襲撃してくる」、火災の酷かった横浜・東京では「朝鮮人が放火した」などのデマが飛び交ったことが虐殺の大きな原因です。『り災者の声』にも、横浜で朝鮮人が縛られている姿や、首のない死体を見たなどの証言が掲載されています。

川崎ではどうだったのでしょうか。『り災者の声』によると、各地域で、強制的に各戸1人を集めて自警団を組織し、夜の見回りをしていました。在郷軍人会など戦争経験者も参加しており、刀や竹やり、銃などを持って、組織的に朝鮮人を虐殺しようという動きがあったのです。例えば、火たき場でガサガサ音がしたので切ったという証言も残っています。人がいるかも確認せずにいきなり切ったということでしょう。

9月2日になると、戒厳令が出て自警団が解散した地域もありますが、朝鮮人襲撃のデマを信じて1か月もの間、自警団が見回りをした地域もあったようです。なぜそこまでしたのでしょうか。

時代背景として考えられるのは、1919年に朝鮮半島で3.1独立運動が発生したこと、これに対して朝鮮人を「不逞鮮人」と呼ぶなど日本人に敵愾心を抱かせる報道が増加したことが挙げられます。『り災者の声』の証言を見ても、朝鮮人を敵視する考えが見られます。

中原村青年団の団員の日記には、警察から「京浜方面の朝鮮人暴動に備えるため出動しろ」という連絡があり、在郷軍人、青年団、消防団が武器を持って集まったという記録（『川崎市史資料編』より）も残っています。メディアや警察によって、朝鮮人虐殺を容認する空気ができていました。

その結果、川崎でも朝鮮人虐殺の犠牲者がでています。以下、当時の新聞などから主な事件を取り上げます。

９月２日午後４時、倒壊した工場を後片付けするために雇われた朝鮮人のＲ（31歳）、Ｐ（24歳）、Ｋ（19歳）の３人が、富士瓦斯紡績工場正門近くに井戸水を汲みに行くと、それを見た日本人人夫が『朝鮮人が井戸に毒を投入した』と触れ回りました。すると、人夫30～40人と自警団約50人が駆けつけて、ＲとＰを虐殺し、さらにＫに重傷を負わせました。その時、朝鮮人と間違われた日本人のＴ（32歳）も殺害されています〔『東京朝日新聞』1923年10月20日号外、『読売新聞』1923年10月21日など。＊編集部註：記事中の本名はアルファベットにしています〕。

同じく２日夜８時頃、田島海岸で、日本鋼管会社職工の朝鮮人のＭ（23歳）が、Ｓ（31歳）という10人余りの日本人に虐殺されています。また同日夜、堀ノ内の開業医（日本人）が、日常の恨みを理由にＷという人物によって襲われ、瀕死の重傷を負いました。朝鮮人騒ぎに乗じた行動だったと報じられています〔『東京日日新聞』10月21日。＊編集部註：記事中の本名はアルファベットにしています〕。

3.　朝鮮人を保護した例

このように死傷者を出した一方で、朝鮮人保護の事実も記録にあります。例えば川崎警察署に勤務していた岡田信親巡査は、朝鮮人10人を発見し、川崎署へ護送しようとしました。その途中、約100人の群衆が集まり襲いかかろうとしました。すると岡田は刀を抜き「この朝鮮人などが本当に悪いことをしたのか。（中略）道を開けないのであればこの刀で戦う」と叫んだところ、群衆は道を開けたとのことです〔西坂勝人『神奈川県下の大震火災と警察』警友社、1926年〕。

また、土木請負会社の高須組（川崎区田島町渡田）には百人あまりの朝鮮人人夫が働いていました。経営者の高須栄吉は「おまえたちにはなんの罪もない。（中略）オレに命を預けて安心していてくれ」と伝え、彼らを匿いました。そして一人の犠牲者も出しませんでした。

しかし、町村から追放された朝鮮人たちは、居場所や食糧に困りました。こうした中、田島町（1927年に川崎市に合併）の栗谷三男助役は、逃げてきた朝鮮人を新田神社（現在の川崎区田島町渡田）に集めて保護しました。都市部から殺到した青年団員等が朝鮮人に危害を加えようとすると、栗谷は朝鮮人保護を町内の消防隊に求めました。

このように、朝鮮人を守る人もいました。しかし、当時の朝鮮が日本の植民地であったことを考えれば、これらの事実を単純な美談としてのみ語ることはできません。

おわりに

大震災の犠牲者の多くは、川崎の近代化・工業化の犠牲者でもありました。朝鮮人に対する敵対心も強く、岡田巡査の例のように、朝鮮人を守ろうとする日本人警察官に襲い掛かろうとしたり、町の助役の意向に背いてまで朝鮮人を殺害しようとした姿が認められるのです。

たしかに、危険を冒して朝鮮人を守った日本人もいました。たとえば、田島町の栗谷助役は「日鮮同化の必要を唱え」ていました。彼についての証言を読むと、栗谷助役は朝鮮人保護を行うことが同化政策の促進につながると考えていたことがわかります。同化政策は、後に朝鮮人に民族の名前や言語まで奪う朝鮮人の文化を否定する政策でした。

川崎の人々が経験した関東大震災は、帝国主義時代を生きた日本人と朝鮮人の複雑な状況を露にした事例なのです。

【主な参考文献】

川崎市教育委員会教育文化会館・他民族共生のまちづくり企画運営委員会「かわさきマウル」編『他民族共生のまちづくり～戦前の川崎における日本人と朝鮮人の関係史に学ぶ～学習報告／資料集』(2012)

川崎市臨港消防署婦人消防士グループ編『十一時五十八分　川崎市南部り災者の声』川崎臨港消防署 (1970)

藤野裕子『民衆暴力 ―― 一揆・暴動・虐殺の日本近代』中公新書 (2020)

姜徳相編『現代史資料 (6) 関東大震災と朝鮮人』みすず書房 (1963)

第３章　鎌倉市に残る関東大震災の記録・記憶とその継承

神田基成

はじめに

風光明媚で都心からのアクセスも良い古都鎌倉には、国の内外を問わず多くの観光客が訪れています。特にコロナ禍以前は、インバウンドの増加で外国人観光客は激増していたと感じます。そんな鎌倉には実に多くの寺社がありますが、その中には関東大震災に関する碑が建てられているところが少なくないことは、意外に知られていません。それらの石碑には犠牲者の氏名などが刻まれましたが、その存在から21世紀を生きる私たちはどのようなメッセージを受け取ることができるでしょうか。もちろん、鎮魂や慰霊という意義があることは言うまでもありません。しかし、私たちにとって時間的にも地縁・血縁的にも遠い存在となってきているのも事実です。それでもなお、石碑と付帯する属性や周辺環境などから、さらに普遍的な何かを感じとることができるのではないでしょうか。

執筆にあたり筆者は、震災から100年の2023年を機に、再び当時の震災への理解を深め、防災意識の向上に資するものにしたいという思いで鎌倉を歩きました。そして当時の人々の思いや意志を受け止め、次の100年に向けた提言を残そうと思います。

大震災から100年を経て、各神社・仏閣等がどのような情報を継承してきているのか気になった筆者は、鎌倉市内で宗教法人として登録されている団体のうち、震災以降に設置されたものを除いて160余りの団体にアンケート調査を行いました。「日誌・個人日記・写真の有無」については、公共機関に寄託しているものを除くとほぼ「無」の回答で、補足情報として「整理ができていないので不明」というものもありました。住職などの世代交代により、保管されているものの、未確認のものも多いのではないかと考えられます。例えば、震災について言及した業務日誌や個人日記が今後新たに発見される可能性もあり、期待したいところでです。今回は、海蔵寺、来迎寺、鎌倉宮、大寶寺、五所神社から５件の回答が得られましたので、それらも手がかりとしました。

鎌倉市内に存在する関東大震災関連の石碑は、既に名古屋大学減災連携研究センターの武村雅之先生が科研費を活用して網羅的に調査し報告書〔以下、武村報告〕を作成しています。鎌倉市域のすべての石碑を扱うことは紙幅の制約もあり難しいので、本論稿では武村報告に依拠しつつ、鎌倉市中心部を若宮大路で東西に分けたうえで、西部を中心に筆者の観点で取り上げた資料・石碑等が今日に伝えるものを読み解いていきたいと思います。

そもそも「関東大震災」と呼ばれ、本所被服廠跡地付近の大火災などから、東京の震災との印象が強いのですが、震源の位置や発生した災害の態様から「神奈川県の地震といっても過言ではない」〔武村 2016〕とも指摘されています。むしろ地形の起伏に富む神奈川県だったからこそ、多様な災害状況が生み出されてしまったということができます。それでは神奈川県や現在の鎌倉市域（旧鎌倉町、旧腰越津村、旧深澤村、旧玉縄村、旧小坂村）では、震災時にどのような被害が起こったのでしょうか。

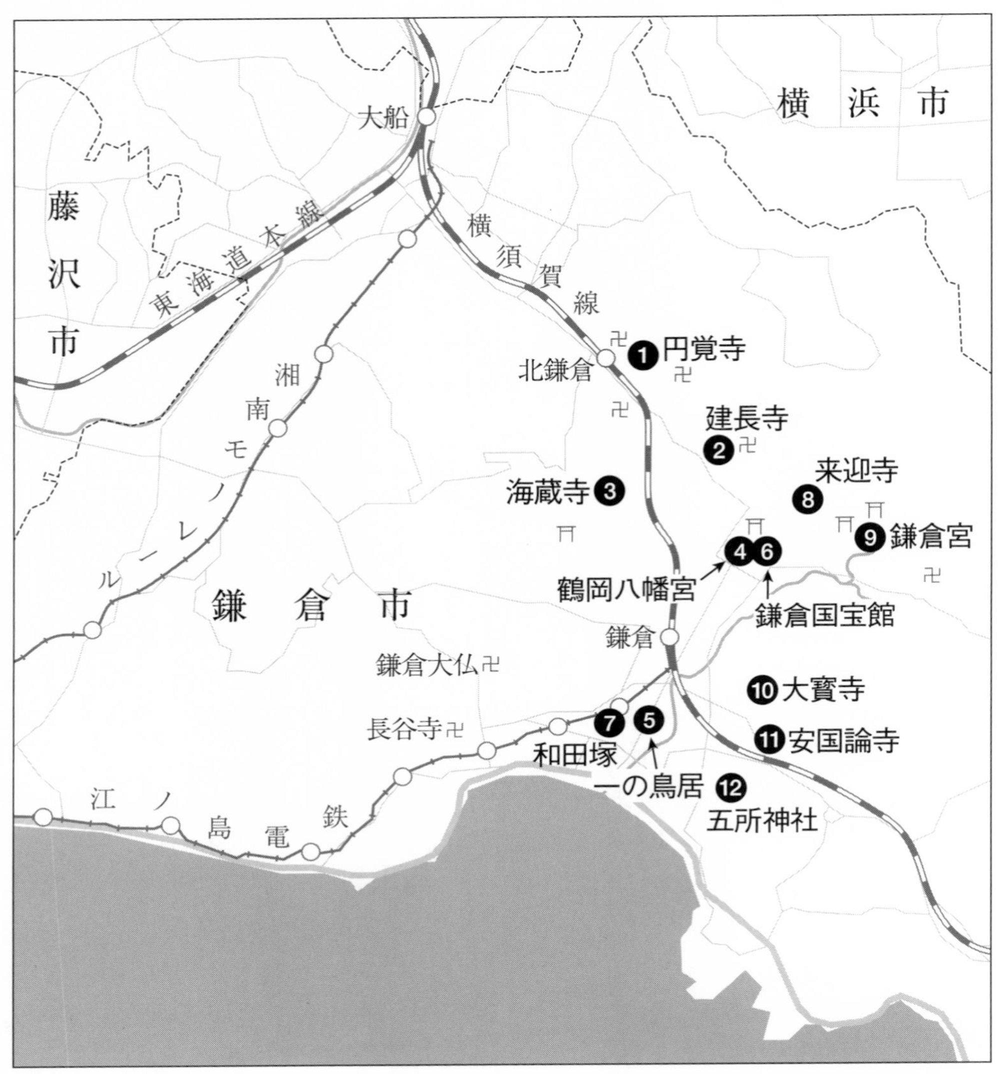

1.　鎌倉市西部（山ノ内、扇ガ谷）

JR 横須賀線は、旧国鉄時代から鎌倉市の中心部を縦断しています。横須賀線の開通は古く、1889 年ですが、北鎌倉駅は関東大震災後の 1927 年の設置です。設置においては、円覚寺住職と建長寺住職そして両山信徒総代の働きかけがありました。JR 北鎌倉駅から県道 21 号線（横浜鎌倉線）を鎌倉方面に歩く沿道には、鎌倉時代に創建された古刹・名刹が連なっています。学生時代に遠足などで訪れた方も多いでしょう。関東大震災では、この周辺道路の多くが寸断されてしまいました。当時、陸軍参謀本部陸地測量部（現在の国土地理院）が作成した「震災地応急測図原図」によると、現在は整備されている巨福呂坂も「大崩壊大石土砂の埋没三丈に及び復旧見込立たず人の通行のみ得」と記載され、鎌倉への往来が不自由だったことがわかります。

山ノ内では、まず鎌倉五山第二位の**①円覚寺（山ノ内 409）**が駅最寄りとして目を引きます。それもそのはず、JR 横須賀線は円覚寺境内を横切っています。円覚寺の被災状況は深刻で、三門（山門）以外はほとんど倒壊しました。震災後、復元は仏殿が 1964 年、舎利殿と方丈（住職が居住する建物）が 1929 年となっています。鎌倉時代の建材を使っていた舎利殿は文化的価値も高かったために、早期に復元されたとみられます。なお、震災復旧の際の方丈大棟の瓦を方丈庭で間近に見ることができます。

県道を鎌倉方面に登っていくと、鎌倉五山第一位**②建長寺（山ノ内 8）**に至ります。県道から天下門をくぐって境内へ向かうと、総門から順に、三門（山門）、柏槇の庭、仏殿、法堂、大庫裏、得月楼が一直線に並んでいます。この配置は、まさに中国の南宋時代の様式を伝えるものと言われています。『鎌倉震災誌』によれば、この建長寺も「被害甚大にして全山の堂塔殆ど倒潰した」とあります。仏殿と唐門は特別保護建造物に指定されていたこともあり、当時の文部省に掛け合って国庫補助など特別な配慮がされて復旧しました。このことを伝える建長寺仏殿唐門重修碑は、柏槇（びゃくしん）の庭に設置されています。

また、三門（山門）の西側の一角に震災供養塔と震災追憶供養塔碑があります。これらは仏殿唐門重修碑と同様に、震災時の建長寺管長で震災復興に尽力した菅原時保が建立に動きました。震災追憶供養塔碑の題額は、自らも王妃を震災時に材木座の別邸で亡くした山階宮武彦王殿下が下賜されました。

建長寺仏殿唐門重修碑（筆者撮影）

左：震災供養塔、右：震災追憶供養塔碑（筆者撮影）

供養碑には「更ニ遺族及現在未來ノ人ヲシテ此ノ稀有ノ惨事ヲ追憶シ人生無常ノ實際ニ覺醒シ長ヘニ幽魂弔慰ノ浄業ニ努メシメント欲ス」とあり、将来世代へと記憶を継承する決意が示されています。

供養塔から視線を上げると、建長寺に隣接して私立男子校の鎌倉学園中学校・高等学校の校舎がそびえています。旧学制では鎌倉中学校という名で知られた学校で、戦後には野球選手やタレント、ミュージシャンも輩出しています。建長寺管長菅原時保は、この学校の設立者で震災時には総裁を務めていました。鎌倉中学校は1922（大正11）年の創立、同年12月17日に2階建てで6教室が入った第2校舎1棟が完成したばかりでしたが、震災によって全壊してしまいました。校舎に応急処置をして第2学期を開始したのは10月15日でした。

創立50年を記念して編まれた『鎌倉学園　五十年のあゆみ』によれば、12月には「震災気分一掃のための催し」を開催、「元気を出そうというので仮装行列」をやったことを卒業生たちが話しています。つらい経験をした一方で、若い世代が盛り上げようと、主体的に工夫したイベントを企画し勉学に励んだ時代でもあったといえます。

倒壊した建長寺の門（『鎌倉学園五十年のあゆみ』より転載）

また、第1回卒業生で、9月1日に寄宿舎で被災し、後に鎌倉中学校の教頭まで勤め上げた石田脩倫が「震災の頃」と題して思い出を寄稿しています。そこには地震発生からの動きが詳細に述べられ、寄宿舎や校舎が倒壊していった様子が記されています。そこで目を引くのが、学校関係者による学校敷地と建長寺境内における救助活動です。学生たちも、怪我をした人、倒壊した建物に閉じ込められている人を近所の方々と協力して、次々と救出したのです。しかし、医者を呼ぼうにも巨福呂坂が崖崩れで通行できません。すると、いまだ余震が続くなか、学校備品の救急箱を探し出して怪我人の手当てまでしたというのです。そして、「3、4日はときどきある余震と悪質な流言蜚語の中で、建長寺や学校を守るため自警団に出たり、仮住まいの掘建て小屋作りに明け暮れた」と石田は述懐しています。

ここから読み取れるのは、被災直後に大規模な救助が望めないという実態です。つまり、まずは自助共助で出来る限りのことをしなければならないということを教えてくれています。また、鎌倉中学校のほか、教育機関として鎌倉郡では神奈川県師範学校、神奈川県師範学校附属小学校、鎌倉高等女学校、そして川口小学校、戸塚小学校、正修小学校、鎌倉小学校の公立4校が全壊したということです。しかし、『神奈川縣震災誌』の「全潰小学校調」には前述の公立4校に本郷小学校、川上小学校、中和田小学校、大正小学校、小坂小学校が加えられています。関東大震災では、多くの学校に甚大な被害が生じ、児童生徒たちの記憶に深く刻まれました。鎌倉中学校の生徒でも死者1名として記録されています。

県道21号線の巨福呂坂を下りきり直進、鶴岡八幡宮の外周を東に折れずに小町通りへと続く路地に入るとすぐに鉄の井があります。それを過ぎたらすぐに右折すると、この辺りは雪ノ下という地区で川喜多映画記念館があります。その裏手が崖になっており、元禄地震では窟不動と記念館の間で崩落が起き、道が埋まったそうです。

川喜多映画記念館のある雪ノ下から横須賀線の踏切を越えたら右折して、線路に沿って北上、道なりに緩やかな坂を登ってゆくと、静謐な場所に③**海蔵寺（扇ガ谷4丁目18-8）**があります。季節を彩る植物、そして崖をくり抜いたところに十六ノ井や櫓もあり、規模は小さいながら、多くの観光客を集めています。ここにも復興碑があります。碑文は判読しにくいのですが、本堂再建のために寄付をした方々の芳名と石碑設置の経緯などが刻まれました。それによると、檀信徒・篤志有志者の「喜捨」で、早くも1926（大正15）年に完成しました。

県道21号線に戻り鎌倉のランドマークである④**鶴岡八幡宮（雪ノ下2丁目1-31）**を見てみましょう。多くの寺社と同様に、八幡宮でも拝殿が倒壊、⑤**一の鳥居（由比ガ浜2丁目14）**が折れるなど大きな被害が出ました。

また、多くの文献に取り上げられているため、ここでは詳細を書きませんが、特に⑥**鎌倉国宝館（雪ノ下2丁目1-1 鶴岡八幡宮境内）**は、関東大震災を機に建設されました。鎌倉国宝館の玄関に掲載されているプレートによれば、国宝館設立の経緯について、寺社それぞれが所有していた仏像などの文化財が被害を受けたため、それらを一元的に維持管理し展示に供する施設として、鎌倉町、神奈川県、国庫、そして天皇からの下賜金で建設されたと説明しています。もともと鎌倉には多くの神社仏閣があり、国宝やそれに準ずる貴重な像や美術品が各所個別に収蔵されていました。それらの適切な保存方法が確立されていないことが心配されていたさなかに被災し破損してしまったのです。こうしたことから、新たな施設は、文化財の保護と散逸の防止の観点から、耐震・耐火・防湿・通風・採光そして盗難防止に注意したつくりとし、文化芸術の鑑賞と研究をするための施設としたということです。文化財は、由来する神社・仏閣等で鑑賞できる方が良いかもしれないですが、後世に良い状態で伝えていくためには整った環境に移す必要があります。当時の博物館が都市部での遺物の収集と保存を「優先」したのに対し、文化財展示の目的・方法が、一段と現地での保護の方向に動いた画期となった施設でもあるのです。

これまで寺社を中心とする震災の記憶を辿ってきましたが、自治体住民による慰霊碑も存在しています。それが江ノ島電鉄和田塚駅から南に50メートルほどのところにある⑦**和田塚（鎌倉市由比ガ浜3丁目4-7）**です。

大震災殃死者供養碑（筆者撮影）

鎌倉時代に討死した和田義盛一族を弔ったものとして知られていますが、ここに1935（昭和10）年9月建立の大震災殃死者供養碑があります。由比ヶ浜区が13回忌で建立したものだそうです。鎌倉町（当時）では412人が死亡しました。長谷が最も多く92人、次いで由比ヶ浜で74人の犠牲者がありました。

> 戸数662戸、内全潰176戸、半潰192戸、全焼105戸で、死亡者は74名重傷者は153名の多きに達した。

当区は本町の中でも比較的新しく発展した土地であるから、建物も従って新しく、且つ近代的粗造の建物が多く、広大にして華偖（原文ママ。華奢または華侈か？）なるいわゆる別荘建築も少なくなかった。加うるに地質が砂層かあるいは埋立地であったために、一層震動が強く感じたので、その被害も極めて激甚であった。すなわち六地蔵以西長谷境までの県道沿いおよび笹目通りの一部を除いては、ことごとく全潰全焼の惨状を呈したのである。

（中略）

老婆と子供一人建物中の下敷きとなり救助を求める声明瞭にききとることができたが、いかんせん火元に接していることゆえ救い出すこと能わず、まのあたりに人生最後の悲鳴を聞きつつ焼死のやむなきに至ったということであるが、実に悲惨極まる一場面であった。

（鎌倉町役場編『鎌倉震災誌』1930年。由比ヶ浜の項より）

旧字体や旧かな使いを変更、一部の漢字を平仮名やアラビア数字に直しています。カッコ内は筆者追記

2. 鎌倉市東部（十二所、二階堂、浄明寺、西御門、大町）

鎌倉市東部は朝比奈までの街道沿いに多くの寺社があり、それらも被災しました。⑧**来迎寺（西御門1-11-1）**など多くの寺社の「過去帳」と呼ばれる台帳に関東大震災関連の記述があることは知られていますが、アンケート回答によるとまさに「個人情報」も含まれるため、参照は難しくなっています。また、仏像修復について記載した棟札があるそうです。ここから県道204号線（金沢街道）に戻って、再び朝比奈方面に進み、岐れ道で左に進んでいくと、⑨**鎌倉宮（二階堂154）**に突き当たります。鎌倉宮は、明治天皇により創建された官幣神社で、護良親王を祭神としています。古都鎌倉にあって比較的新しい神社ですが、ここに鎌倉宮碑というものがあります。この石碑には、明治天皇が鎌倉宮を創建する時に、太政大臣の三条実美に語ったと言われる言葉が彫られているのですが、横に大きな亀裂が入っています。アンケート回答によると、この亀裂こそ関東大震災の際にできたものだそうです。

鎌倉市域では、記録の上では犠牲者こそ確認できないものの、複数の土砂災害が報告されています。若宮大路を海に向かって真っ直ぐ進み、下馬の交差点を逗子方面に左折して県道311号線を600メートルほど進んだ交差点を左折し、住宅街を300メートルほど入っていったところに⑩**大寶寺（大町3丁目6-22）**があります。ここには1931（昭和6）年に建立された法界万霊塔があります。中央にお釈迦様が配され、鎌倉町内の震災犠牲者の供養碑（「大震火災横死者之霊」とある）、日清戦争・日露戦争・第一次世界大戦での戦死者に対する供養碑（「報国殉難戦死者之霊」とある）となっています。

左・「大震火災横死者之霊」とある（筆者撮影）

ここから県道311号線に戻り、250メートル進むと⑪**安国論寺（大町4丁目4-18）**に至ります。日蓮上人が『立正安国論』を著した場所に建てられた日蓮宗のお寺です。この境内にある日蓮上人ゆかりの御法窟が、震災で崩れたのです。

また、鎌倉駅からバスを利用して九品寺バス停下車、300メートルほど東に進むと⑫**五所神社**

(材木座2丁目9-1) に至ります。入口にある鳥居は震災後の1927 (昭和2) 年に建てられたものです。もともとの鳥居は震災で破損したため、その残欠を残し、モニュメントを作ったようです。五所神社では、社殿の裏山が崩落してきたために社殿が倒壊・埋没、全壊しました。アンケート回答によると、これを機に崖崩れを防ぐために、神輿庫裏にコンクリートの土留めを、本殿横に鉄製のアングル材で防御柵を設置したということです。以上で述べてきたように、三方を山で囲まれた鎌倉市域では、崖の崩落など複数の被害が報告されているのです。

おわりに

東京府（当時）では火災による死者数や住家の焼失棟数は多いものの、住家全潰数やそれによる死者数は神奈川県の方が上回っていたようです。大火災発生地域とされた鎌倉町（当時）では全世帯数に対する焼失世帯数の割合である焼失率は19.9% で、死者数は497名にのぼりました。そして犠牲者の4割は火災によって亡くなっています。家屋の倒壊や付随して発生した火災によって、多くの命が失われたことがわかります。

また、海岸線を有する鎌倉市域には津波が到達しました。しかし、その被害については諸説あります。津波が滑川を遡上し、由比ヶ浜から長谷・坂下にかけても侵入して家屋が流出したことや、材木座海岸で犠牲者が出たことは確からしいのですが、『大正震災誌』の記述には、「海岸に遊びに来ていた多くの人が流された」という記述があるものの、季節や天候を考えると「海水浴客はほとんどいなかったはず」というような記述が『鎌倉震災誌』にあり、書籍によって矛盾する内容もありはっきりしません。91名の死因が「その他」とされ、この項目に行方不明者が含まれたことで、こうしたブレが生じた可能性があります。

一方、神奈川県内では大小多数の土砂災害が発生したことがわかっています。前述の通り、鎌倉でも崩落が複数確認されています。これが神奈川県における大震災の特徴と言えるかもしれません。

本論稿で扱ったのは、鎌倉中心部の西部と東部の一部です。これら以外にもたくさんの石碑などが現在の鎌倉市全体には残っています。取り上げなかったものは重要度が低いなどということは決してありません。その地域・地区の人々が犠牲になった人々を弔う気持ちはどこも同じです。しかし大震災から100年後の私たちが、そのような地域の記憶を宿したものから受け取れるもの・受け取るべきものは、追悼の気持ちに加え、次の災害に対する備えなのではないでしょうか。海に面しているわけですから、当然津波を想定しておかねばなりません。当時、鎌倉海浜ホテルは大きな被害を受けましたので、滞在していた外国人客も不安な思いをしたことでしょう。そして、三方を山で囲まれている鎌倉では斜面の崩落にも大いに警戒する必要があります。住宅街は路地が狭く、避難経路の確保も重要です。しかも多くの外国人が訪れる都市です。平時からの多言語表記、SNSを活用した避難準備情報の周知徹底と災害発生時の迅速な情報提供など課題はたくさんあると言わざるを得ません。鎌倉市域の資料・石碑は、鎌倉市の災害の特徴を今日に伝えてくれています。100年前の記録と記憶から次の100年へ、可能な限り犠牲者を出すことのないよう準備しておく必要があるでしょう。

謝辞

本論稿を執筆するにあたり、鎌倉国宝館の浪川幹夫先生には貴重なアドバイスをいただきました。そして、名古屋大学の武村雅之先生には、神奈川県を網羅した報告書という重要な文献の提供をいただきました。また鎌倉市内の神社・仏閣・教会へのアンケート調査・資料について建長寺および鎌倉学園のご協力をいただき、多くの成果を得ることができました。そして回答いただいた全ての神社・仏閣・教会関係者の皆様、この場を借りて御礼申し上げます。ありがとうございました。

【参考文献】

神奈川県編『復刻版　神奈川県震災誌』神奈川新聞出版局（1983）

鎌倉学園編『鎌倉学園　五十年のあゆみ』鎌倉学園（1971）

鎌倉町役場編『鎌倉震災誌』鎌倉市（1930）

武村雅之『未曾有の大災害と地震学――関東大震災』古今書院（2009）

武村雅之『科研費報告書』（2006）

武村雅之『復興百年誌』鹿島出版会（2017）

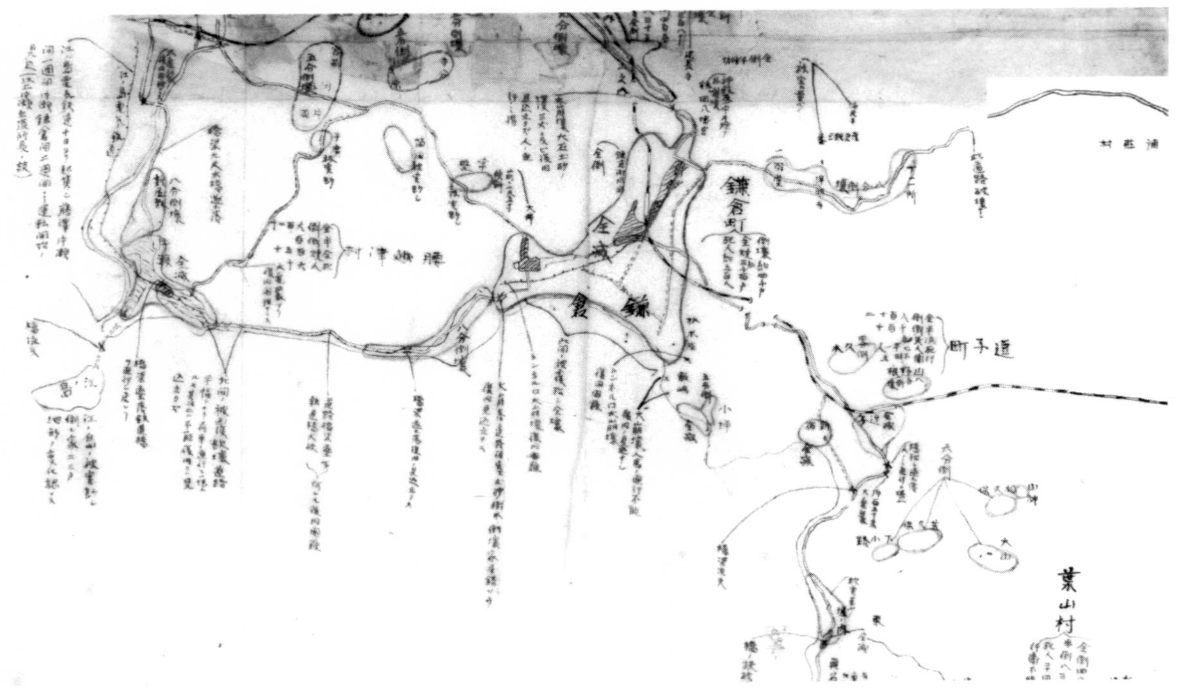

被災状況を詳細に調査し記録した「震災地応急測図原図」の鎌倉周辺部分（出典：陸地測量部　「震災地応急測図原図」国土地理院蔵　複製発行　（一財）日本地図センター、2008 年）

第４章　三浦半島の関東大震災
——横須賀、逗葉地区

塚越俊志

1.　関東大震災と横須賀

横須賀の本格的な発展は、1884（明治17）年に横須賀鎮守府が設置されてからでした。造船所を中心に拡大してきた下町区域（旧横須賀町域、海軍の街）と、海軍・陸軍の軍人、海軍工廠の工員たちの住宅地として発展してきた上町区域（旧豊島町域、陸軍の街）とが、別々に発展してきました。このため上町区域と下町区域との交通の便を計り、往来する道が必要でした。道路や坂道の整備、造成も街の形成とともに進められてきました。このような街づくりは計画的なものではなく自然発生的に拡大されたため、道路の幅も狭く坂も多く利用しにくい部分も見受けられました。

また、横須賀の人口の大部分は、海軍工廠で働く工員や海軍・陸軍の軍人で占められていた。特別な産業がないので、海軍工廠の景気や工員の収入の増減が横須賀の景気に色濃く反映されました。

①関東大震災と横須賀

横須賀市域（当時は横須賀市、田浦町、浦賀町、久里浜村、衣笠村、北下浦村、長井村、武山村、西浦村の１市２町６村が横須賀市域にあたる）の被害状況は、震災以前の戸数２万8645戸に対する住宅の被害は１万8000棟、人口13万7983人に対する死者・行方不明者が1174人、負傷者1536人で、被害が最も大きかったのは横須賀市、次いで浦賀町、田浦町の順でした。

横須賀市の被害状況は、郡役所・市役所・横須賀税務署・横須賀区裁判所・市立病院は何れも執務不能となったほか、９つの小学校、高等女学校、私立幼稚園は授業ができる状態ではありませんでした。春日神社は全潰、破損も４社あり、寺院では泉福寺が全潰し、半潰４寺、破損10寺にのぼりました。銀行は８行が全半焼、劇場や映画館もことごとく全焼もしくは半潰しました。

市内の８か所から発生した火災は、下町を焼き尽くし、市の中心部は壊滅状態でした。横須賀は急傾斜地が多いので、がけ崩れが発生し、生き埋めとなった者もいました。そのほか、ライフラインもことごとく被害を受けました。現在でいうところの「液状化」も確認されています。

浦賀町では、「全壊」「半壊」となった民家は約８割に達し、浦賀船渠株式会社では甚大な被害を生じ、火災も民家と船渠株式会社から発生し、東岸へも飛び火しました。浦賀で最も甚大な被害はがけ崩れで100人余りが崩落した土砂の下敷きとなりました。

横須賀市役所は庁舎が倒壊したので、庁舎の前にテントを張って執務を行いました。鎮守府内庭内が解放されたため、ここにテントを移転しました。その他の官公庁の事務は、しばらくの間、鎮守府前の「テント村」で行われました。

②横須賀鎮守府の動向

軍港内では深田台の海軍病院、海兵団、機関学校が全壊、建築部倉庫も出火、電信電話の不通、水道断水が確認されています。また、箱崎重油槽が破壊され、重油が海面に流出したため、軍港内は火の海となり、黒煙が立ち込めました。

鎮守府庁舎も崩壊したため、庁舎の前に仮司令部を設置し、防火隊の派遣、救助活動、港内艦艇の避難などを命じました。横須賀鎮守府司令長官野間口兼雄海軍大将が横須賀三浦郡の戒厳司令官を務めました。在泊中の艦艇は、震災直後から防火隊や救護班を編成して横須賀市内へ送り込んでいました。重油の流出のため、一時は軍港の外へ避難したが、数時間後には軍港内に戻り、再度防火隊などを市内に送り込み、消火と救護にあたりました。

任務で各方面に分散していた鎮守府が指揮する艦艇に対しても、在泊艦艇の通信機を経由して防火隊の派遣を命じました。

海軍省は横須賀・大阪・呉に配置した救難輸送の任務に就くよう連合艦隊司令長官竹下勇海軍大将へ命じました。

③陸軍の動向

関東大震災における横須賀の陸軍側の人的・物的損害は非常に少なく、重軽傷者6人でした。建物も屋根瓦の一部が落下した程度で済んだため、全力で救護活動にあたったといいます。

陸軍による組織的救護・警備行動は早く、当日第一震後、一時間余を経た午後1時から開始しました。まず、司令部のある中里付近一帯で発生した猛火を、重砲兵連隊の100人以上の兵で消火にあたりました。救護隊は、連帯命令により大隊ごとに「下町」「上町」、および救護活動中の警察支援に派遣されました。

陸軍では、1910（明治43）年3月18日の衛戍（えいじゅ）条例改正（勅令26号）によって、災害の状況に応じて適宜出動し、災害時の警備活動や救護活動を行う「災害出動制度」が確立していました。災害救援は、制度としては確立していたものの、国内警備の一環であり本来の任務ではなく、社会的活動として捉えられていました。

④復興と慰霊

関東大震災から幾分か落ち着きを取り戻した1923（大正12）年10月19日、田戸埋立地を会場に市内の犠牲者の追悼会が行われた。およそ3000人弱の参列者であふれていました。

市内には震災を記念した震災記念閣という博物館が建設され、現在も港町公園などに大震災遭難者供養塔が残されています。

1924（大正13）年2月5日、野間口鎮守府司令長官の転任に伴い、横須賀市会は緊急決議をもって野間口に感謝状を贈呈することを決定。さらに震災当時救護活動などに従事した陸海軍・警察をはじめ市会議員や部会に対しても感謝状を贈呈。ほかに震災救護活動に従事した諸団体や個人、奇特者などへは2月15日の市制施行日に合わせて感謝状が贈呈されました。

1923年10月8日には横須賀市復興会が発足し、横須賀の復興計画を立案することとなりました。総計277万円余の応急施設計画を建てますが、歳入の見込みが立たず、その全額を国庫よりの貸付に頼らざるを得ませんでした。

慰霊碑は次の通りです。

長安寺（久里浜） 1939（昭和 14）年の 17 回忌に山門内左手に「大震災歿死者供養塔」碑建立。
住吉神社（久里浜） 関東大震災に伴い、1927（昭和 2）年頃「社殿新築記念碑」を再築。
子之神社（汐入町） 社務所前に 1926（大正 15）年「大震災歿死者供養塔」碑を建立。
港町公園（汐入町） 1936（昭和 11）年「震災遭難者追善地蔵尊」碑、「震災供養塔移転並記念閣建設ノ由来」碑が汐入町 2 丁目 1 番地から移転。
ほかに潮入町には 1929（昭和 4）年に「遭難者之氏名碑」、海軍中将藤原英三郎書の「大震災遭難者供養塔」碑を建立。
延命地蔵堂（本町） 1925（大正 14）年「大震災殉難慰霊碑」建立。
諏訪大神社（緑が丘） 境内の本殿への石段手前に 1926（大正 15）年「大正大震災記念碑」建立。
緑が丘には 1925 年「大震災避難記念碑（海軍大将野間口兼雄書）」を建立。
米海軍基地内下士官クラブ（楠ヶ浦町）前に「震災記念碑」建立（建立年月はない）。記念碑上部の針は関東大震災が発生した 11 時 58 分を指している。
観音埼灯台（横須賀市鴨居）、関東大震災によって、灯塔に亀裂が生じ、北東へ 6 度傾斜したため、震災復旧工事を行い、1925 年に完成。現在に至る。

⑤横須賀市域の対策の特色

横須賀では震災後、多くの海陸軍人らが市民の救助にあたりました。多くの命が軍人らによって救われたのです。震災直後の市の対応はすべて機能していたわけではなく、事前に災害対策が講じられるわけでもありませんでした。このため、救命、救護、食糧支援など、その多くが陸海軍の指揮下に行われました。

関東大震災により、横須賀の大部分が壊滅したことを受けて復興計画が立てられ、街並みの計画的建設が行われました。しかし、復興は困難をともない、加えて横須賀は海軍に依存していたことから税収入が少なかったほか、海軍助成金問題や海軍による土地の集中化が進むなど、「軍都」独特の問題が介在していました。

こうした事情から、横須賀では、震災後、官民協力して横須賀振興会をつくり、総力を挙げて復興にあたりました。

2.　関東大震災と逗葉地区

逗葉地区では、1889（明治 22）年に横須賀線逗子駅が開設されると、別荘地として脚光を浴びるようになりました。井上毅、金子堅太郎、高橋是清、桂太郎など重要なポストにあった政治家の別荘は一色に集中していました。また、皇室の保養地として葉山が選ばれたのは、皇室の侍医を務めたベルツらが推薦したことにはじまり、1893（明治 26）年着工、翌年に完成しています。

葉山御用邸は日清戦争のころ、明治天皇が大元帥であり、東伏見宮依仁親王（ひがしふしみのみやよりひとしんのう）が海軍大将だったことから、東京に近く、さらに海軍の拠点・横須賀に近いという軍事的に重要な場所として選ばれました。御用邸が造営されると、葉山は自然環境や住環境に優れ、治安も保たれた高級別荘地として、世間に認められ、華族をはじめ政界官の要人、陸海軍の将官、学者、実業家、芸術家らが次々と別荘を建てていきました。

①関東大震災と逗葉地区

1923（大正12）年9月1日、午前11時58分32秒。神奈川県西部から相模湾を経て、房総半島の先端に達する震源域で断層がずれ動いたことで起こったのが関東大震災です。小田原付近と三浦半島直下を震源とした双子地震と、その数分後に発生した2つの余震により複合的に発生しました。

葉山地域の津波は鐙摺の須賀神社石段2段まで、真名瀬では道路を越えました。

葉山村の被害は、1924年の『震災予防調査会報告書』では全潰家屋が472軒。1926年の『大正震災志』では死者数の明記はなく、全焼4戸、全壊170戸、半壊241戸。『神奈川県警察史』では死者2名と確認できます。同年、皇室より見舞金が下賜されており、葉山村死者19名、全壊85戸、半壊166戸、全焼4戸、不承7名に対し、1924円が配分されました。

なお、葉山御用邸では全倒3戸、一色の北白川宮邸、有栖川宮邸、堀内の東伏見宮邸の被害はいずれもわずかでした。

下山口では、地震直後に1.21～1.51メートルの津波が押し寄せ、堀内では第1波が1.2メートル程度、第2波が3メートル程度でした。

逗子市（当時は逗子町）では、全焼が3戸（逗子、桜山、小坪各1戸）、死者66名、負傷者67名でした。

食糧の調達は、逗子停車場構内に葉山角田商店の白米300俵があり、これをいち早くおさえ、上泉徳彌中将の尽力で横須賀鎮守府から協力を得、その間のつなぎとして大谷水雷学校長の「英断」により、救助米として在庫米の多くが放出されたといわれています。

逗子では、保土ヶ谷の蝋燭製造者小林のもとへ書記を派遣して、夜が暗いので蝋燭を各戸に配分しました。

②逗葉地区で関東大震災を経験した外交官たち

逗葉地区で関東大震災を経験した外交官に駐日フランス大使で詩人のポール・クローデルとベルギー大使アルベール・ド・バッソンピエールがいます。

震災時、クローデルは大使館にいて、クローデルの家族は逗子のベルギー大使の家にいました。特にクローデルは逗子にいた長女マリーが津波に巻き込まれたのではないかと心配していました。

当日、クローデルは大使館や在日フランス人の様子を確認し、翌日、家族の状況を確認しました。逗子にいた娘は無事でした。クローデルは、かろうじて津波に飲み込まれなかったのは、神の加護のおかげであるとしています。娘が住んでいた家も無事であったようです。

一方のベルギー大使アルベール・ド・バッソンピエールは、1923年7月15日に逗子の別荘に向かいました。9月1日、バッソンピエールは、子どもたちとクローデルの娘たちとともにサーフィンに出掛けました。この日は日本の古い暦だと210日にあたり、台風襲来の時期で、稲の開花期にあたるため、日本人農家にとって「厄日」であることを知ったと記しています。

バッソンピエールは子どもたちに潮の流れが速いから岸から遠くへ行ってはいけないと念を押しました。

突然、地震が発生し、逗子海岸に津波が押し寄せました。バッソンピエールは自分の子どもを見失わないようにしながら、クローデルの娘を勇気づけながら、旅館（おそらく養神亭）の庭に入り、地盤の固そうな場所にじっとするよう子どもたちに告げました。

バッソンピエールは富士見橋の方に向かい、妻の無事を確認しました。その後、川の少し上流の対岸の庭でバッソンピエールの運転手が三人の子どもとクローデルの娘、ヴァルラヴェンス神父を乗せた船を確認しています。

バッソンピエールは「回想録」に「湾は空っぽになったように見え、その光景はなにか暗におそろしい感じを与えた。また津波が襲ってくるに違いなかった」と記しています。

９月２日、フランス大使クローデルが逗子に来た時には、町全体が津波に襲われたことを知っており、彼の娘がバッソンピエールの家族と共に死んだのではないかと気が気でなく、飛び出したようです。無事に娘と再会できた時の喜びようは想像されたいとしています。

震災後、現金・食料・衣類がアメリカとイギリスを中心とした世界各国から贈られてきました。ベルギーはバッソンピエールのもとに数100万フランの義援金と木綿ラシャの布地を大量に送ってきたようで、これを日本政府に納めました。

③逗子市沼間にある神武寺の震災前後の対応

まず、神武寺の基本情報から確認しておきましょう。

神武寺は天台宗の寺院で山号を医王山といいます。『神武寺縁起』によると、724（神亀元）年、聖武天皇の命で行基が創建し、平安時代、円仁が再興したと伝わっています。

『吾妻鑑』によると、1209（承元３）年５月15日、３代将軍源実朝が神武寺と岩殿寺（現逗子市久木にある曹洞宗の寺院）に参詣している記事が確認できます。

また、神武寺やぐらの弥勒菩薩は神楽師の中原光氏が「罪障消滅（ざいしょうしょうめつ）」を願って作らせたといわれています。中世までは少なくとも鎌倉文化圏内に位置付けられています。

続いて、神武寺の関東大震災の記録を紹介します。

1923（大正12）年９月29日付、神武寺72世少僧都佐久間暢海の「依頼状」には、表門通りが崩落し「土炭取り除き」に付、檀家一戸一人使用役当各部世話人へ発するとしています。暢海は関東大震災を「今回ノ大地震ハ当国未曾有ノ最大厄難ニテ一般ノ当惑困難一方ナラザル処」と述べています。

神武寺の被害状況について、地形は第三紀の凝灰岩に囲まれ、森林の中にあるため、気温が低く湿度が高く、「地質の関係上比較的緩やか」であるが、山王社殿は「倒潰」、客殿は「傾斜大破損」、本堂楼門等は「損事難き方なる」としています。

また、表門通りの海宝院茅山等５か所が崩壊しました。これらを「取片付及傾キ起コシ等回復ニハ諸職工莫大ノ人数ヲ要シ、修繕急ヲ要ス」としています。そこで、30日は日曜日なので、自家修繕など忙しいが檀家に復興の手伝いを依頼しました。

ただし、①住宅が潰れている者は出役免除。②出勤は１人前に対し、弁当料金30分給与する。③出勤しない者は金２円を持参し、最寄りの出張人に断り申し出る。④30日午前８時過ぎに総門へ集まり、鍬・鎌等を持参する。⑤役触れのことは各部世話人が引き受ける。という条件が付されました。

1925（大正 14）年 1 月から復興が始まり、収入よりも支出の方が多くかかる中で、寄付金や借り入れなどで賄いました。不足分を補うのに工面しながら復興に努めたとされています。

④慰霊碑など

逗子市久木 6 丁目にある妙光寺の門前に震災復興を伝える題目塔があります。

逗子配水池にある日清・日露戦争の忠魂碑（忠魂塔）は 1906（明治 39）年 7 月 20 日に建立されました。当初、延命寺に建てられましたが、震災により倒壊したため、六代御前の墓域に移され、その後、1935（昭和 10）年に現在の場所に移されました。

葉山では、関東大震災による沿岸地域で発生した土地の隆起による港湾復旧について葉山町漁業組合による「葉山港船泊竣工記念碑」（工費約 6 億円、題字は金子堅太郎）があり、国の匡救土木事業補助と地元の篤志家味の素本舗の鈴木三郎助の資金援助を受けて行われたと書かれています。

全体的に関東大震災の碑や記録の情報は少ない地域の一つです。

⑤関東大震災の記録写真

2 枚の写真から逗子市近辺に与えた津波の被害の様子がうかがえます。

清水橋の様子。清水橋の脚が完全に折れ、倒壊している。

葉山町と逗子市と境にある小浜の様子。写真左端には、津波から逃げる人が写っており、切羽詰まった状態であることがうかがえます。

写真はいずれも逗子市役所 HP「逗子フォト」より

【参考文献】

逗子市『逗子市史』通史編　古代・中世・近世・近現代（1997）

横須賀開国史研究会事務局編『横須賀案内記―製鉄所からはじまった歩み―』横須賀市（2007）

横須賀市編・発行『新横須賀市史』通史編近現代（2014）

三浦半島活断層調査会、蟹江由紀・蟹江康光・布施憲太郎「[報告] 逗子市小坪における 1923 年大正関東地震と大正津波―紫雲の版画「震後津波襲来　逗子小坪所見」と『震災津波日記簿』―」『歴史地震』第 30 号 p.169-175（2015）

葉山町編『葉山町の歴史とくらし』葉山町（2015）

アルベール・ド・バッソンピエール、磯見辰典訳『ベルギー大使の見た戦前日本　バッソンピエール回顧録』講談社学術文庫（2016）

上山和雄編『軍港都市研究Ⅳ　横須賀編』清文堂出版（2017）

田中宏巳『横須賀鎮守府』有隣新書（2017）

ポール・クローデル、奈良道子訳『孤独な帝国　日本の一九二〇年代　ポール・クローデル外交書簡一九二一―二七』草思社文庫（2018）

髙村聰史『〈軍港都市〉横須賀　軍隊と共生する街』吉川弘文館（2021）

黒田泰介・亀井泰治『軍港都市横須賀・下町地区の都市形成―防火建築帯によるまちづくり』関東学院大学出版会（2023）（脱稿後刊行。関東大震災の被害と復興の状況がまとめられているのでこちらも参照されたい）

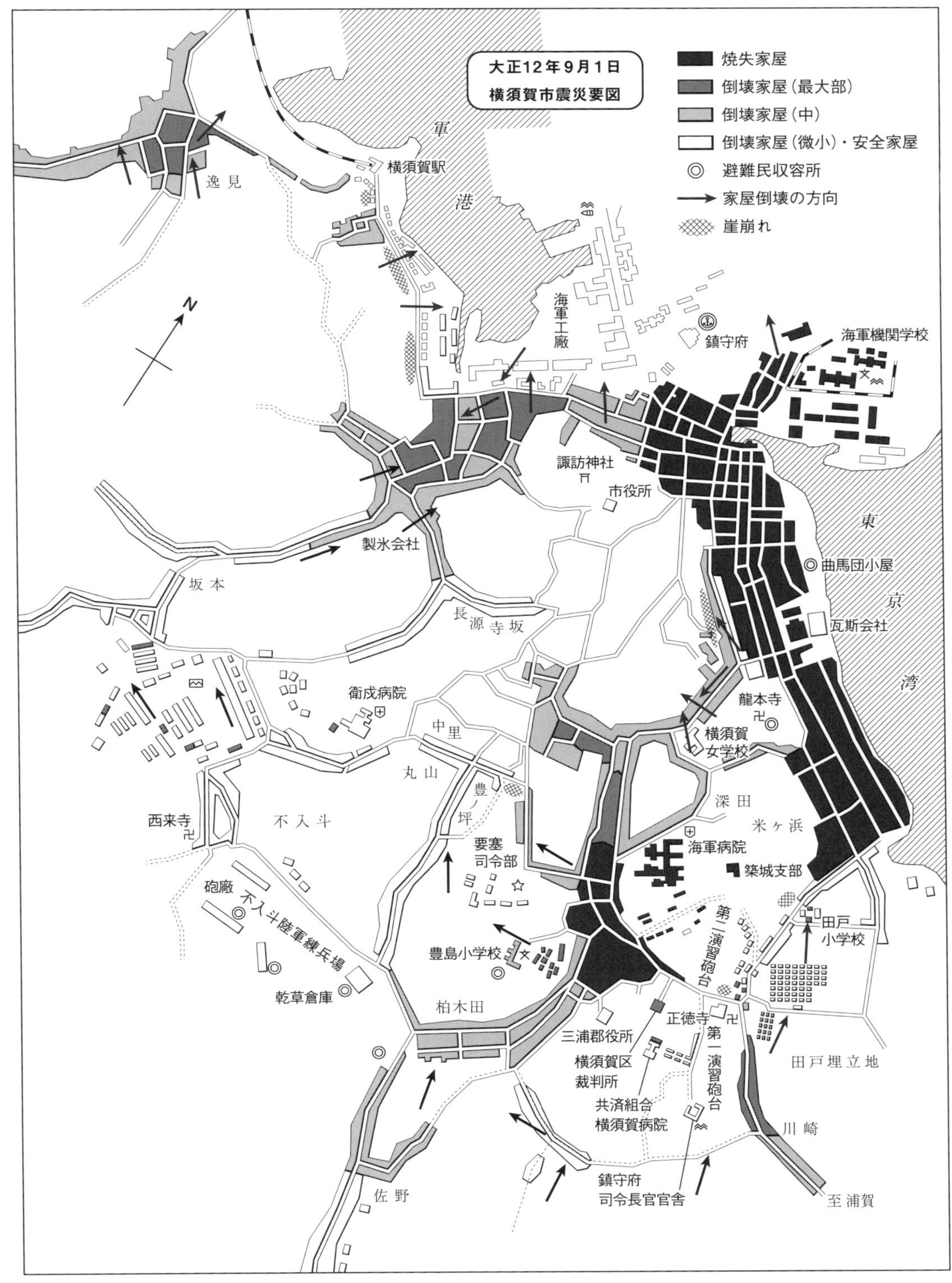

1923（大正 12）年 9 月 1 日・横須賀市震災要図

第５章　相模原地域から見た関東大震災

上野信治

1.　はじめに

神奈川県相模原市は緑区・中央区・南区の３区で構成され、約70万の人口（2023年３月）を抱える政令指定都市ですが、震災当時は田園風景の広がる農村地帯が中心でした。当時から養蚕業が盛んで、この地で作られた生糸は「絹の道」を経て横浜まで、そして海外へと運ばれていきました。現在の相模原は物流の拠点として多くの倉庫施設が建設されているだけでなく、リニア中央新幹線の「神奈川県駅（仮称）」建設が進められるなど、人流の視点からも注目されている地域です。

関東大震災といえば東京や横浜など都市部の火災が注目されがちですが、それだけで関東大震災の全容を理解することはできません。震源から少し離れた相模原地域では、人々は関東大震災にどう対応したのでしょうか。ここでは相模原地域から関東大震災について振り返ってみたいと思います。

相模原で関東大震災を経験した人の回想によると、地震当日の夕方は東京・横浜方面の空が真っ赤になり、９月３日までは毎晩この現象が続いたそうです。こうした体験談が多く残っていることは、東京・横浜で発生した火災の規模を物語っています。当時の相模原は他地域と比べると被害は少なく、食料や飲み水に困ることも少なかったようです。そして後述するように、この地域から被災地への支援活動が多くありました。一方で、地震の翌日には朝鮮人襲来の流言飛語が広まるなど、この地域の人々も混乱や不安に襲われたこともわかっています。

2.　相模原地域の対応

『相模原市史　第四巻』には右のように被害状況がまとめられています。

	相原	大野	大沢	田名	溝	麻溝	新磯
直ニ救恤（きゅうしゅつ）ヲ要スル戸数	0	0	0	0	0	11戸 51人	10戸 95人
全潰シタル住家	10	42	0	3	8	12	20
同上住家以外ノ数	40	135	16	20	27	14	16
半潰シタル家	70	52	16	34	5	10	73
同上住家以外ノ棟数	146	49	133	171	8	4	18
死亡者	0	0	1	0	0	0	0
負傷者	1	2	0	0	0	0	0
郡外ヨリ入リタル避難民	200	242	120	169	197	153	101

当時の様子がわかる史料として、旧高座郡橋本村（明治22年より相原村）の村長も経験した相澤菊太郎の日記があります。彼は19歳の1885（明治18）年から1962（昭和37）年に96歳で亡くなる10

日前まで、78年間にわたって、毎日の生活を記録しました。息子の相澤栄久（よしひさ）氏が編集刊行した『相澤菊太郎　相澤日記大正編』が相模原市立図書館に所蔵されており、これをもとに当時の相模原地域の様子に迫ってみましょう。

九月一日　晴　大震災記録
在家、正午大震す、始（ママ）ど中（ママ）食中にて余と英子、松代、栄久、下女ハルは此大震にて裏庭へ飛出したり、震動急増見る間に土蔵の壁は全部落下し居宅は船の如く各所地割を為す、猶震動不止三時頃は軽動となり一と先づ落付きたれども後難を恐れ皆竹藪に引越し夜営の準備を為す……
　二日　晴　時々曇、小雨あり
　引続き震動不止人心不安何事も手に付かず其内横浜方面より帰村のもの丶便にて該地の大震災を聞き正金銀行丈け見えて其他市中は一体に倒潰火災に罹り人畜の死傷数不知、東京も仝様なりと、以上の次第なるに電気は断線交通運輸は杜絶し他事を知るに由なし…
　……此時原町田方面へ鮮人の暴徒数百名乱入の報ありて漸次各方面へ侵入の様子を聞き村内一同に通じ消防隊の出動となり、夜警を為し、小児等は避難の為め竹藪より畑中へ転ぜしむることとなり人心一層愴然たり…此夜も竹藪に露営す
　十五日　風雨
　此朝保雄（※菊太郎の息子）は農蚕学校生徒七十名を引卒災害救護隊を編成横浜へ向い学校生産品を各自持行きて県庁へ渡し午后五時帰宅……

相原村は現在のJR横浜線・京王相模原線の橋本駅周辺に位置しており、関東ローム層の台地上にあることから地震にも比較的強い特徴があります。それでも相澤の記録にもあるように、各地で地割れが見られました。余震がしばらく続いたため、人々は建物内での生活は危険と判断し、竹藪を寝場所程度に切り開き生活を送りました。竹藪に露営したのは、「竹は根を広く張っており、地割れしても安全だ」と考えられていたためや、「地震時は竹藪に避難するように」という古くからの言い伝えを当時の人々が守ったためです。

「朝鮮人が襲撃してくる」というデマは早くも地震翌日には相模原まで伝わっており、橋本ではその夜来村した朝鮮人数人を八王子方面へ村送りしたようです。幸いにも相模原地域では朝鮮人を殺傷した事実は見られませんでしたが、刀・竹槍・銃などで武装した自警団が相模原でも結成されたことがわかっています〔『相模原市史　第四巻』〕。

罹災避難者のために水や食料を与える休憩所が設置されたほか、横浜の罹災地に食料を持参するといった救助活動も行われています。相澤日記の9月15日に登場する農蚕学校とは、現在の神奈川県立相原高等学校ですが、このときの体験者が創立50周年記念誌〔『相原高50年』〕に寄稿しています。

救難自転車隊
　……9月15日朝、早々と登校した自転車の強者50余名は、各々荷台に救援物資を積んだ。それは里芋、甘藷、南瓜、馬鈴薯、茄子などいずれも農場の収穫物で、総量100貫（375kg）

に及んだ。やがて森校長を先頭に、金子、原田の両教諭、相沢書記に引率された自転車隊は、学校を出発、横浜街道を一路神奈川県庁に向けてペダルを踏んだのである。朝から灰色に鈍っていた空からいつか雨が降り出していた。そして一時盆を覆すほどであった。しかし、一行はほとんど痛痒を覚えることなくハンドルを握り続けた。災後既に10数日を経たとはいえ、沿道の復旧は手に付かず、倒壊家屋がそのままになっていた。廃墟となった横浜市内に入ると、異臭が鼻をついた。ところどころ余燼がくすぶり、運河には水ぶくれた屍体がそこここに浮いていた。県庁も焼けて事務は仮庁舎で行われていた。持参の食料は僅少であったとはいえ、窮乏の折とて非常に感謝された。一行は微意を伝えた喜びに浸りながら帰路につき、全員無事夕刻学校に戻った。
（大正15農卒 大内昌雄）〔『相原高50年』1972年より〕

農蚕学校は現在のJR横浜線・京王相模原線の橋本駅のそばに位置していましたが、多くの食料を積み、雨の降る中で神奈川県庁まで片道約40㎞の道のりを走破することは並大抵の労力ではありません。現在のように舗装された道路でもなく、県内各地では地割れや液状化現象が見られたという記録もあります。しかし災害の惨状を目の当たりにし、人々のために何とかしたいという強い想いがこうした行動を可能にしたのでしょう。

こうした自転車による支援活動は、多くの人を巻き込んだものでもありました。次の資料はその様子をリアルに再現してくれています。

「弟を尋ねて東京へ」　丹頂会　白井　靖

地震があって四日目になっても東京に遊学中の弟からは何の音沙汰もなかった。

……今日は何としても行ってこようと決心した。

自転車でゆく方法しかないので、パンクの心配もあったから、早速ハケの小川自転車店へゆき、ことの次第を話し、当店自慢の一流品を五円まけて百五円で購入した。月給取の三十円代の時代だったから、この自転車はたしかに高級品だった。小川自転車店を出るとその足で村役場へ立寄り、身分証明書を書いてもらった。それは目下東京周辺では朝鮮人騒ぎで自警団があちこちに組織され、通行人への尋問がうるさいので、それに備えてのことだった。

……疲れと空腹と、安心とでふと道端に腰をおろして休んでいるうち、とうとういつの間にか寝込んでしまった。どの位寝ただろうか目を覚ましてみると、あたりはもう暗くなり、私の周辺をいつか自警団員が数人取り巻いていた。私は驚いて身分証明書を出して一同を納得させた。
〔『麻溝地域を中心とした関東大震災誌』〕

県内で支援物資を届ける動きがあった一方で、全国各地から救援物資が届くこともありました。さらに興味深いことに、諸外国から受け取った物資の記録が津久井郡に残っています。例えば、1923（大正12）年12月には県からの毛布配給に関する問い合わせに対して、津久井郡役所は100枚の配給を希望し、県はこれを受けて諸外国から寄贈された毛布を100枚配給する旨を回答しています。翌年1月にもシャツ・ズボン・毛布が津久井郡に送られたことがわかっています。これらの配給品は、郡役所から各町村に分配されました。主な内容は衣類や毛布ですが、どの国からの寄贈品かはわかっていません。ただし、震災直後の9月18日には早くも米国の救済船が横浜港に到着するなど、米国から手厚い支援があったことが広く知られています。当時の米国は日本人移民の締め出しを意図する新移民法が1924年に制定されるなど対日感情が悪化していたはずですが、その中でも人道主義的な支援があったことは見逃せません。津久井郡は県下でも被害が少なく、人口も寡少な地域でしたが、そんな地域にも救援物資が届いているということは、日本は諸外国から多くの支援を受けていたということがわかります。

3.　物と場

激震地に比べれば総じて相模原地域の被害は軽微だったといえます。しかし、平野部と山間部では被害の程度に大きな差がありました。ここでは相模原市内に残る関東大震災の痕跡をたどってみましょう。

①地震峠（相模原市緑区鳥屋（とや）、旧津久井郡鳥屋）

旧津久井郡は横浜から遠く離れた山の中にありますが、ここでは死者33名、負傷者16名、全壊棟数120戸、半壊棟数402戸という被害がみられました。地震で崩壊した土砂が串川を埋め、上流500メートルほどが湖となったことが記録されており、ここ地震峠は当時の埋没地として私たちに震災の被害を伝えています。次に掲載する資料文にもあるように、多くの人々がこの地の復旧のために尽力しました。

> ……郡下で最も悲惨をきわめた災害地は山の崩潰による７戸の埋没と16名の死者を一時に出した鳥屋村馬石の地区であった。さらに崩潰した土砂は、麓を流れる串川の流れを遮り、上流の人たちが浸水の危険に晒されていた。余震のまだ続く中を、隣村の消防団員が、道具・弁当持参で土砂の取り除き作業の救援に参加をした。串川村より延べ700人、青野原村より延べ225人、宮ケ瀬村より延べ70人と記録されている。　〔『津久井町郷土誌』〕

地震峠（以下写真はすべて筆者撮影）

地震峠の説明板

大震殃死諸精霊碑

②宮坂（相模原市南区下溝2376、旧高座郡麻溝村）

土砂崩れが発生した場所は他にもあり、物流や人流に影響が出たことがわかっています。南区下溝では、有志によって応急で坂を開削した記録が残っています。十二天神社（下溝）の敷地内には復興記念碑が、そして神社のすぐ近くには坂の改修記念碑が残っています。

十二天神社

宮坂改修記念碑

改修碑の前の旧道

現在の宮坂入口

（関東大震災・崖崩復興記念碑の碑文）
維時大正十二年九月一日亙関東一帯襲来大震災京浜之地極激甚次之
発火災猛炎連日忽化焼土死傷数萬人為酸鼻之極本村亦不免其災厄家
屋損害断崖崩壊起于各所就中横山坂一部従数丈高所土礫落木材埋没
而交通杜絶改修不容易人心悔々不知所為於茲一同會合鎮守十二天社
應急決議坂路開鑿徑承認村役場而直起工爾来一致協力旬日而完整一
線翌年利用農閑尚完成一線曰宮坂曰大坂併而二線緩和急坂使容易物
資集散偏是本部落八十余名余奮励努力者勿論近郷番田當麻下原其他
有志以援助茲竣成難工事擧復興之實蓋得動機テ震災到奉公赤誠以所
提供永遠利便乎
大正十四年九月建之　古山中　勲八等　座間寅三郎撰

十二天神社内の復興記念碑

十二天神社内の復興記念碑（右掲載）を要約すると、

地震によって横山坂が杜絶した
十二天神社に一同が集まり、応急で坂を開削することを決めた
旬日（約10日）で1路線を完成させ、翌年にはもう1路線を完成させた
2路線は宮坂と大坂であり、急坂を緩くして物資集散を容易にした
本部落80名ほどの努力はもちろん、番田・当麻・下原その他の有志の援助によって完成した

といった内容が記されています。

宮坂は昭和・平成期に道路の整備が進みながら、現在も残されています。宮坂改修記念碑の向かいには旧道が残っており、歩行も可能です。崩壊した横山坂の詳細な位置は不明ですが、このあたりの集落の東側に、ヨコヤマと呼ばれる段丘崖が北から南に連なっていたようで、横山坂との関連が考えられます。

4. 視点

はじめに述べたように、昨今の相模原市は物流や人流の視点から注目されている地域です。そしてリニア中央新幹線の「神奈川県駅（仮称）」は、先述の県立相原高校移転後の跡地を利用した駅でもあります。そんな相模原が100年前の大震災においても物流・人流の視点から奮闘した記録を残していることは、非常に興味深いことではないでしょうか。

本稿で紹介した以外にも、相模原における関東大震災の記録や記憶は多く残されています。100年前と異なり、青年団や町内会といったローカルな繋がりが薄れた現代では、当時のような復興の形は難しいのかもしれません。もし再び大災害が訪れ、インターネットを含めたライフラインが杜絶したとき、私たちにはどのような復興ができるのか、じっくりと考えておかなければならないでしょう。

現代で注目すべき復興の形として、例えば災害ボランティア団体やNPO、そして企業による支援活動があります。これらは国や自治体による支援・復興よりも短期的だという特徴はありますが、物資の提供や輸送・仮設住宅の建設など素早い意思決定やフットワークの軽さが活躍する場面もあります。2011年の東日本大震災では大型ショッピングセンターが防災拠点として活用されたり、通信会社が公衆無線LANを開放するなど、民間企業による支援が数多くみられました。私たち消費者はこういった企業によるCSR活動にもっと関心を持ち、「持続可能な消費」を行っていくべきでしょう。価格や品質といった要素だけで消費活動を行う時代は終わらせるべきです。未来のために、個人や企業が責任を持って「社会的公正」に取り組む時代への転換が必要で、私たち一人ひとりがその自覚と主体性を持つべきではないでしょうか。

【参考文献】

相澤栄久『相澤菊太郎　相澤日記大正編』私家版（1972）
麻溝地区老人クラブ連合会『麻溝地域を中心とした関東大震災誌』私家版（1982）
神奈川県立相原高等学校『相原高50年』私家版（1972）
相模原市史編纂委員会『相模原市史　第4巻（現代通史）』相模原市（1971）
相模原市教育委員会（編、発行）『相模原市民俗調査報告書　古山の集落と土地利用』（1993）
相模原市消防本部防災課（編、発行）『関東大震災40人の体験談　そのときさがみはらは』（1981）
座間美都治『相模原の歴史』私家版（1974）
武村雅之ほか『神奈川県における関東大震災の慰霊碑・記念碑・遺構（その1県中部編）』名古屋大学減災連携研究センター（2014）
津久井町教育委員会、津久井町郷土誌編集委員会編『津久井町郷土誌』津久井町教育委員会（1987）
津久井町史編集委員会『津久井町史　資料編　近代・現代』津久井町（2009）
橋本郷土研究会『橋本の昔話　第12号　関東大震災特集号』私家版（1983）

《コラム》

『高下日記』にみる大和市域の関東大震災

智野豊彦

「大きく和する」という願いを込めて改称された大和は、比較的強固な地盤で活断層もない相模野台地にあります。また、海岸から離れ、海抜 28 メートル以上の台地は平坦で、津波や土砂災害また液状化の危険も少ないです。関東大震災における大和市域の被害は、家屋全壊 363 戸、半壊 533 戸、死者 21 名と記録されています。その被害は南部の渋谷村に集中していますが、これは、長後の持田製紙工場が倒壊し、職工 270 名中 16 名が圧死したためと推察されています（長後は 1955 年に藤沢市に編入）。

大和市域は、横浜のような大火災もなく、比較的に被害は少なかったといえるでしょう。このためか、関東大震災にかかわる石碑などの遺跡はあまり確認できていません。しかし、『高下日記』という貴重な遺産があります。1882 年生まれの高下恭介氏は、下鶴間で小学校教師をされ、戦後は大和町で町議会議員を務められた方です。1919（大正 8）年の 37 歳から、1960（昭和 35）年まで 40 年間にわたって日記を綴っています。冷静かつ分析的で淡々とした記述は、関東大震災前後の様子を私達に伝えてくれます。

高下日記には、関東大震災の前兆ともいうべき記録があります。

「（大正 11 年）4 月 26 日　晴（中略）今日午前十一時二十分頃大地震かよつた」「4 月 27 日　晴　昨日の大地震は其所此所にて倒れたる家出来て死傷者を出したるもの＞如し」と、死傷者が出るほどの大地震が、関東大震災の前年に起きています。また、関東大震災間近、「（大正 12 年）6 月 2 日曇、朝二時半頃と、や＞後に地震ありたり」と記録があります。

関東大震災当日 9 月 1 日から 9 月 4 日までの記述をみてみましょう。

9 月 1 日　雨晴、朝は雨降りしも十時頃より晴る、正午南西之方面より地震来る、外に出れはますます甚しく、遂に亀裂来り一所にある能はず、人皆は這ひ又は戸板上にさくる始末、それより数十回の震あり　例の如く始業をなし、生徒を帰らしめて事務室に会し雑談せるに、地震よの声に外に出れは、大音響と共に海軍省火薬庫の破裂を見、黒煙天に、自分等は学校の化学薬品の仕末をなし、一先帰宅し家を見しに、倉庫は倒れ、諸君は身をもつてのかれ、戸板の上に身も振はし居りて、子供等は泣顔なし居りしもあはれ深し（中略）夜は道旁に避難所を作り、伊東、中島の三家一つにかたまりて、ない時々に来る、東京横浜火災

9 月 2 日　晴　地震来る　しばしば　今日も此所に雨露しのく仕度して、震源地につきては筑波と言ひ函根と言ふ、余は三原山と思ふ、予想、大島の全滅、然らされは海中一島の出現、大島の隆起等の思ひに心をやる、午後横浜方面よりの避難の人そくそくと来る様目も当てられず、即ち両氏と図り、湯茶の給与又飯の給与等をなす、（中略）我々を脅威せしは不逞鮮人の暴動也、警官の注意に依り避難所を物陰に移し、もしもの要意に武装す、消防隊は出て＞万一を警戒す、風声におとろきて婦女子のかくれしこと二回（後略）

9 月 3 日 晴、地震来る事十数回 夜は明けぬ、子供等顔青さめてあはれ、それに中島の妻君顔色を

かへ声をかへて物言ふことの、子供の心をいたましむること甚し、村中を歩きて震害の様子を見る、倒れし家数知らず、その為め死せしは和田梅太郎氏の北堂と妻君とその近所の老母（後略）

９月４日 晴、今日も地震数回、海なり耳につく　東京方面の避難者あとからあとからと来る、社会主義鮮人の暴行を伝ふ、聞くに絶へず、にくきは日本人にして日本をのろふが如き人々よ、鮮人来るの噂来ることしげし、かくて人を驚す者共の心何なるか（後略）

他所と比較すれば被害は少ないとはいえ、児童帰宅後に起きた激震の凄まじさが伝わります。それとともに、正確な情報がなく不安な状況や流言に振り回されていることも伺えます。その後も大小の余震が続き、児童の様子なども垣間見られます。

11 月 21 日　晴、よしんあり　冬服一着を北村に注文せり、校長は高座郡神職会主催之震災圧死者追善之式に出席せられたり（後略）

11 月 23 日 晴、余震としてはちと大きなもの来る、満月に近し　朝より書見る余念なかりしに、午前十時頃鳥渡した地震に出る程でもないとすまして居たが、間もなく又来る、地震よと人には警告しつ出ぬつもりで居たが、あまりに震動はげしくなりしため遂に外に出てたり、其所此所を見歩けは起せし家のかたむきしものあり、打戻にては門は倒れ（後略）

11 月 24 日、雨微震数回あり　今朝学校に行けは子供等は昨日之地震の話にてもちきりなりき

11 月 25 日　晴　（中略）子供の地震の噂におじて、着物などを帯にて結へ枕頭に置くもあはれにをかし

余震については、翌年末までの１年半の間に 130 を超える記載があり、最大の余震といわれ地域によっては本震（関東大震災）を上回る被害を出した丹沢地震も記録されています。

（大正 13 年）１月 15 日　 晴、未明（六時前）大地震来る　かねは起き出てゝ朝飯の調度し初めし頃ドシンときし地震にそれといひて子供の寝所の方に出れバ美知代は我はかたく抱きつきて手足まとひとなるにおち居よと云ひつゝ先座りて手さぐりに戸を開けて（中略）学校に行けば内野氏は何かにうたれて気抜けせし状態なり、慰むる間もなく化学室に入りて岩本君と薬品を片づけて一先帰宅し（中略）そこここと見廻れは孝義圧死との事、直に現場に行き見れば目も当てられぬ状態なり、其より葛原を廻りて帰宅、朝飯を食ひて又打戻、獺郷、宮原方面を見廻りたり、この度の地震にて圧死せしは前記孝義と金子善吉氏の妻君の避難の後劇動に心臓の為め死せしと、怪我せしは大貫孝義之家にて六人、用田にて三四人、宮原にて二人、打戻にて一人を聞き又見来れり、学校の状は前回に勝りて甚しかりき、銀行も家のこはれは前より甚し、当村にて家の倒れしは二百に余るべし、朝日新聞の号外に依れは相模甲斐の境の山崩れにて神奈川県の東西に走れる中央、甲府近傍劇しとの事なり、高座郡にては御所見、小出、有馬、六会の四ヶ村及その近旁との事なり、憲兵来る

あまり知られていない余震での被害も克明に記述されており、改めて『高下日記』が貴重な記録であることがわかります。

さて、地震そのものではないですが、他にも興味深い記述があります。

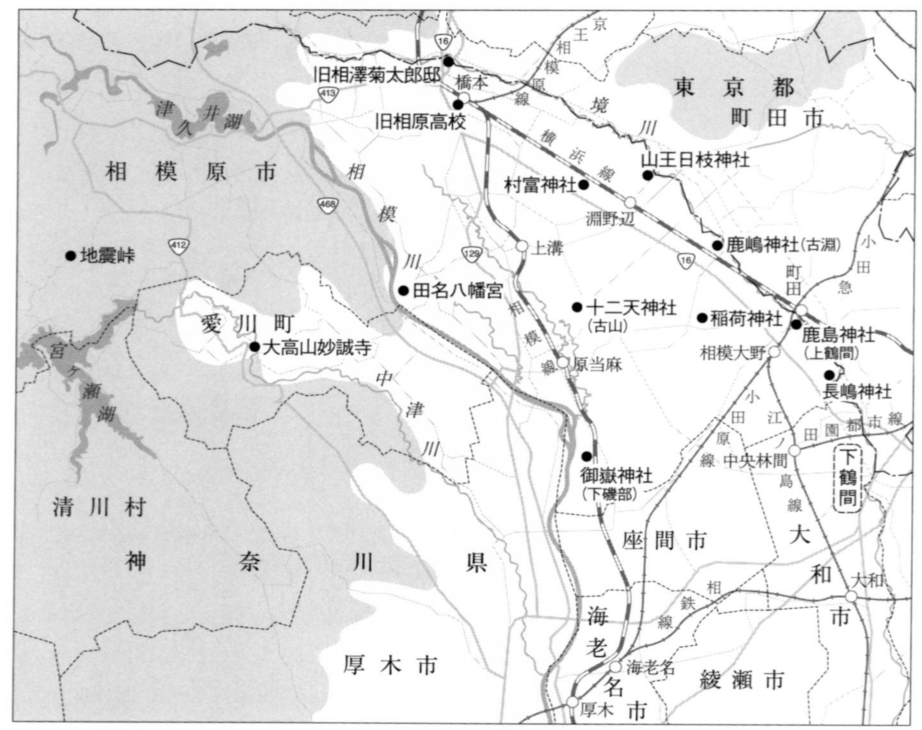

(大正11年) 9月22日 晴　用田にもチブス患者か三人も出た、注意しなくてはならない、これも言ふてハ悪いか医師之不道徳からではあるまいか(後略)

(大正12年)12月11日 曇、珍らしからぬものなから余震あり(中略)子供等はなかなかよく勉強す、これなれは地震後の欠課も取りかへしつくべし、打戻之□□□□氏宅にチブスあり

12月12日 晴、寒気はげし　学校にては十年前の気分にかへり職員、児童一団となりて働く事の復活せるは何よりなり、□□□□も□□も共にチブスにかゝり臥し居るとのこと

チフスは9月22日の記録のように関東大震災前にも発生していますが、横浜では、震災直後には赤痢、晩秋にはチフスが大流行します。下鶴間でも、12月11日、12日と連日してチフス患者発生が記録されています。多くの家屋は倒壊しましたが、大火災が発生しなかった大和に、都市部から多くの人々が避難して来ました。このことも、感染症が広がる要因となりました(震災と感染症、公衆衛生に関しては本書116-117頁に詳述)。

【参考文献】

『「高下日記」第一集―大正八年~大正十二年―』大和市(2004)

『「高下日記」第二集―大正十三年~大正三年―』大和市(2006)

『大和市の災害史 「高下日記にみる災害と人々のくらし」』大和市(2022)

『関東大震災誌・神奈川編』 千秋社(1988)

内海孝編『横浜疫病史―万治病院の百十年―』横浜市衛生局(1988)

大日本雄辯会・講談社編『大正大震災大火災』(1923)

警視廳『大正大震災誌』非売品(1925)

『神奈川県統計書』神奈川県(1926)

武村雅之『神奈川県内陸中部での関東大震災の跡―伊勢原・厚木・海老名・大和・座間―』http://www.histeq.jp/kaishi_29/HE29_033_049_Takemura.pdf(2023.5.1 閲覧)

第6章　藤沢市に残る関東大震災の傷跡を歩く

藤田賀久

はじめに

藤沢と聞けば、相模湾に浮かぶ江の島や、相模湾を隔てて見える富士山や伊豆大島など、明るくきらびやかな光景が目に浮かびます。早くも明治のはじめには鵠沼海岸が開設され、付近には旅館や別荘が立ち並びました。1902年には江ノ電が藤沢から現在の江の島駅まで開通しています。

藤沢は江戸時代には東海道の宿場町として栄えるなど交通の要所でした。現在も鉄道網は充実し、東京や横浜へのアクセスも便利です。一方で、市の北部にはのどかな田園風景が広がり、都市の喧騒を忘れさせてくれます。最近では子育て世代を中心に市外からの転入が相次ぎ、「住み続けたい」街として抜群の人気を誇っています〔『神奈川新聞』2022年10月12日〕。

しかし、やはり藤沢も関東大震災で甚大な被害を受けました。震災当時、現在の藤沢市に相当する地域に住んでいた約4万2700人のうち、死者221名、負傷者295名、行方不明者約50名の犠牲者を出しています〔『関東大震災と藤沢』20ページ〕。死因の多くは家屋倒壊でした。一方、東京や横浜とは異なり、藤沢では火災による犠牲者は記録されていません。各地の消防団が初期消火に成功したこと、当時の農家は昼食を早く取っていたため、地震が発生した正午前には台所の火を消していたことなどが幸いしたようです。

行方不明者約50名は津波によるものでした。鵠沼地域では広範囲が浸水し、江の島の桟橋も、その上を歩いていた人たちとともに流されました。その他、藤沢駅や辻堂駅など、湘南地域の鉄道駅はことごとく倒壊し、車両は転倒し、橋梁は崩壊するなど、交通網も大打撃を受けています。

今、藤沢市内を歩いても、100年前の爪痕は見当たりません。しかし、震災に遭遇し、被害を乗り越えた先人たちは、自らの経験や教訓を後世に伝えようと石碑に刻み込みました。関東大震災100年を迎える今、私たちは改めて100年前から伝わるメッセージに向き合いたいものです。

1.　藤沢市北部（御所見、長後、遠藤、湘南台、六会）

寒川町や海老名市に接する市の北西部は昔ながらの田園風景が広がっています。市の最西部に位置する①**寒川社（宮原1289）**は、高台となっている西側から富士山が臨めます。かつてこの一帯は寒川神社の領地でした。本殿に向かって右側には、鮮やかな朱色の鳥居をもつ稲荷神社があり、背後に石碑「大震災記念」（1925年9月建立、192㎝）があります。ここには宮原地区102戸のうち全壊41戸、半壊61戸、死者1名、負傷者3名のほか、土地陥没、道路や橋の崩壊、排水路の破壊といった被害が記されています。

寒川社（以下写真はすべて筆者撮影）

皇子大神

なお、関東大震災とは異なりますが、境内には「大東亜戦争記録」（1976年建立）の石碑があり、満州事変以降の戦争で宮原地区から出征した人達の名前（背面に応召者一覧、前面には戦没者）が刻まれています。神社は、各地域の歴史を留める「記憶センター」であることが痛感されます。

市の最北部に位置する②**皇子大神（葛原1382）**の長い参道の入り口には大きな鳥居が立っています。その右手の石碑「鳥居再建の記念碑」（1988年9月）には、関東大震災で鳥居（1907年建立の御影石づくり）が倒壊したこと、補修してしばらく使用されていましたが、老朽化が原因で1988年に解体し、新たに再建されたとあります。傍らには解体された鳥居が残ります。

③**笹久保稲荷社（遠藤4697）**は遠藤笹窪谷公園の北側に広がる畑の中にあります。小さな境内に立つ石碑「復興記念」（1927年、191㎝）によると、集落は全戸倒壊、犠牲者は出さなかったが地盤陥没や亀裂がひどく神社も含めて集落が移転したとあります。

遠藤地区のほぼ中心にある④**御嶽大神（遠藤2539）**も歴史が古く、本殿からは参道を通じて富士山が臨めます。石碑「大震災記念碑」（1926年、196㎝）からは、地震発生時に「蜚語」が盛んに飛び交ったことで被害が増したこと、「我か部落」の被害は全戸数228戸のうち全壊173戸、半壊43戸であったこと、死者4名、負傷者31名、道路、橋梁、田畑の陥落崩壊も多く、翌年1月15日未明の余震で再び被害を受けたことが分かります。幸い本殿は倒壊を免れました。震災直前の1918年に再建していたためだと思われます。

なお、狛犬台座の「日清・日露戦役従軍生存者連名」（1936年）、「講和紀念」（1952年9月15日）の梵鐘なども境内で見ることができます。

小田急湘南台駅と六会日大前駅の中間付近に位置する⑤**亀井神社（亀井野554）**は1195年の創建、境内の階段を昇って本殿前に立つと右側に石碑「大震災復興記念碑」（316㎝、1935年4月）があります。当時の亀井野地域の家屋数180戸のうち全壊113戸、半潰67戸、死者14名、負傷者百余名、氏子174名が協力して1926年4月に神社を再建したことが記されています。

2.　藤沢市中部（大庭、善行、藤沢）

引地川親水公園（大庭字中沢）の東側にある⑥**大庭神社（稲荷991）**の一の鳥居は1951年9月8日に再建、その費用は境内の樹齢350年の松を売却して充てたといわれています。以前の鳥居は

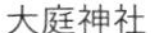
大庭神社

砂山観音

諏訪神社上社

関東大震災で倒壊した状態で残っています。石碑「復興碑」（1927年９月、270㎝）によると、震災当日は神社の大祭が執り行われ、祝詞奏上が終わり、高座郡長佐藤房吉が玉串を奉納しようとしたときに激震が襲ったとあります。社殿は倒壊した氏子たちの奔走で1927年９月に再建されました。なお、鐘楼の梵鐘は太平洋戦争で供出されましたが、1955年に復興されました。

⑦宗賢院（大庭819）は1505年創建の曹洞宗寺院であり、かつて付近には大庭景親の館があったといわれています。境内に立つひときわ大きな「千部供養塔」（1796年建立、489㎝）上部五輪塔の台座左下には「此塔大正拾貮年九月一日大震災ニ倒潰ス依テ本堂修築ノ時トシテ再建ス　昭和六年五月　施主　宮本元次郎　石工　高野宏哉」と刻まれています。

羽鳥交番近くの**⑧四ツ谷不動（大山道標、城南1-1）**はかつて関東一円から参拝客が連なった大山詣の道標の役割を果たしていましたが関東大震災で倒壊。2005年７月再建の碑の裏には、震災後に再建したが翌年１月の余震で再び倒壊し、11月７日に再度修繕したと記されています。

市街地であった旧藤沢宿は、建物が密集し、人口も多かったので多大な犠牲者が出ました。**⑨砂山観音（藤沢692）**には387㎝と非常に大きい石碑「嗚呼九月一日」（1929年）が立ちます。裏面には藤沢町の犠牲者115名の名前が刻まれています。地域の青年会の人たちが毎年慰霊祭を続けてきたが、新しい住人が増えて震災の記憶が薄れることを懸念して建てられました。

この境内から眺めることができる時宗総本山の**遊行寺（西富1-8-1）**も本堂や観音堂、大書院、鐘楼などが倒壊、藤沢小学校長の仙田四五郎が記した「震災記」によると僧侶３名が圧死、「屋根は崩れ柱は折れ土台は飛上り梁は散る」惨状だとあります。

遊行寺と道を隔てた**⑩諏訪神社（大鋸3-7-2）**には「鳥居建設寄附者芳名碑」（1963年）が立ちます。これによると、関東大震災で倒壊した鳥居は1806年に立てられたものであり、震災後修復され、1963年に再建されたことを伝えています。

⑪渡内日枝神社（渡内3-8-10）には「大震災記念」（60㎝）、**⑫荒神神社（小塚596）**には「大正拾貮年九月一日震災紀念」（125㎝、背面には「大正十三年九月八日　氏子中」）とある石碑が境内に立っています。いずれも小さく詳細な情報は刻まれてはいませんが、地域の経験を後世に伝えようとする先人たちの声が込められています。

近くの住宅街には**⑬小塚洞記念碑（1928年、村岡東２丁目22-16）**が立ちます。かつてこの地には山があって住民の生活の妨げとなっていました。そこで1919年にトンネル工事が始まりましたが関東大震災で中断、小塚隧道（トンネル）が開通したのは1928年9月のことでした。1970年代、宅地造成で山は切り崩され、小塚隧道も消滅しました。

3.　藤沢市南部　（鵠沼、村岡、片瀬）

藤沢駅から江の島に向かう国道467号線の東側一帯は、寺社や古い道標などが豊富に残ります。⑭**諏訪神社上社（上諏訪神社、片瀬2-19-27）**の本殿まで続く長い石段を登ると、左側に「震災記念碑」（1924年9月1日建立、175㎝）があります。背面には関東大震災で「拝殿」「神輿」「其他工作物」が倒壊し、直ちに修復したが翌年1月15日の余震で再び破損、氏子の被害は全壊180戸、半壊269戸、全焼5戸、流出14戸、負傷者55名、死者33名とあります。村長はじめ有志による慰霊祭が執り行われたともあります。本殿からは江の島と相模湾が見渡せます。

諏訪神社から少し北に行くと、鎌倉幕府の執権北条泰時が権力闘争で亡くなった人々の鎮魂供養のために建立した⑮**泉蔵寺（片瀬2-18-3）**があります。本堂前の灯篭（右側）の基壇には「大正十二年九月一日大震災ニ　破損シ　大正十五年五月　修繕再建」と刻まれています。

さらに南に進み、龍口寺の前に立つと、仁王門や龍ノ口刑場跡と並んで鳥居が立っています。ここは⑯**龍口明神社の跡地（片瀬3-13-1）**で、1978年に鎌倉市腰越に移転しました。境内跡には大きく「至誠通神」と書かれた石碑（1928年）が立ち、背面には関東大震災で裏山が崩壊し、神社も全潰したが社殿と鳥居を復旧したと記されています。

鵠沼には⑰**「東久邇宮（ひがしくにのみや）第二王子師正王（もろまさおう）御遭難記念碑」（鵠沼海岸2-11）**が老人ホームオーシャンプロムナード湘南の裏門に立っています。東久邇宮妃殿下が3人の王子とともに鵠沼にあった吉村鉄之助（衆議院議員）の別荘を訪れていましたが、わずか5歳の第2王子師正王が随員2名とともに犠牲となりました。

この辺りは海に近く、鵠沼海岸の商店街付近まで津波が入ってきました。鵠沼は別荘地で、当時600軒のうち90％以上が倒壊しましたが、震災直前の8月28日に海水浴場が閉じられたため、人が少なかったことが不幸中の幸いでした。鵠沼海岸自警団が救出に多大なる貢献をしたこと、鵠沼南部の47名の犠牲者の遺体を海岸で丁寧に荼毘に付したことなどが地元に伝わっています。

さらに調べるために

震災の被害を記した石碑を巡ると、自分たちの経験を後世に伝えようとする先人の心が伝わってきます。また、今の私たちが日常で目にする神社や寺院の多くは、震災で倒壊した後に、先人たちが再建に努力した成果であることも心に留めておきたいものです。

実際に藤沢市内の石碑を巡る際には、既述の『関東大震災と藤沢』で予習してください。各地の被害状況をはじめ復興状況など詳細に記されており、巻末の「主要文献一覧」も非常に参考になります。『関東大震災と藤沢（上）』『同（下）』（藤沢市史料集36・37、2012年・2013年、藤沢市文書館）は当時の人たちの声が収録されています。

本フィールドワークにあたっては、藤沢市文書館の中村修氏、鵠沼郷土資料展示室（鵠沼市民センター内）の内藤喜嗣氏に多大なアドバイスをいただきました。厚くお礼申し上げます。

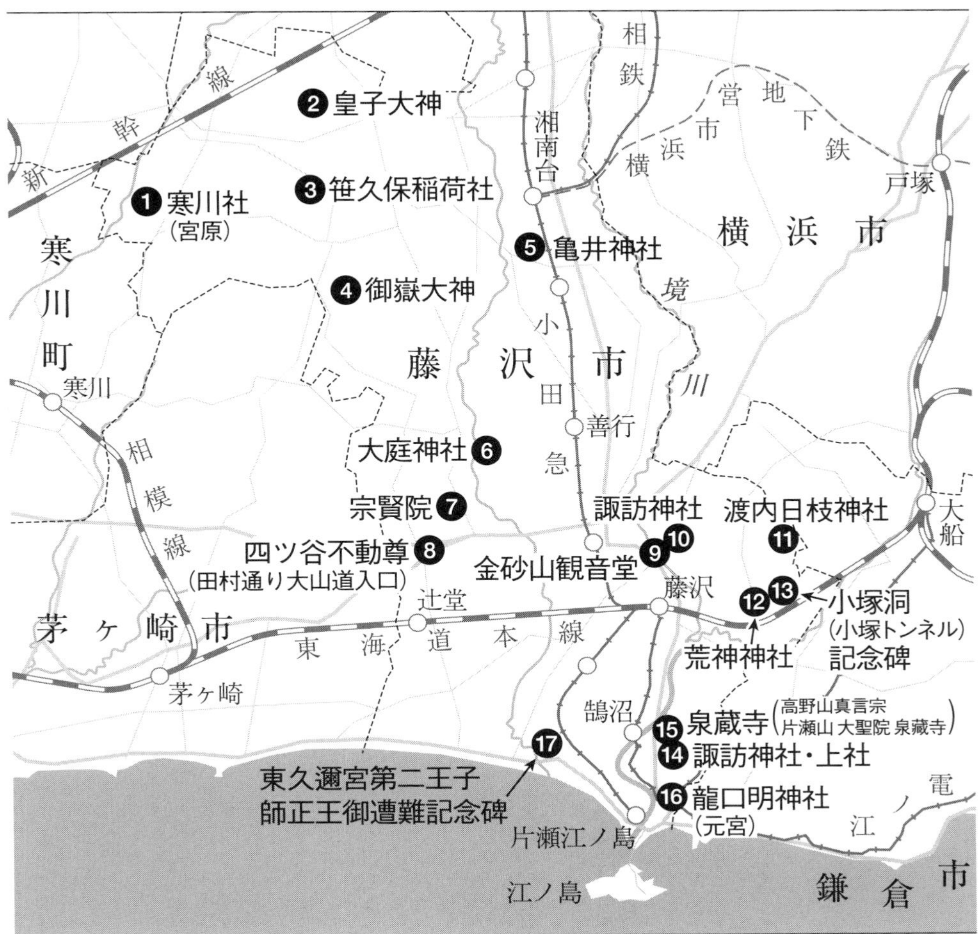

【参考文献】
藤沢市史ブックレット５『関東大震災と藤沢』藤沢市文書館（2014）
『神奈川新聞』2022 年 10 月 12 日
藤沢市史料集 36『関東大震災と藤沢（上）』藤沢市文書館（2012）
藤沢市史料集 37『関東大震災と藤沢（下）』藤沢市文書館（2013）

《コラム》

旧相模川橋脚
――地震によって出現した遺跡

智野豊彦

大地震はその圧倒的な力で建築物を破壊しますが、ときには、すでに忘れ去られた遺物が、思いがけない形で私たちの目に前に甦えることがあります。

1923（大正 12）年９月１日の関東大震災と翌年１月の余震による液状化現象によって、小出川に沿った水田（現在の茅ヶ崎市）から、７本の檜の柱が出現し、さらに、３本の柱が確認されました。歴史学者沼田頼輔博士が考証したところ、鎌倉幕府の公式記録ともいうべき『吾妻鏡』に登場する橋の橋脚であることが明らかになりました。その配置は、２メートル間隔で３本が横一列に並び、さらに 10 メートル間隔で４列も配置されていることから大きな橋であったことが分かります。

この大橋は、1198（建久 9）年、武蔵国の御家人稲毛重成が掛けました。『吾妻鏡』によれば、重成は妻の追善供養のために造ったとあります。妻は北条政子の妹であることから、将軍源頼朝が自ら橋供養に出席しています。しかしその帰りに落馬、間もなく死亡しました。

不幸が訪れたのは頼朝だけではなく、重成も「自分の不義によって天罰を受け」て「災いに」あったと『吾妻鏡』にあります。これは、1205（元久 2）年の二俣川合戦で滅ぼされた畠山重忠を陥れたとされ、合戦の翌日、三浦義村に殺害されたことを指しています。

新造から十数年が経つと、修理が必要となりました。しかし、1212（建暦 2）年、執権北条義時や三善康信らは、頼朝と重成を襲った災いを指摘して「改めて無理に再興しなくとも、何事もなかろう」と３代将軍源実朝に進言しました。しかし実朝は、「この橋が有るので、二所詣の要路として、庶民の往来の煩いも無いのだ。その利点は少なくない。壊れる前に速やかに修理を加えよ」と大橋の修理を命じました。この７年後の 1219（承久 1）年、実朝は公暁に暗殺されています。

相模川は幾度も流路を変え、現在は『吾妻鏡』の記載時より西に移動しています。そのためもあり、橋脚は、何百年もの間、誰にも気づかずに地下深くに眠っていました。しかし、関東大震災で突然地上に現れたのです。1926（大正 15）年には、その貴重な歴史的価値から国指定史跡となりました。その後の調査では護岸遺構も発見され、当時の土木技術や交通なども現在に伝えています。

旧相模川橋脚は、歴史遺産に加えて地震遺跡でもあります。出現時の状況は関東大震災の液状化現象を生々しく伝えており、周辺には液状化現象による噴砂の痕跡や地層の変形等が多数確認されました。このため、2012（平成 24）年には国指定天然記念物に指定されています。

深い土中という「タイムカプセル」に保存されていた旧相模川橋脚は、私たちに様々なことを教えてくれます。しかし、地上に露出した部分の腐敗が進んだため、保存処理を施されて再び地中に戻されました。現在は、地震で地表に出現した状況を精巧に再現したコンクリート製のレプリカと、史跡と天然記念物という異なる重複指定を受けた二つの石碑をみることができます。

旧相模川橋脚は現在はレプリカで、この地中に保存されています。（筆者撮影）

石碑は史跡と天然記念物との二つが設置されています。（筆者撮影）

【参考資料】

五味文彦・本郷和人編『現代語訳　吾妻鏡 6 巻』吉川弘文館（2009）

五味文彦・本郷和人編『現代語訳　吾妻鏡 7 巻』吉川弘文館（2009）

『史跡・天然記念物「旧相模川橋脚」』茅ヶ崎市ホームページ https://www.city.chigasaki.kanagawa.jp>bunka_rekishi>shiteibunkazai（2023.3.8 閲覧）

『史跡・天然記念物旧相模川の保存―価値の多様性を示す重複指定を受けた旧相模川橋脚 https://repository.nabunken.go.jp/dspace/bitstream/11177/7749/1/BB3070547X_123_132.pdf（2023.5.8 閲覧）

《コラム》

秦野の震生湖
――記憶を語り継ぐ地名

谷口天祥

秦野市は神奈川県の西部に位置する自然豊かな市です。市域のほとんどが秦野盆地と呼ばれる盆地地形に抱かれていることが特徴です。秦野盆地は東・北・西の三方を谷の深い壮年期の山々に囲まれ、南は洪積世末に隆起したなだらかな渋沢丘陵に遮られてできた断層盆地です。この独特の地形が湛える「秦野盆地湧水群」は全国名水 100 選に選ばれている銘水で、市民憲章には「きれいな水とすがすがしい空気、それは私たちのいのちです」と謳われています。また鎌倉時代より矢倉沢往還という交通の要衝を擁し、富士登拝の通り道、大山詣の参道、さらには東海道の裏街道としてたいへん人々の往来が多いところでした。現在では東京や横浜のベッドタウンとして人気があり、週末は丹沢登山の玄関口として県内外より訪れる多くのハイカーたちでも賑わいます。

秦野市の南部、隣接する中井町との境界に自然湖としては日本でもっとも新しい湖の一つ「震生湖」があります。2021 年 3 月に国登録記念物になりました。その名のとおり 1923 年 9 月 1 日の関東大震災によって生まれた湖です。震災でこの付近は幅約 250 メートルにわたって陥没、相模湾に注ぐ中村川の支流である市木沢の最上流部が馬蹄形に崩れたために沢が堰き止められ湖となりました。湖畔には石碑が建てられています。

寺田寅彦句碑（筆者撮影）

山裂けて　成しける池や　水すまし

地震研究のため 1930（昭和 5）年 9 月に震生湖を訪れた寺田寅彦博士が詠んだ句です。「大地震でできた湖に、今やその時の騒がしさが嘘のように水すましがひっそりと水面に浮かんでいる。」震生湖を訪れるといつも、釣り人たちがのんびりと糸を垂らし「昨日は 35㎝くらいのヘラブナが釣れてよ」と手振りを交え話しています。市民から親しまれているオアシスでもある震生湖は、毎年 9 月になると遠足の小学生たちでにぎわいます。秦野市に学ぶ児童らは、この湖を訪れ郷土史と災害について学びます。

震生湖と釣り人（筆者撮影）

秦野市内にも災害に由来する地名があります。水の流れを表す「水流（ツル）」に由来する鶴巻は、たびたび浸水や土砂災害に悩まされてきました。北矢名の蛇久保（ジャクボ）という字名は「蛇抜け」と称される、災害後の山地斜面がヘビの這った後や抜け殻のようになった山肌が残る様を示しています。

国道246号線沿いの落合は、川と川が「落ち合う」地点。二つの河川の水が落ち合い水量が倍になって流域を襲いました。丹沢の登山口として有名な大倉。もともと「クラ」は急斜面を表す非常に危険な場所です。『大正十二年大地震記』には「九月十七日モタ方ヨリ大雨降リ堀山下大倉ニ大ナルビヤク来リテ大倉大部分ハ水中ノ中ニ在リテ堀全部ノ消防夫働水切リニ向フノ大事件出デタリ」と記されています。関東大震災から２週間後に大雨が降り、「ビャク」と呼ばれる大規模な土砂災害が起こりました。

時を経て、市内の水無川に沿って建設された戸川堰堤、山の神堰堤、猿渡堰堤などは先人らが自然と闘ってきた歴史です。

関東大震災の記憶として、旧東京市の大火災を連想する人が多いようです。しかし横浜市内の建物被害や土砂災害、延焼火災等はいずれも東京市を上回ったとされています。鎌倉の沿岸部を襲った津波や根府川駅で発生した土石流災害、相模原市緑区の鳥屋地区を襲った「山津波」など神奈川県内の被害は甚大でした。震源地は実は相模湾の北西沖80㎞。震災被害の中心は震源となった断層がある神奈川県内でした。天災に県境はないものの、まさに関東大震災は、神奈川を直撃した神奈川の地震と言えます。震生湖も関東大震災の大きな爪痕の一つです。湖が誕生した年の９月１日には２学期の始業式を終えて帰宅途中だった少女２人が土砂崩れに巻き込まれる事故がありました。平沢地区には少女らの冥福を祈り、当時の南秦野村の人々が建てた供養塔が今も立っています。秦野市の小学校では２学期の始業式の際、校長先生の講話に必ずこの悲劇が語り継がれます。

震生湖の句を詠んだ寺田博士は「天災は忘れたころに起こる」の有名な警句を残しました。博士は踏査に訪れた同じ日に別の句も詠んでいます。

そばおかぼ　丸い山越す　秋の風

かつては日本三大葉たばこ産地の一つであった秦野市。葉たばこの後作にはそばが作られました。秦野の秋はかつてそばの花一色だったそうです。博士にとってそのそば畑は印象的だったのでしょう。しかし今では葉たばこもそばも、秦野にその面影はありません。秦野市民なら誰もが知る「秦野たばこ祭り」という郷土の祭りにその名を残すのみとなりました。また、震生湖のような地震が原因の堰止湖は時折できるものの年月が経つと崩れたり消滅することも多いようです。ともすれば歴史は、いともたやすく私たちの記憶から忘れ去られてしまいますが、地名や催事など日常のなかに歴史を感じるヒントはたくさんあります。自然災害の教訓も語り継がれることでこそ、人々の財産になるのです。説明の必要もないほど直截な名を冠した震生湖は、震災の記憶を語り継ぐ貴重な財産です。

渋沢丘陵より盆地（筆者撮影）

【参考文献】
秦野市教育研究所『私たちの秦野』ぎょうせい（1988）
秦野市教育研究所『ふるさと秦野めぐり』ぎょうせい（1988）
秦野市教育研究所『秦野の文学探訪』ぎょうせい（1985）

第 7 章　『片岡日記』と小田原地域の大震災

井上渚沙

1.　はじめに

都心から近く、日帰りの観光地としても多くの人が足を運ぶ小田原市は、駅に着くとホームから小田原城の天守を拝むことができます。

小田原は戦国時代に後北条氏の城下町として整備されたのち、江戸時代には東海道の宿場町、そして箱根への玄関口の機能を持ちました。明治維新での廃藩置県後は足柄県の県庁所在地となりましたが、1876 年に小田原は神奈川県に統合され、県庁としての機能を失います。その後は神奈川県西部の中心地として御用邸（小田原城）や、政府要人らの別荘が立ち並ぶ町となります。しかし、この町は古くから何度も災害を経験してきた町だということを忘れてはなりません。

小田原市内には全国的に有名な「国府津―松田断層」という活断層も走っており、江戸時代には、寛永小田原地震（1633 年）、慶安小田原地震（1648 年）、天明小田原地震（1782 年）、嘉永小田原地震（1853 年）など、約 70 年周期で大きな震災に見舞われています。小田原のシンボルである小田原城も地震のたびに倒壊し、再建を繰り返してきました。関東大震災も、それらの 1 つであるといえますが、過去に類をみないほど大きな被害をもたらしています。

震災当時、小田原市が属していた旧足柄下郡（現在の小田原市・真鶴町・箱根町・湯河原町）では、火災・倒壊・地割れ・土砂崩れ（山津波）・津波など様々な被害が確認されています。世帯数は 1 万 6970 世帯ありましたが、全焼 2561 世帯・全壊 6127 世帯・半壊 5861 世帯・津波流失 97 世帯・破損 2141 世帯と、罹災率は県下最大の 99.2% にものぼりました。

小田原は関東大震災の震源近くであったにも関わらず、その被害の大きさはそれほど知られていません。現在も小田原には関東大震災の痕跡が多く残されています。本項では小田原市に住んでいた片岡永左衛門が記した『片岡日記』をもとに、小田原の被災状況を探るとともに、現在に残る史跡に触れ、震災当時の小田原を再現したいと思います。

2.　『片岡日記』について

片岡永左衛門（1860 ～没年不明）は、小田原市に住む実業家兼歴史家でした。小田原宿本陣の片岡家に生まれ、29 歳で小田原町会議員となった後、小田原町長代理などの公職を経験し小田原町の行政に手腕を振るいます。1905 年に藤沢銀行小田原代理店長に就任すると、この頃から郷土史家としての道も歩み始め『明治小田原町誌』の編纂にも携わります。

『片岡日記』は 1902 年から 1931 年までの小田原の出来事が詳細に記述されています。片岡は震災当日、藤沢銀行小田原支店に出勤していた時に被災します。震災で２人の娘を亡くし、残った家族とともに復興に尽力しました。震災直後から銀行家として復興のための資金工面（神奈川県内はもちろん、関西へも資金援助の要請）のため各地を訪問し被災状況を目にします。本項では小田原市内の被災状況の記述をいくつか見てみてみましょう。

3.　小田原地域での被害

①小田原市街の火災と混乱

関東大震災という未曽有の災害に際し、小田原は県下最大の罹災率99.2%に上りました。轟音と共に大地震が発生する中で、片岡は何を見たのでしょうか。『片岡日記』から震災直後の小田原中心地の様子を見てみましょう。

大正12年９月１日

（前略）……町は倒壊シ、数カ所より出火シ猛威ヲ振ヒ盛ニ延焼セるも意に介するの余裕もなかりしニ、……時頃にもや何方よりかコーコート非常の響きあり。何事かと門ヲ出レハ海嘯なりと逃来る者甚タ多きも判然とせず。其真相ヲト学校前に至れハ、龍巻の所々に起り、器物人体も半天ニ巻揚たりとの事なれハ……さしも堅固ニ築キシ城の石垣ハ殆ト全部崩潰シ、樹木ノ堀ニ倒落セシハ今更驚嘆セリ。裁判所前通りより町役場脇ニ出れハ、此辺一面火ノ海にて、旧城外廓の老松ハ盛ニ焼其響ハすさまじく危険なれハ引き返す。……

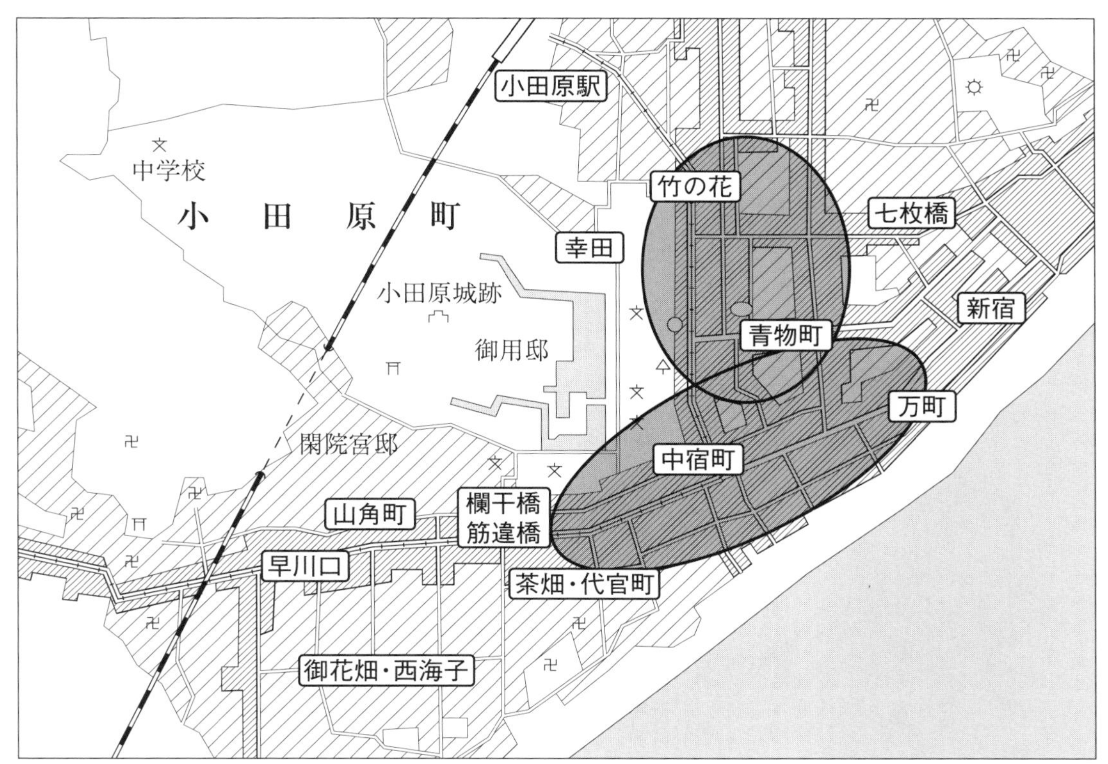

9月1日の震災当日の記録では、街の各地で火災が発生・延焼し、竜巻が発生していることが述べられています。竜巻は物や人も天に巻き上げたことも述べています。すさまじい音で、多くの人は津波（資料では海嘯と記述）だと勘違いをして逃げていますが、片岡は火災旋風であることを察知し、すぐ引き返している様子が分かります。また、堅固に築かれていた小田原城の石垣が崩壊し、周辺の樹木も倒壊していることを見て驚愕しています。

『小田原市警察署管内震災状況誌』によると、家屋倒壊と同時に13カ所から火災が発生し、その火は竜巻となって火柱が天まで届く勢いだったと記載されています。小田原市街ではこの火災と竜巻が大きな被害を出しました。

大正12年9月2日
（前略）…昨日の火災ハ中宿中程より以東万町中程迄、裏町ハ代官町以東万町中程迄、青物町より左右竹の花迄ヲ焼払、凡町中ノ四分ノ三ニ及ヒ、山角町、筋違橋、欄干橋、茶畑、中宿ノ中程迄の左右、西海子、御花畑、早川口、幸田、弁才天、停車場付近、竹花の一部左右、七枚橋附近、新宿、古新宿ヲ残し、午前の三時頃にもや鎮火せるも、余燼ハ終息三日、四日も続きたるも有り。

9月2日の記録では具体的な町名も挙げられ、被害の全貌が見えてきます。記録によると現在の小田原駅より南東側の町3分の2が火の海となり、鎮火したのは翌日の夜中午前3時頃で約14時間燃え続けたことになります。「余燼ハ終息三日、四日も続きたるも有り。」とあるように、鎮火が終わった後もまだ燃え残りがあり、安心できる状況ではなかったようです。『小田原町史』の記録とも、片岡の被害状況の記述は一致しています。小田原市街の火災被害の深刻さが伝わってきます。家を失った多くの人は、小学校の校庭に仮小屋を建てたり、竹藪の中で苦しい日々を過ごしました。

②小田原城の被害

小田原城は火災の被害は免れましたが深刻な被害をこうむります。

小田原城は1870年に廃城となり、天守は宮内省によって用地が買収され、1900年には二ノ丸に

本丸の周りに配置された「南曲輪（鷹部屋曲輪）」。偶然にも石垣が積み上げられたままの姿で滑り落ちたため、震災前の小田原城の石垣を今に残す遺構です。（筆者撮影）

本丸と二の丸をつなぐ赤い橋が「常盤木橋」です。関東大震災では、土台の石垣ごと崩れて失われました。現在の橋は震災前の小田原城より2メートル以上低い位置に再現されています。（筆者撮影）

平屋式の「御用邸」が建てられました。しかし、震災によって二の丸平櫓は倒壊します。石垣も大部分が崩壊し、御用邸も大きく損傷しました。以降、御用邸は再建されることなくその役目を終えます。

小田原城近くの天神山には1920年に閑院宮家別邸も建設されていました。閑院宮邸は震災直後に炊事場から出火。幸い本館に延焼することはありませんでしたが、建物は倒壊しました。震災当時、別邸には閑院宮載仁夫妻と寛子姫、華子姫が滞在中でした。閑院宮載仁夫妻と華子姫は自力で脱出しましたが、寛子姫は建物の下敷きとなり亡くなります。

小田原城の復興については、1930年～1931年にかけて石垣が積み直され、1935年に二の丸平櫓が再建。戦後間もない1950年に天守台の整備がなされ、1960年にようやく現在の姿として復興しました。

小田原城址公園内には関東大震災の痕跡が残ります。公園内には数多くの案内板があり、震災当時の写真も併せて掲載されているので足を運んだ際にはぜひご覧ください。

③根府川駅の土砂崩れ被害

JR東海道線根府川駅（震災当時は熱海線根府川駅）は相模湾を見下ろす崖の上に建ち、ホームから眼下に海を望むことができます。小田原市の南に位置するこの町は、蜜柑栽培が盛んですが、この穏やかな根府川も震災で大きな被害を受けました。片岡が根府川の被災状況を視察した際の記録を見てみましょう。

> 大正12年10月28日
> （中略）……熱海線根府川停車場ノ建物ハ跡形モ留ス海岸迄墜落ト共ニ数十戸埋没シ、所々ニ温州柑ノ見ユルハ、附近ノ柑橘畑ノ右方ノ山上ヨリ陥落シ来タル跡ヲ留メシナリ。目ヲ挙レバ前方ニ新ニ高丘ノ陵出現セルハ、強震数分ノ後ニ二里余リ奥ニ在リシ聖嶽ノ一部崩壊ノ結果山嘯トナリ、谷川ニ添テ推出シ来リ、海中ニ及シ数十ノ人家モ田畑モ埋没セシニ……此処ニ居住シタル者ノ外ハ殆ト全部圧死、今日ニ至ルモ発屈（ママ）出来サル者多シト。惨ノ惨タリ。

根府川地域は、山津波（土石流、日記では山嘯）で多数の被害を出した地域でした。山津波の発生源については諸説あり、日記では箱根連山の聖嶽（聖岳）の一部崩壊とありますが、その後の調査によって現在は大洞山の崩壊説が有力となっています。箱根・丹沢山脈はその後の降雨と余震によって、各所で土砂崩れを起こし被害を出しました。日記の中でも根府川集落を襲った山津波によって「発屈出来ザル者多シ」とあり、悲惨な状況を物語っています。

白糸鉄橋の西側には、「釈迦堂」が建っています。
ここは山津波の際、土砂に埋もれましたが、釈迦像は無傷のまま掘り起こされました。被害の無かった釈迦像への信仰が高まり、釈迦堂は再建されました。現在は地下の洞の中で、仏像の姿を見ることができます。（筆者撮影）

根府川駅も土砂崩れの大被害を受けました。根府川駅付近に建つ白糸川鉄橋と駅舎は、下りホームに乗り入れた熱海線の車両を含めて土石流に巻き込まれ、最後尾2両を海岸に残し、6両部分が乗客・駅員など112名を巻き込み海中に沈みました。一年が経過したところで鉄道の運輸が再開されます。開通してからは多くの人が、追悼のために訪れたそうです（本書82–84頁参照）。

海中からの車体の引き上げはようやく1934年に行われましたが、1番線プラットホームの遺構は海中に残っています。現在ダイビングをすると見ることが可能です。

釣り人も多い根府川の海岸には、山津波によって海に沈んだ根府川駅のプラットホームが眠っています。現在漁礁となり、ダイビングをすることでホームや駅の看板等を見ることができます。（筆者撮影）

4. さらに調べるために

小田原地域の被害を知るために、『片岡日記』を紹介してきました。片岡は小田原市の市政にも精通し、また実業家兼歴史家として小田原の出来事多岐にわたって記録し、後世に残そうとした稀有な人物です。彼の日記を通して、関東大震災の生々しい情景に触れながら被災状況を知ることができたのではないでしょうか。『片岡日記　大正編』は、小田原市立図書館で読むことができます。『片岡日記　大正編』では、この他にも小田原市以外の神奈川県内各地に赴いた際の街の状況について記述しています。被災状況だけでなく小田原市内での震災当時の混乱ぶりや復興までの道のりも追うことができます。人々が、この震災からどのように復興するかを知ることは、今後の災害対策にもつながるのではないでしょうか。

その他、小田原地域の伝承碑については国土地理院による「自然災害伝承碑」MAPで数多く確認できます。小田原市内の災害記録については、「TSUNAGARUマップ」（株式会社バリューリソース・デザイン／株式会社ユニバーサルデザイン総合研究所）や、小田原市ウェブサイトの小田原デジタルアーカイブでも閲覧可能です。日記、災害記録、史跡など複数の視点から震災を読み解くことで、震災当時に生きた人々が「何を見て感じたのか」を触れる学びにつながるはずです。

【参考文献】
小田原史談会編『片岡日記　大正編』（2022）
内務省社会局編『大正震災写真帖』（1926）
小田原市編『小田原市史　別冊　城郭』（1995）
小田原市編『小田原市史　通史編　近現代』（2000）
神奈川県編『神奈川県震災誌』（1927）
井上東亜「列車転覆そして山崩れ――根府川駅周辺の惨害――」『西さがみ庶民史録』第5号（1983）
岩崎宗純・内田哲夫・川添猛『西相模の史話を探る』西湘リビング新聞社（1992）
佐々木冨泰・網谷りょういち『事故の鉄道史――疑問への挑戦』日本経済評論社（1993）
内田宗治『関東大震災と鉄道』新潮社（2012）
小林芳正「1923年関東大地震による根府川山津波」「地震」第2輯第32巻（1979）
小田原鉄道歴史研究会編「小田原鉄道史　神奈川県西湘地域の鉄道の歴史」（2020）

第８章　足柄上郡の関東大震災

桐生海正

はじめに

関東大震災（以下、震災）が起こった大正期、足柄上郡はおおよそ現在の南足柄市、山北町、松田町、開成町、大井町、中井町の一市五町にまたがる地域から成り立っていました（ただし、現在小田原市や秦野市に属する地域を一部含んでいました）。

表１を参考に、大きくこの地域の被災状況をみると、まず神縄（かみなわ）村、三保村、清水村、寄（やどりき）村などの山間部では、山地の崩壊などにより大きな被害を受けたものの、他地域に比べて全潰率が10%以下と低い傾向が見られます。加えて、震災当日の朝、雨が降ったため、山に仕事で入らなかった人が多く、被害は最小限にとどめることができたと言われています。酒匂川流域の平野部では、左岸にあたる松田町や山田村、曾我村などでは全潰率が40%以上と高く、右岸の酒田村や吉田島村などが5%以下であることとは対照的です。

ここでは、足柄上郡の各地に残された資料や碑などを紹介しながら、震災と当地域の関係に迫ってみたいと思います。なお、碑の名称については、参考文献にある〔武村他、2015〕を参照しました。

表１　足柄上郡の被害状況

現在の市町	旧町村	世帯数	被害世帯数（全潰）	全潰率（%）	死者総数
南足柄市	岡本村	580	250	42.76	28
	南足柄村	641	60	9.36	3
	福澤村	478	75	15.69	4
	北足柄村	341	53	15.54	4
山北町	川村	1283	137	10.68	20
	共和村	133	15	11.28	11
	神縄村	78	2	2.56	1
	三保村	471	7	1.49	4
	清水村	334	9	2.69	7
松田町	松田町	737	302	40.98	10
	寄村	341	24	7.04	5
秦野市	上秦野村	345	71	20.58	4
小田原市	桜井村	276	84	30.43	4
開成町	酒田村	359	16	4.46	1
	吉田島村	260	2	0.77	8（火災）
大井町	上中村	209	53	25.36	3
	山田村	157	77	49.04	7
	金田村	355	112	31.55	9
	曾我村	482	385	79.88	41
中井町	中井村	852	203	23.83	24
合計		8712	1937		190

※諸井孝文・武村雅之「関東地震（1923年９月１日）による被害要因別死者数の推定」（『日本地震工学会論文集』第４巻第４号、2004年）を基に作成。曾我村の一部は後に小田原市に編入。

1.　南足柄市

南足柄市には、現在の生駒地区（旧岡本村）の生沼啓治氏宅に当時区長を務めた生沼良蔵の日記

写真１　生沼良蔵の日記（以下写真はすべて筆者撮影）

写真２　和田辰五郎の葬儀の際の写真

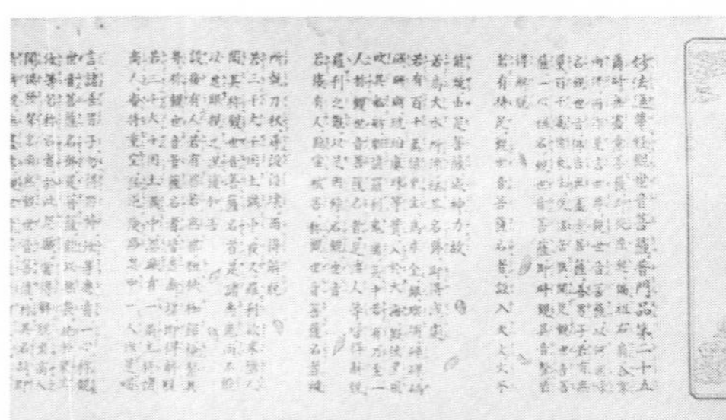
写真３　観世音普門品

①熊野神社

（写真１）が残されています。良蔵は区長という立場からでしょうか、震災が起こった直後から克明に当時の状況を記しています。日記には、９月１日に**①熊野神社（生駒536）**で祭礼があり、役員が残って雑談をしているさなか地震が襲来したとあります。現在熊野神社には、案内板が設置され、震災で社殿はことごとく崩壊し、地震から２年後に再建された旨が記されています。倒壊により、当時４歳であった高橋文江（日記には「フミ」と記載）と近隣の和田辰五郎が梁の下敷きになり亡くなっています。足柄高校の歴史研究部で調査を行ったところ、和田辰五郎の子孫である和田昭代氏宅には葬儀の際の写真（写真２）が、高橋文江の兄の子孫である高橋ツヤ子氏宅には「観世音普門品（ふもんぼん）」と書かれた巻物（写真３）が所蔵されていることがわかりました。写真には、山高帽を被った男性たちと白装束に身を包んだ女性たちが写っています。「故和田辰五郎之墓」と書かれた木標を持つ人物や、位牌を持つ人物も写り、当時を知ることのできる貴重な写真だと言えます。「観世音普門品」（観音経）の末尾には「為大正十二年震火災横死者各霊菩提　神奈川縣大震災法要會」とあります。これは、震災で亡くなった方の遺族に配られたものだと考えられます。日記には、この他にも各家の再建の様子や、竹やりなどの武器を持ち朝鮮人に対して警戒を行ったこと、震災があり撒けていなかった大根の種まきを村中で行ったことなどが記されています。

塚原大神宮（塚原3543）には、震災で亡くなった馬を供養したと考えられる**②馬頭観音碑**があります（写真中央の小さな碑です）。碑には「大正十二年　馬頭観世音　九月一日　高嶋初五郎」と記されています。足柄上郡では他にも山北町などに震災で死んだと思われる馬の慰霊碑が残っています（後述）。今、自宅で馬を飼っている家はほとんどありませんが、昔は駄賃稼ぎ等の荷馬や農

②馬頭観音碑

③華表門旧址碑

耕馬として、馬は人の生活に密接に関わる生き物でした。

曹洞宗の寺院である最乗寺道了尊の参道三丁目脇には、**③華表門旧址碑（大雄町 1079-1 付近）**があります。向かって左側の石柱には「整理改修燈籠移轉」と刻まれ、右側の石柱には「大雄山華表門舊址」とあります。1864 年に大坂炭屋町の石工みかげや新三郎が道了尊の霊感を得て鳥居を奉納しました。しかし、震災で崩壊してしまい、その残欠の一部を記念碑として 1941 年に建立したものです。碑には、明治維新の時、廃仏毀釈の風潮の中で、寺院から鳥居を撤去させようとする吏員に対し、僧典座（てんぞ）が鳥居の上部に板屋根を葺いて総門であると言い張り、事なきを得たというエピソードが記されており、興味深いです。

2.　山北町①──地蔵平の慰霊碑──

山北町の最奥部には、県内の震災関連の慰霊碑としてもっとも訪れるのに時間のかかる碑があります。この碑まで行くためには、まず世附地区にある浅瀬ゲート（世附 742-2 付近）にたどり着く必要があります。ゲートから先は一般車輛通行止めとなっており、そこから徒歩で林道を歩きます。ゲートから 10 分弱で道が二又に分かれています。ここで、右側の大又沢方面へ入ります。さらにそこから約 2 時間強歩いてようやく到着するのが、地蔵平にある慰霊碑です。道は一本道ですので、迷う心配はありません。碑は道の右側にある地蔵堂の反対側（左側）の杉林の中にひっそりと佇んでいます。

④大震災受難者精霊碑

⑤災害記念碑

碑は 3 基建っています。向かって右側が**④大震災受難者精霊碑**です。その左側にあるのが、1920 年 8 月の水害で亡くなった方々を慰霊する遭難者精魂碑です。中央に遭難者精魂碑の寄附者が書き上げられた芳名碑もあります。この水害に関する碑は、麓の丹沢湖畔にある落合館の駐車場脇にも建てられています。この**⑤災害記念碑（神尾田 759 地先）**は、「有史以来未曾有之天災」が世附地区を襲ったことが記されています。この時期、地蔵平の住民は、度重なる未曾有の災害を経験していたことになります。

話を戻しましょう。④**大震災受難者精霊碑**は、慰霊碑の中でも大変大きなもので、幅約47㎝、高さが台座も含めると約245㎝にもなります。碑の背面には、「大正十二年九月一日午前十一時五十八分　死亡者　金森巡査　長谷川新助　後藤寅次郎　降矢いし　昭和二年八月建之」とあります。なぜ巡査がこのような山奥で震災の被害に巻き込まれたのでしょうか。『神奈川県下の大震火災と警察』には、この時の詳細が記されています。碑に刻まれている「金森巡査」とは、松田警察署神縄村駐在所の金森嘉兵衛のことです。地蔵平で土地境界線に関する紛議が起こり、村民に請われて、出張している最中、震災で山崩れが発生し、それに巻き込まれたのでした。『足柄乃文化』第9号にも、金森巡査と震災の日の朝にやり取りした地元の方の話が載せられています。早春の地蔵平にはまだ雪が残り、林道の随所には落石も見られました。訪れる際には充分な装備や準備が必要です。なお、入山には東京神奈川森林管理署（平塚市）の許可を得る必要があります。

3.　山北町②——丹沢湖周辺および山北町の中心部——

浅瀬ゲートから下った丹沢湖周辺にもいくつか碑が点在しています。丹沢湖畔の無料駐車場（神尾田759-4）に車を停め、そこから徒歩で三保ダム管理事務所を過ぎると、急な階段が現れます。この階段を登ると神尾田神社があります。同神社には、境内に⑥**震災記念碑（神尾田709）**があります。碑に「昭和五十年一月再建」とあるのは、元の記念碑はダム建設にあたり、なくなってしまったからです。元の記念碑には、発電所の取水堰堤が崩れたことなど多くのことが記されていたといいます。丹沢湖から少し下った路傍には、⑦**不動堤の碑**と⑧**12基の馬頭観音碑（ともに湯触453）**があります。⑦**不動堤の碑**は、震災後に流出した水田の復興に際し、護岸堤として築かれた不動堤の完成を記念して建てられたものです。ここ用沢地区では耕地整理組合を設立し、組合長の山崎喜一郎を中心に水田の造成を行いました。道を挟んで、碑の眼前に広がるのがこの時造成された喜一郎新田と呼ばれる新田です。⑧**12基の馬頭観音碑**のうち、一番左側にあるのが、震災で死んだと思われる馬の慰霊碑です。碑には「大正十二年九月一日　馬頭観世音　用澤　佐藤榮吉」とあります。近くで観察すると、碑には何とも愛らしい馬の顔が彫られています。

⑥震災記念碑

⑦不動堤の碑と⑧12基の馬頭観音碑

⑧12基の馬頭観音像のうち、一番左側の馬頭観音碑

⑨足柄茶之碑

県道76号線から丹沢湖方面への入口に、神奈川県農協茶業センターが運営する足柄茶直売所があります。そのお店の脇にあるのが、⑨**足柄茶之碑（川西652）**です。この碑は、足柄茶五十周年記念事業実行委員会により、1975年に建てられたものです。裏面には、「関東大震災によって、山村での生活基盤を一挙に失い、その復興策として大正十四年茶の導入が旧清水村役場によって図られた。（後略）」とあり、山崩れにより山村の基幹産業であった林業や薪炭業が大きな打撃を受けた中で、それに代わる産業としてお茶の栽培が始まったことがわかります。なぜ復興策としてお茶の栽培・生産が選ばれたのでしょうか。『足柄乃文化』第９号には、この時、酪農、お茶、コンニャクが復興策として挙がったと載せられています。しかし、酪農は技術が必要で、コンニャクは連作を嫌うため耕地の少ない当地には適さず、以前から栽培していたこともあり、お茶が選ばれたそうです。現在お茶は清水地区以外の周辺地域でも生産が盛んになり、「足柄茶」というブランド茶として有名になりました。山間部を歩くと必ずと言ってよいほどお茶畑に出くわします。お茶畑からも関東大震災が見えてくるのです。

⑩「地震町」

写真４　店舗裏側の斜面

写真５　共和牛乳の牛乳キャップ

山北町山北の萩原中地区には、⑩**「地震町」**と呼ばれる一角があります。これは現在豆腐の製造・販売を行っている絹華（きぬはな）（山北2745）のあたり一帯です。お店の方の話では、店舗の裏側には震災で起こった土砂崩れの跡が今も窪みとなって残っているそうです（写真4）。この地区には震災後、山の崩壊などで大きな被害を受けた近隣の共和村から多くの人びとが移住してきました。絹華が現在の位置にお店を構える前、ここには共和酪農業協同組合（以下、共和酪農）という会社がありました。震災の前年1922年に、共和村の人びとによって共和酪農の前身となる共和畜牛組合が設立されました。震災後、薪炭業が大きな打撃を受ける中で、次第に酪農に転業する村人が増え、組合加入者も徐々に増加していきました。足柄上郡では学校給食の牛乳と言えば共和酪農がつくる「共和牛乳」でした（写真5）。2000年に同地の工場は閉鎖しましたが、現在も近隣の中井町で足柄乳業として牛乳や乳製品の製造・販売を行っています。「共和牛乳」もまた震災の復興の中で形づくられた商品だったのです。

この他、山北町の山北・岸・向原（むこうはら）地区の詳しい被災状況については、『神奈川縣足柄上郡川村震災記念誌』に記されており、国立国会図書館デジタルコレクションなどで閲覧できます。

4. 開成町、松田町

開成町の路傍には、**⑪横境上水道記念碑（金井島539地先）**があります。ここは、近くに高台病院（金井島1983）がありますが、駅からも離れており、車でなければ行くことが難しい場所です。開成町は酒匂川の右岸にあたり、左岸に比べて比較的家の倒壊や被害は少なく済みましたが、震災後、飲料水の不足に悩まされました。碑には「（前略）大正十二年九月一日の関東大震災の折地下水の沈下を来し井水枯渇せり（後略）」と記されています。さらに、1945年の終戦直後、衛生状況が悪化し、赤痢などの伝染病が各地に流行したと記されています。それに対応するため、1948年に横境上水道を設置し、1953年にその竣工を記念してこの碑が建てられました。碑にあるように、この地区では掘るのに手間がかかったため、何軒かに一つの共同井戸を持ちました。今でも昔使われていた**⑫共同井戸（金井島1378）**が残っています。震災により、金井島ではどこの井戸も水が出なくなってしまったそうです。そのため、⑫の井戸は、はじめ深さが7間（12.6メートル）だったものを震災後の1924年春に10間半（18.9メートル）に掘り直したといいます。

⑪横境上水道記念碑

⑫共同井戸

⑬古民家ガーデン紋蔵

⑬古民家ガーデン紋蔵（金井島1294）には、「大地震之かぞえぶし」という史料が残されています（写真6）。この史料は

これはみなさん　一寸こ(ご)めんをこうむりて　だいしんがい(大震害)の　かそ(ぞ)えぶし

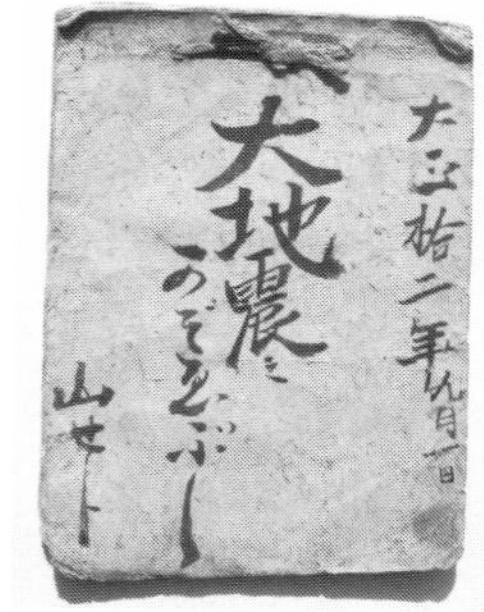

写真6「大地震之かぞえぶし」

とテンポよく始まります。しかし中には

いまハじしん(地震)でいのち(命)がけ　かわいいわ(我)がこ(子)も　す(捨)てをい(置)て　にし(西)よひがし(東)と　にげ(逃)まど(惑)う

と地震後の凄惨な情景を歌ったものもあります。

松田町には、町役場の入口脇に⑭**延命之泉と碑**（松田惣領2037）があります。1996年に建てられた碑には、震災の際に、町民の多くが飲料水の枯渇に苦しんだため、延命寺沢の湧水を取り入れ、飲料水として利用されたとあります。この泉から流れ出る水は、それを復元し、災害非常用の飲料水として確保したものだといいます。この飲料水の枯渇に対応するため、震災当時町長だった鍵和田修平は1924年10月に町営水道を完成させました。後に1935年、それを記念して建てられたのが、町役場から少し先にある延命寺（松田惣領2160）の境内の⑮**水道記念碑**です。元々山門の下にありましたが、近年、現在の位置に移設されたとのことです。

⑭延命之泉と碑

⑮水道記念碑

松田町の山間部に位置する寄地区には、⑯**稲郷**（いねご）**堰堤**（寄4215地先）があります。この堰堤は、震災により荒廃した山地から流出する土砂への対策として、神奈川県が国庫補助事業を利用し、1928年に完成させたものです。寄地区の集落からも遠望できる堰堤の完成に、地域住民も土砂災害の恐怖が少しは和らいだのではないでしょうか。堰堤は震災からの復興を象徴するモニュメントとしても機能したと考えられます。寄地区の被災状況は、寄尋常高等小学校が作成した『讀本教材を主とせる郷土資料』に詳しく載せられています。この資料は、松田町図書館で閲覧することができます。

⑯稲郷堰堤（遠景）

5.　大井町、中井町

大井町には、円蔵院（金子2911）の境内に⑰**南水道記念碑**があります。この碑は墓地が広がる奥手にあります。震災後、各戸の井戸の水量が減少したため、敷設された南水道（簡易水道）の完成を記念して建碑されたものです。同様の簡易水道の記念碑が近くの最明寺（金子3315）にもあります。⑱**金田水道記念碑**です。本堂と墓地の間を流れる沢のほとりにこの碑が建っています。碑には、震災後、最明寺境内の湧水を利用して金田水道が敷設されたことが記されています。松田町にある碑と同様に、震災後の生

⑰南水道記念碑

⑱金田水道記念碑

活に不可欠な水道の復旧が急務であったことがわかる碑です。大井町には、旧金田村役場で書記を務めていた山口常吉が書き残した「震災回顧録」という史料があります。大井町郷土史研究会発行の『於保為』第38号では、翻刻文と訳文を載せ、震災に向き合った人びとの様子を克明に描写しています。震災後、彼が復興の材料を購入するために静岡方面へ出かけた紀行が載るなど、大変貴重な史料です。震災後の雨で洪水が起こった時の様子を「汁粉(しるこ)の如くドロドロ流れ」と記していることも、震災当時を伝える生々しい表現として印象的でした。

中井町には、五所八幡神社（遠藤104）の境内に⑲**復興記念碑**が建っています。中井町消防団第一分団詰所の建物の前にあります。碑には、中井村では全壊（「家壊」）が213人、「半壊」が296人、死者が25人出たとあります。中井町には震災直後に作成された『中井村震災紀念誌』が残されています。これは、中井町役場や図書館で閲覧することができます。それによれば、この時、同神社は鳥居が大破し、拝殿・幣殿などに大きな損害が出たと書かれています。口絵には、近くにあった中村尋常高等小学校の校舎が大破した写真が載せられています。震災当時、校舎が大破したことで、御真影を同神社内に奉安したことも記されています。紀念誌ではこれを「不幸中の幸」と表現しています。御真影を失火で焼いてしまい割腹自殺をした校長もいた時代ですから、震災下とはいえど、いかに御真影が大事にされていたかを物語るできごとです。

⑲復興記念碑

おわりに

足柄上郡の関東大震災に関する資料や碑を中心に、その当時の様子に迫ってきました。しかし、今回取り上げることのできなかった碑も多くあります。震災関連碑を数多く調べた平野富雄氏は開成町、松田町、大井町、中井町について、「建っている碑の数はそう多くない」と述べています。調査を進める中で、私も同じ感想をいだきました。しかし、碑が残っていないのではなく、この地域にはまだ知られていない碑や遺構があるのではないかという気もしました。

震災から今年で100年。多くの方に興味・関心を持っていただき、今後さらに新資料や碑などが発見されることを願っています。

【参考文献】

武村雅之・都築充雄・虎谷健司『神奈川県における関東大震災の慰霊碑・記念碑・遺構（その2　県西部編（熱海・伊東も含む））』名古屋大学減災連携研究センター（2015）

『80年目の記憶──関東大震災といま──』神奈川県立歴史博物館（2003）

『南足柄市史七通史編Ⅱ近代・現代』南足柄市（1998）

『南足柄市史四資料編近代』南足柄市（1991）

西坂勝人『神奈川県下の大震火災と警察』警友社（1926）

『足柄乃文化（関東大震災特集）』第9号、山北町地方史研究会（1973）

平野富雄「足柄上郡山北町清水地区および三保地区の地震の記念碑」（『神奈川県温泉地学研究所観測だより』第45号、

1995年、神奈川県温泉地学研究所HP内「地震の石碑2012復刻版」を利用）
『共和酪農六十年史』共和酪農業協同組合（1987）
瀬戸貞夫「開成町の共同井戸」『開成町史研究』第2号（1988）
諸星光「地震への関心と対応──関東大震災の経験と記録を通して──」『開成町史研究』第6号（1992）
神奈川県立足柄高等学校郷土研究部『足柄平野北部の共同井戸と湧水』（1987）
「開成町で『震災数え歌』発見」『タウンニュース足柄版』（2015年1月17日号）
「碑が伝えるものを考えた」『タウンニュース足柄版』（2022年9月3日号）
平野富雄「関東大震災後の飲料水不足が契機となった足柄上地区の簡易水道の敷設」（『神奈川県温泉地学研究所観測だより』第47号、1997年、神奈川県温泉地学研究所HP内「地震の石碑2012復刻版」を利用）
長坂村太郎編『神奈川縣足柄上郡川村震災記念誌』川村役場（1927）
足柄上郡寄尋常高等小学校『読本教材を主とせる郷土資料』（1934）
「震災回顧録」大井町郷土史研究会『於保為』第38号（2018）
松本愛敬編『中井村震災紀念誌』中井村役場（1925）

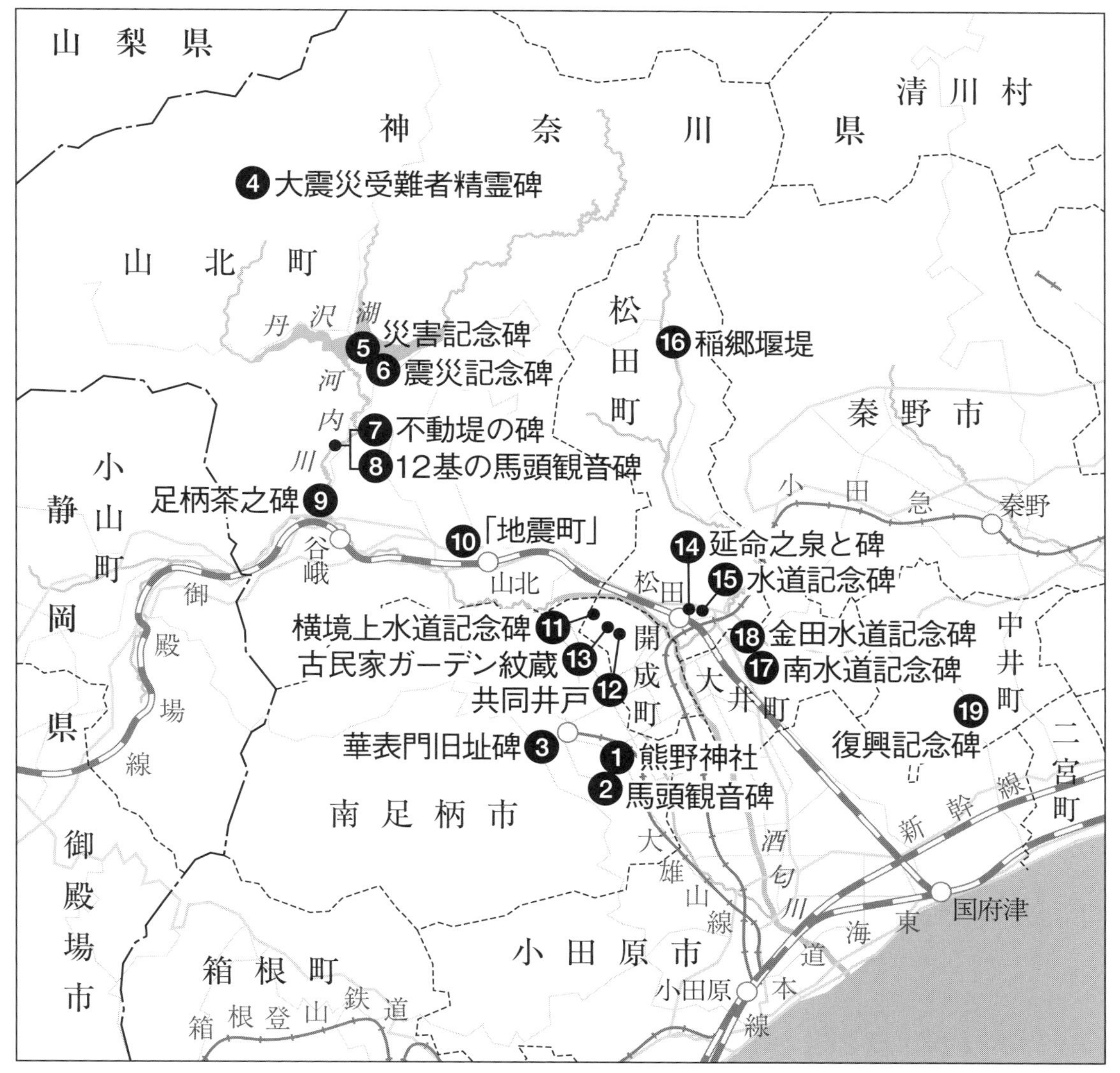

第９章　小田原市片浦地区、足柄下郡の関東大震災

関口康弘

はじめに

関東大震災は東京・横浜方面の被害が大きかったためこの地域の惨状がクローズアップされ続けてきました。しかし神奈川県西部は震源地に近かったため、相当大きな被害を受けています。昨今残念なことに、そのことが忘れ去られようとしています。そのなかで当時の足柄下郡のうち現在の小田原市片浦地区、真鶴町、湯河原町、箱根町の震災の被害状況、100年を経た今でも残る震災のつめ跡を追いかけ、再度見つめ直していきます。

足柄下郡全体の被災状況について『小田原市史』通史編 近代では『神奈川県震災誌』をもとにして次の通りに記しています。郡下約１万6930世帯のうち、全焼は2561、全壊が6127、この最悪の被害率は51％、また半壊世帯は5861、流失も97ありこれは真鶴村・岩村の津波と片浦村の２か所の山津波によるものです。何らかの破損を受けた世帯も2141を数え、罹災率は県下最大の99.2％となった、としています。郡下の死亡者数は横浜市の２万1384人、橘樹郡の1835人に次ぐ1772人でした。震源地直近の足柄下郡の被害の大きさが知れます。

1.　小田原市片浦地区（根府川、米神、江之浦）の関東大震災

根府川駅は高い位置から相模湾が一望できる駅です。この駅での惨状は関東大震災最大の鉄道被災であったと言えます。根府川駅の開業は1922（大正11）年12月21日、翌年の９月１日には関東大地震で西側の山が崩れ、新しい駅と停車しようとしていた下り列車もろとも地滑りにより海へ転落してしまいました。12時１分、根府川駅で上り東京行と下り真鶴行が交換する手はずでした。地震発生時の11時58分、上り列車は白糸川鉄橋の南側の寒の目トンネルを出るところでした。トンネル出口が崩落し機関車は埋まり機関士と助手が生埋めとなり殉職、列車はトンネル内にとどまり無事で乗客は反対側、真鶴方の出口から避難しました。いっぽう根府川駅にさしかかっていた下り列車は地滑りにより、列車の乗客約200人、ホームで列車を待っていた乗客約40人、駅職員も土砂とともに海に押し出されました。転落した人びとの内、動ける者は列車の窓から脱出したり続いた土砂崩れをよけたりしたようですが、数分後の津波に襲われてしまいました。生存者はわずか40人ほどです。下り列車の乗客にスルガ銀行創業者

スルガ銀行：岡野喜太郎が建立した慰霊塔（以下写真はすべて筆者撮影）

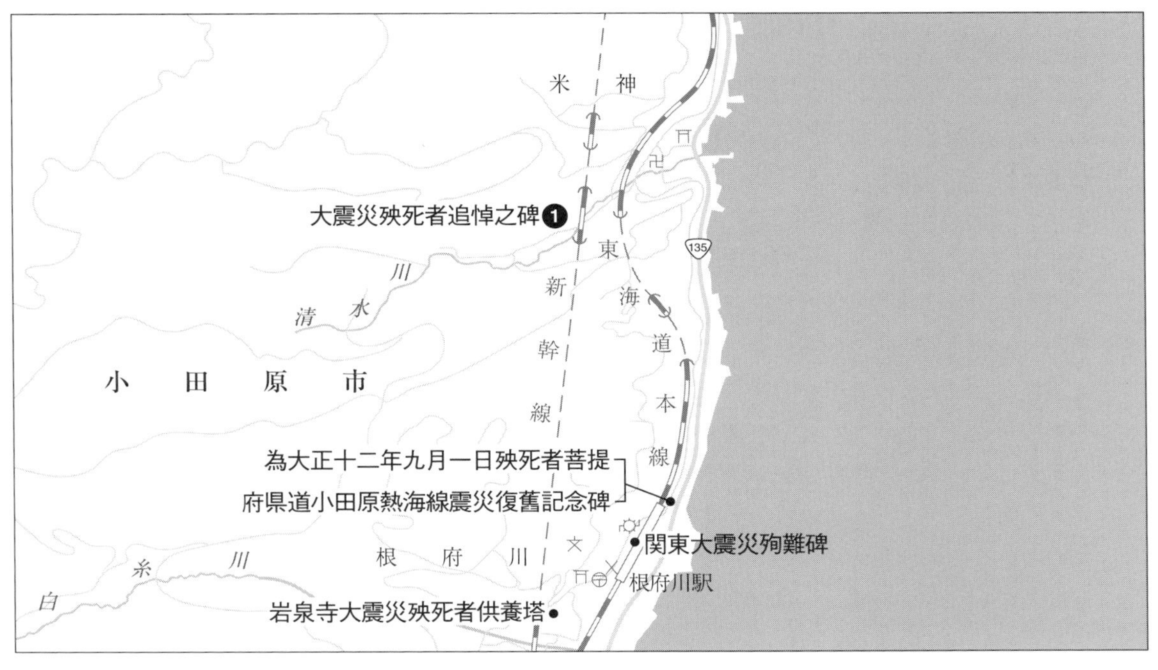

震災遺構碑地図小田原市米神・根府川

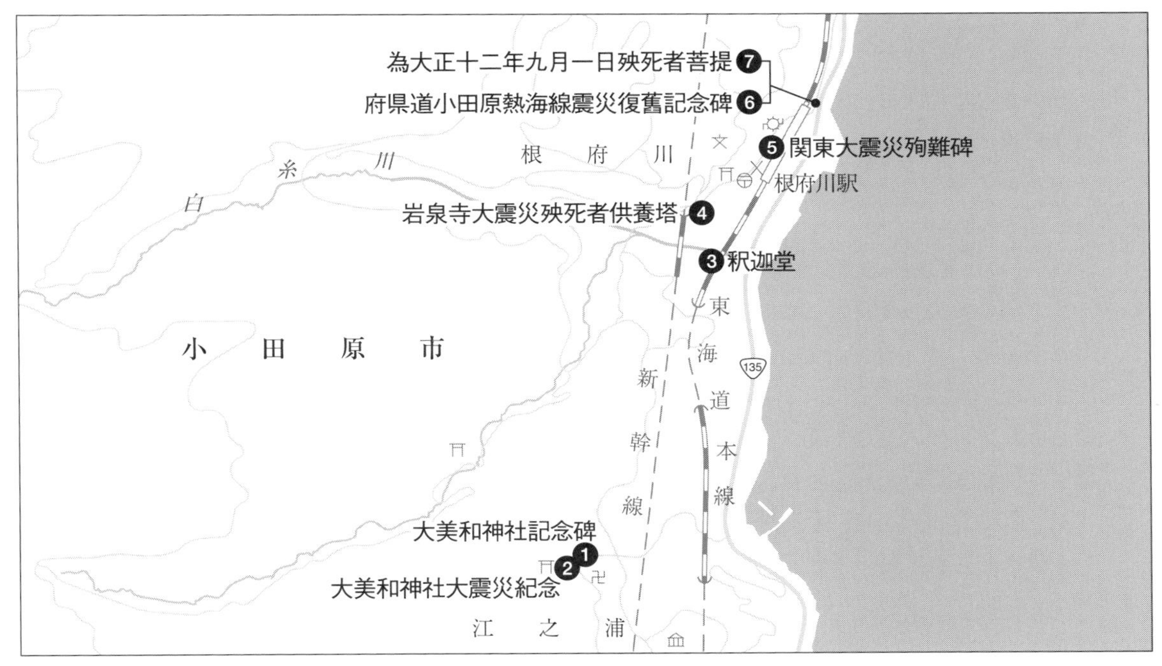

震災遺構碑地図小田原市江之浦・根府川

岡野喜太郎の妻と三女がおり遭難者となりました。岡野は1932（昭和7）年「為大正十二年九月一日大地震殃死者菩提」と彫った五輪塔の慰霊碑を建立。碑は現在県道740号線が東海道線をくぐった先の道路脇に「府県道小田原熱海線震災復舊記念碑」とともに立っています。また1973（昭和48）年根府川駅職員一同により、「関東大震災殉難碑」が建立されており、駅改札口左側に立っています。

岩泉寺：岩泉寺墓地に立つ大震災殃死者供養塔

根府川の震災被害は鉄道だけではありません。根府川集落の大部分が山津波に襲われました。白糸川上流の大洞（おおぼら）の大規模崩壊により白糸川を高速で下った土石流は、下流部の根府川集落を襲いました。集落91戸のうち、72戸が埋没しました。当時小学生であった内田一正さんは『人生八十年の歩み』の中で、「2回目の地震のあと「寒根山が来た、逃げろ」と祖父が叫び北側の桑畑まで逃げ、振り返ってみるとその間1分もたたないうちに今まで居た私の家はもちろん部落のほとんどが赤土の中に消えてしまったのです」と記しています。死者・行方不明者は289名（336名とも）にものぼりました。岩泉寺墓地内に1925（大正14）年8月12日「大震災殃死者供養塔」が建立されました。東海道線白糸川鉄橋の真下の右岸側に釈迦堂があります。岩に彫られた釈迦如来像は現在5メートルほど階段を降りたところにありますが、震災時の土石流に襲われる以前は2～3メートルほど見上げる位置にありました。流れ下った大量の土石流の実態が実感できる貴重な震災遺構です。このほか根府川地区には寺山神社境内や片浦小学校入り口に震災遺構碑があります。

米神地区も山津波に襲われました。集落西側の石橋山の一部が崩れ土石流となりました。米神集落の西側に東海道線（当時熱海線）の盛土があり、土石流の多くはここで止まりましたが、一部は乗り越え役場を埋めたところで止まりました。戸数101、人口789人の内約20戸埋没、死者・行方不明者62名の大惨事となりました。正寿院墓地の最上段には1927（昭和2）年9月1日建立の「大震災殃死者追悼之碑」があります。

江之浦の大美和神社には震災遺構碑が2碑あります。一つは鳥居左にある「記念碑」と題が彫ってあるものです。江之浦地区の被害状況を82戸のうち全・半壊45、全焼4、転落1、流失3、半壊21、死者は7名と記しています。碑は昭和天皇の御大典を祝して1930（昭和5）年8月31日に建立されていて、鳥居も御大典を記念して同年7月15日に再建しています。震災で倒れた鳥居は輪切りにされ、記念碑の土台に使用されています。もう一つの碑は階段を上がった境内右奥にあり1928（昭和3）年7月建立で「大震災記念」と題されています。裏面にはこの地区の震災後の困難な生活状況を地区民の一致協力で乗り切った様が記されています。

2.　真鶴町の関東大震災

1922（大正11）年12月21日熱海線真鶴駅が開業しました。真鶴から先湯河原・熱海へは工事中でしたので、真鶴駅は湯河原・熱海・伊豆への乗換駅として大変な賑わいとなりました。開業以来駅利用者は連日2000人から3000人の乗降客であふれかえり、時には4000人を超す人が押し

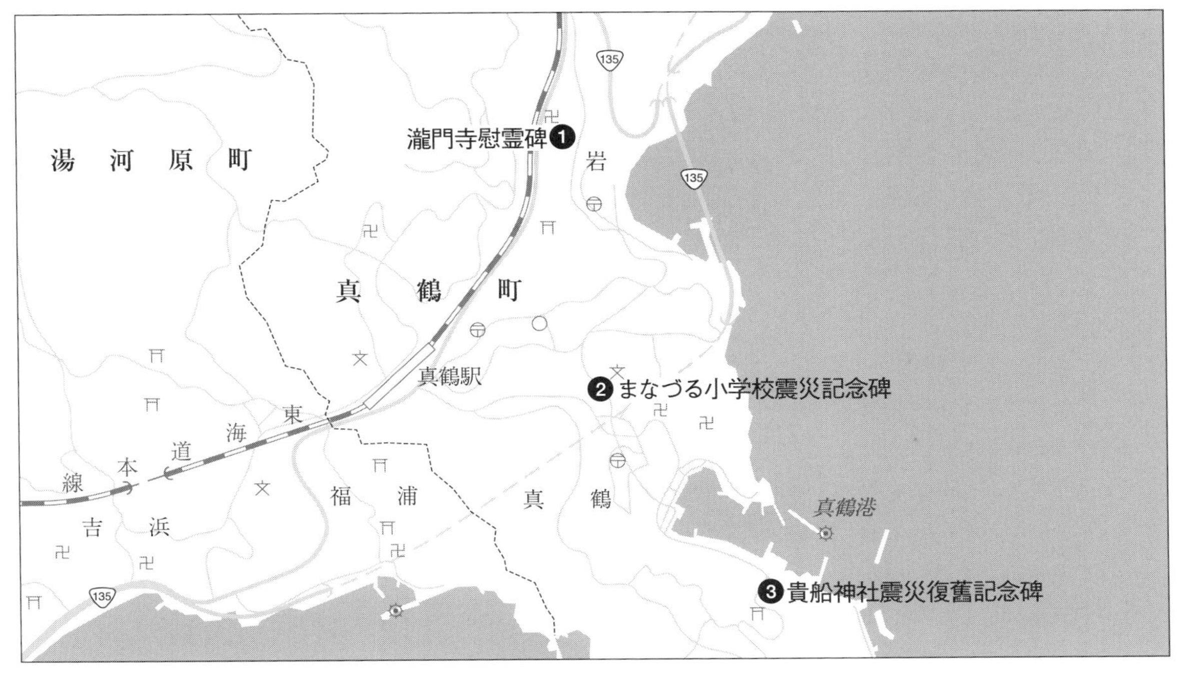

震災遺構碑地図真鶴町岩・真鶴

寄せた（『真鶴町史』通史編）というほどの混雑ぶりです。真鶴は鉄道の恩恵を謳歌しました。しかし長く続きませんでした。翌年９月１日、大地震が襲いました。とくに真鶴村は津波・火災により壊滅的被害を受けたのです。

真鶴町は真鶴地区・岩地区とも津波に襲われました。旧岩小学校西側に隣接する瀧門寺境内に「慰霊碑」と題された碑があります。碑文には津波により学校職員１名、児童 11 名が亡くなったことが記されています。現在真鶴町文化財保護委員の川口仁齊瀧門寺住職によれば、津波は旧土屋家、現在の真鶴町民俗資料館を浸し、岩地区集会場まで上ってきたそうです。集会場は海岸から 100 メートル離れた位置にあり、海抜９メートルを示すプレートが設置されています。

まなづる小学校校舎西側に立つ震災記念碑

まなづる小学校には「震災記念碑」と彫られた碑が残っています。碑文には真鶴村で家屋倒壊、火災発生、津波襲来があったことを記し、死者数は 100 名にものぼったとあります。真鶴小学校も倒壊し火災が発生しました。さいわい９月１日は始業式だけのため児童は午前中に下校していたので校内での被害はなかったものの、執務中の４名の教員が殉職しました。また児童 10 数名は自宅で命をおとしました。校長は校舎倒壊により重傷を負ったにもかかわらず猛火の中、身を挺して御真影をすくいあげたそうです。このの ち校舎は全焼しましたが、昭和２年に再建されました。碑文最後に遭難した人たちの霊を慰め、この出来事を後世に伝えるため碑を建立したとあります。1929（昭和４）年９月１日のことです。真鶴村を襲った津波ですが、地元の言い伝えとして発心寺（ほっしんじ）門前の階段まで上がってきたとされています。

このあたりの海抜は10メートルです。

真鶴町を代表する祭り、貴船まつりを行う貴船神社にも震災碑があります。神社本殿は震災前は船でしか参拝できない海岸沿いにありましたが、津波で被災後、本殿を現在の高台に移しました。碑は入ってすぐの鳥居左側にあります。題字は「震災復舊記念」で1926（大正15）年5月13日建立です。神社の再建を記念したもので、寄付者や職人など関わった方の名前が列記されています。鳥居にも大正15年5月再建と書かれています。

3. 湯河原町の関東大震災

この原稿を書くにあたり湯河原町の震災遺構碑を探索しましたが、見つけることができませんでした。しかし湯河原町には震災直後、土肥村が発行したガリ版刷りの「村ノ新聞」が残されています。新聞は地震2日後の9月3日の第1号から10月9日の第30号まで発刊されました。これを見ていきましょう。

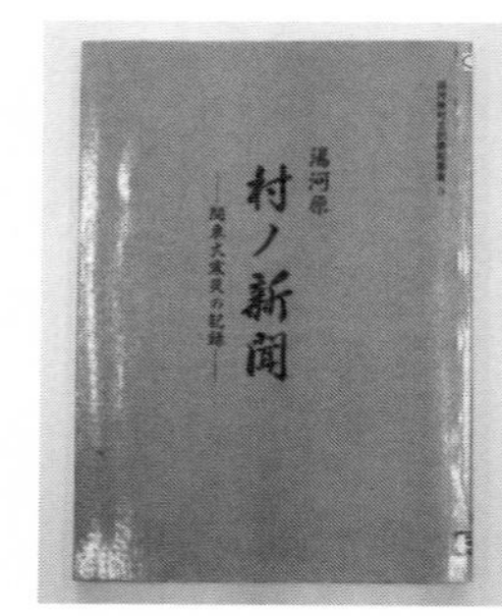

書籍化された『湯河原 村ノ新聞』（湯河原町立図書館、1994年）

第1号冒頭には「吾人ノ嘗テ聞キ及ビタル美濃ノ大地震ニ、勝ルトモ決シテ劣ルマジキ大地震ガ、突如トシテ吾ガ村ニ起ッタ。此ノ災害ハ、吾ガ村ノミデハナク、其ノ及ボス範囲ハ、頗ル広範ノ如ク想像サレル」とあります。1891（明治24）年の濃尾地震と勝るとも劣らぬ激しい揺れに襲われたことや、被害の全貌はわかっていないことがわかります。

さらに「吾人ハ此ノ際、大イニ覚醒シテ、人間同士オ互ヒニ尽シ合ヒ、幸福ニ暮セルヤウナ社会ヲ造ラネバナラヌト思フ」とあり、早くもこの災害を乗り越えるためには人びとの一致協力が無ければ穏やかな生活はこないと村民に説き、以降の村社会の在り方を訴えています。これに続き速報として本所・深川は火の海、三越呉服店、警視庁、帝劇なども焼けたことを伝えています。東京の最新状況を知ることができたのは、真鶴村に海軍無線電信局があり、ここから情報が入ってきたからです。

次に記事は土肥村において門川20人、宮下4人、城堀2人、鉄道関係4人が圧死及び負傷後死亡したことを伝えました。最後に「本村内ニ於ケル糧食問題」の見出しで、横浜や小田原が全滅なので1カ月から2カ月は食料供給の見込みはないとし、物資配給委員長のもと村の物資の融通を目指しました。また配給委員の何人かを十国峠を越えて被害の少ない伊豆方面へ食料の買い出しに向かわせました。土肥村の場合田畑が少ないので、喫緊の課題はやはり食糧問題でした。

9月4日の第2号では、村にある食糧高は玄米400俵、大麦350俵、これを村民、鉄道関係者（熱海線建設関係者）、湯治客の合計5000人に割り当てると1カ月は持つとし、伊豆方面に買付に行っている食糧を足せば2カ月分はあるので何ら問題はないと村内の不安を一掃しようとしています。

9月5日第3号では山本権兵衛内閣組閣や米国大統領クーリッジの見舞電報を真鶴電信局経由情報として知らせるとともに、当時鉄道建設現場で働いていた朝鮮人と地元村民との乱闘事件を扱っています。これについて「此ノ非常災害ノ際ニ、斯如、軽挙盲動ヲ演ジタルハ、遺憾ノキワミナリ」とし、さらに「秩序整然、節制アル土地トシテ来タ土肥トシテハ見苦シイ終リヲ告ゲタクナイト思ヒマスカラ、オ互ヒニ落チ着イテ、今迄ノ様ニ、秩序ヲ維持シマセウ」と村人に対して秩序あ

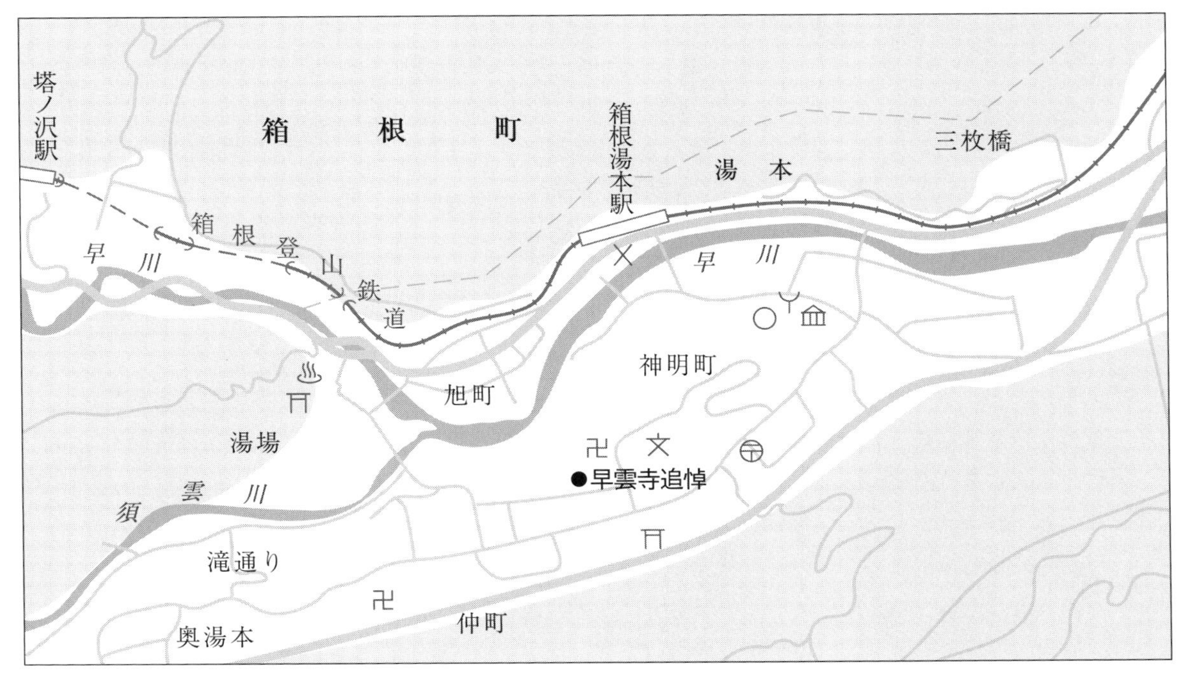

震災遺構碑地図箱根町箱根湯本

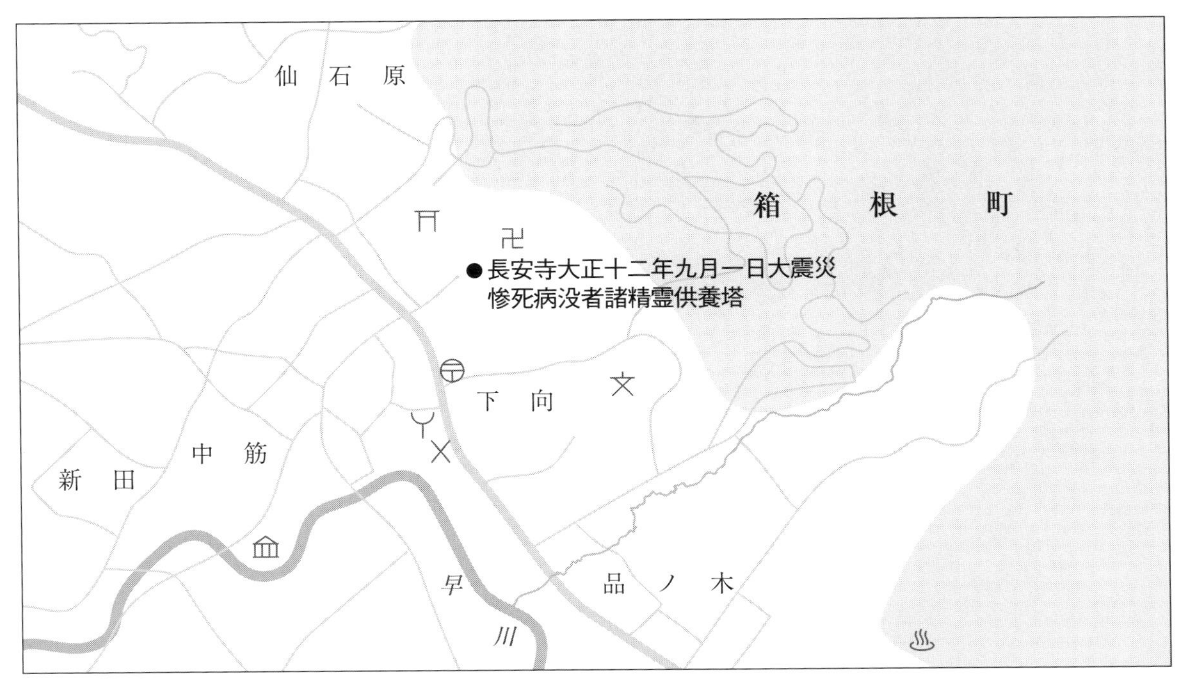

震災遺構碑地図箱根町仙石原

る慎重な行動を求めています。

9月11日の第8号では「震来モ間遠ニナッタ。秩序モ回復シタ。物資モ、不足ナガラ、間ニ合ッテ来タ。糧食問題モ、心配ナイ」と地震から10日ほど経て落ち着いてきた村内を記しています。その一方で「自制セヨ。我慢セヨ。勝手ナ我儘(わがまま)ヲ張ラズ、共存シヤウ」と村の共同体維持を訴えています。こうして「村ノ新聞」からは震災直後の村がどのような状況であったのか、その諸相と復興への取り組みなどがわかります。

4. 箱根町の関東大震災

箱根の震災被害はそのほとんどが地滑りや土砂崩れです。さらに芦ノ湖周辺では1930（昭和5）年の北伊豆地震の土石流にも襲われています。地震が起きた9月1日はまだ箱根には避暑で滞在している人も多く湯本温泉200名、塔ノ沢温泉870余名、宮ノ下温泉300余名、小涌谷温泉200余名、芦之湯120余名、強羅温泉300余名の客が滞在しほとんど満員の盛況でした（『箱根温泉史』1986）。保養・観光地箱根ならではの被災状況です。登山電車や国道1号線はいたるところで寸断され、多くの被災した客を抱えたそれぞれの温泉場は孤立状態となりました。

町内の震災遺構碑は仙石原長安寺境内、底倉旧八千代橋西詰、湯本早雲寺境内に残ります。

仙石原長安寺には「大正十二年九月一日大震火災惨死病没者諸精霊供養」と題された碑があります。裏面には亡くなった3名の名を刻み、百ケ日にあたる同年12月16日に仙石原有志により建てられたことがわかります。

蛇骨川左岸、底倉旧八千代橋詰に「箱根温泉村新道碑」があります。建立は1925（大正14）年8月です。八千代橋は1879（明治12）年に架橋されましたが震災で崩壊、この時橋を渡っていた自動車が橋とともに13丈（約40メートル）下の渓谷に墜落しました。運転手は即死でした（『箱根温泉史』1986）。その後つり橋の仮橋がつくられ、1925（大正14）年3月には鋼製の橋となりました。モダンな街灯を備えたアーチ型の橋として名所となり絵葉書がつくられています（『昨日の道 去年の坂』1999）。1967（昭和42）年橋は下流側に移動し現在の姿となりました。残念ながらこの碑は現在私有地にあり一般公開されていません。

湯本には早雲寺の山門を入って左側の境内に震災碑があります。「追悼」と題され1926（大正15）年9月1日に建てられました。早雲寺近くの南側斜面が崩れ農学博士でアルピニストとして有名だった辻村伊助一家6名が生埋めとなったのです。そのほか湯本駅裏の白石山が崩壊し駅や周辺民家が埋没しました。

【参考文献】
『小田原市史 通史編 近現代』小田原市（2001）
内田一正著 内田昭光編『人生八十年の歩み・内田一正』（2000）
井上公夫『関東大震災と土砂災害』古今書院（2013）
『真鶴町史 通史編』真鶴町（1995）
湯河原町立図書館編『湯河原村ノ新聞──関東大震災の記録』湯河原町立図書館（1994）
箱根温泉旅館協同組合『箱根温泉史』ぎょうせい（1986）
箱根文学研究会編『箱根の文学散歩』神奈川新聞社（1988）
櫻木達夫『昨日の道 去年の坂』オールプランナー（1999）

第 10 章　史跡に見る神奈川県近隣の関東大震災

鈴木 晶

この『神奈川の関東大震災 ―― 100 年後の視点』はタイトルの通り、神奈川県からの視点で関東大震災を見るものです。しかし、歴史や事象はその部分を見ただけでは、全体像が捉えられない場合もあります。この本を手に取られた方は、神奈川県の近隣はどうだったのか、という気づきを持たれていることと思います。ここでは大まかに神奈川県近隣の状況を紹介していきます。

わたしたちは、1923 年 9 月 1 日に起きた関東大地震と、そこからさまざまな諸状況を合わせて「関東大震災」と呼んでいます。当時は「関東大震火災」とも呼ばれました。震源が複数あり被災地の範囲は大きかったですが、主な被害地は今でいう南関東（東京、神奈川、埼玉、千葉）です。もちろん茨城、栃木、群馬、山梨、静岡、福島でも被害はありました。「関東大震災」という名称は、阪神・淡路大震災や東日本大震災のように、影響を及ぼしたエリアを大きなくくりで表したということでしょうか。いま私たちが呼んでいる歴史的呼称も、自然発生的なもの、メディアの呼称が定着したもの、意図的なものなどがあります。当時、「東京は大火災、横浜は大震災」〔山崎紫紅〕などと言われていたそうです。前置きが長くなりましたが、そうした視点を携えながら神奈川周辺の状況を、現在たどることのできる資料館やモニュメントを通してみていきましょう。

横浜と共に大きな被害を受けたのが東京市（現在の 23 区）でした。当時の東京市内では場所によって被害状況の大きさが異なりました。山手である西部と異なり、地盤の弱い東部は被害も大きくなりました。両国駅（JR 総武線、都営大江戸線）北口の横網町公園には、東京都慰霊堂（1930 年、当初は震災紀念堂）が建てられました。デザインは、寺院や神社をイメージさせながら無宗教型の慰霊堂として現在も威容を誇っています。設計をした伊東忠太は東京帝国大教授として、築地本願

東京都慰霊堂（以下写真はすべて筆者撮影）

復興記念館横の展示

復興記念館

寺や京都の祇園閣、東南アジアの神社建築などを手がけています。

現在、祈りの空間である堂内には徳永柳洲による大きな震災画と、東京大空襲の写真が掲示されています。この地は陸軍被服廠の跡地で、震災時は開発のために大きな空地になっていたため、多くの人々が大八車に乗せた荷物とともに避難してきました。さらに迫ってきた火災に荷物が引火し、旋風が巻き起こり、約3万8千人以上の犠牲者が出た場所です。この東京都慰霊堂には、関東大震災での犠牲者約5万8千人とのちに東京大空襲などの犠牲者約10万5千人の遺骨の一部が納められています。東京都慰霊堂とほぼ同時期に建てられた復興記念館（1931年）は館内に関東大震災と、東京大空襲の展示があるほか、屋外展示として火焔でねじ曲がった金属製の機械や鉄柱などに触れることができます（補修はされています）。同じく公園内には、石原町・緑町震災戦災追悼碑、震災遭難児童弔魂像があります。

また、1973年には「朝鮮人犠牲者追悼碑」が建立されて、翌年から追悼式典が開催されていますが2017年以来、小池百合子都知事からの追悼文がないことが問題になっています。任期2年目から「犠牲になったすべての方々の大法要で哀悼の意を表しており、個々の行事への送付は控える」としています。米沢薫は、2005年にベルリンの壁跡につくられた「虐殺されたヨーロッパのユダヤ人のための記念碑」をめぐる議論を丹念に追う中で「ドイツ人犠牲者の想起が、歴史的な事実関係を隠蔽、歪曲し、ホロコーストの犠牲者を相殺するような方向へと向かうならば、それはタブー化されることになり、共同想起の道は閉ざされる」と、すべての「犠牲者」を一般化し、歴史を隠蔽するようなあり方を批判しています〔『記念碑論争 ―― ナチスの過去をめぐる共同想起の戦い』〕。パニックになった人々が暴走することを防ぐには、日常から丁寧な学びが必要なのは歴史の教訓だといえます。

23区内には、多くの追悼碑があります。たとえば池上本願寺（「帝都大震災火災横死者之霊供養碑」）、神田淡路町（「震災紀念」）や茅場町・新亀島橋際（「大震火災遭難者追悼碑」）のほか、中国人留学生の碑（「中華民国留学生発亥地震遭難招魂碑」、文京区麟祥院）など40ヶ所以上の追悼碑、供養塔、地蔵尊、復興記念碑があります。大手町・大手濠緑地には「地震いちょう」、上野公園には大仏の頭部が残っています。また秋葉原の和泉小学校前には「防火守護地」という碑があります（1968年）。江戸時代から火元になることが多かった佐久間河岸の住民が、その後協力して訓練をしていたため、震災時に出火を防いだことを記したものです。

上野大仏（上野公園）

ビルの谷間の震災紀念碑（神田淡路町）

「地震いちょう」

「防火守護地」碑

この大震災の大きな特徴は、残念なことですが当時の日本の政策を背景にした虐殺事件です。労働者の多い場所では、搾取、差別、抵抗が行き交う場所となり、それが歪んだ虐殺につながりました。軍隊や警察までが暴走し、その後隠蔽に走ります。軍や警察が虐殺を止めようとした事実がありますが、それは虐殺という暴走があった後という「時差」があったことに気をつけなければなりません。朝鮮人虐殺に関しては、前述の横網町公園、市民グループが建立した荒川河川敷での「悼」（関東大震災時　韓国・朝鮮人殉難者追悼之碑）（2009年）の建立があります。また浄心寺（江東区）には亀戸事件の碑が立っています。

「悼」

「亀戸事件犠牲者之碑」

埼玉県では、警察が民衆による朝鮮人への暴行という事態にあわてて、彼らを群馬県へ避難させようとする途中で、虐殺が起きました。警察署を襲撃することもありました。しかし、ただ残虐な事件ということで済まさず、そこまで民衆を過激化させたものは何か、社会状況を参照しながら考えることも必要です。警察署襲撃があった本庄は利根川の流域が拡がる場所で、上流から輸送されてきた絹製品を大きい船に積み替える場所でした。当時、絹糸価格は暴落しており、経済状況は悪化していました。もちろんどのような背景があろうが虐殺が肯定される理由にはなりません。また、民衆のデモ行動が活発になった大正デモクラシーの時代だったとはいえ、警察署を襲撃する行動には相当な社会の歪みが読み取れます。本庄警察署の建物は2020年まで本庄市立歴史民俗資料館として使われていました。近くの藤岡市でも警察署襲撃がありました。朝鮮人虐殺関係では、藤岡（成道寺）のほか、寄居（寄居町／1925年・正樹院）、倉賀野（九品寺）、神保原（安盛寺）、本庄（長峰墓地、浄眼寺／1932年）、熊谷（熊谷寺／1938年）、大宮（見沼区・常泉寺）に慰霊碑や地蔵尊などがあります。東松山市の丸木美術館には丸木夫妻による「痛恨の碑」もあります。

千葉県には南房総市、館山市などに関東大震災碑があります。元禄地震（1703年）の教訓が生かされ、津波の犠牲者はほとんどなかったそうです。そして船橋市や八千代市に朝鮮人虐殺を記す慰霊碑や墓があります。船橋市（馬込霊園）には「法界無縁塔」（1924年）や、在日本朝鮮人連盟

本庄市長峰墓地の碑

旧本庄警察署
（前本庄市立歴史民俗資料館）

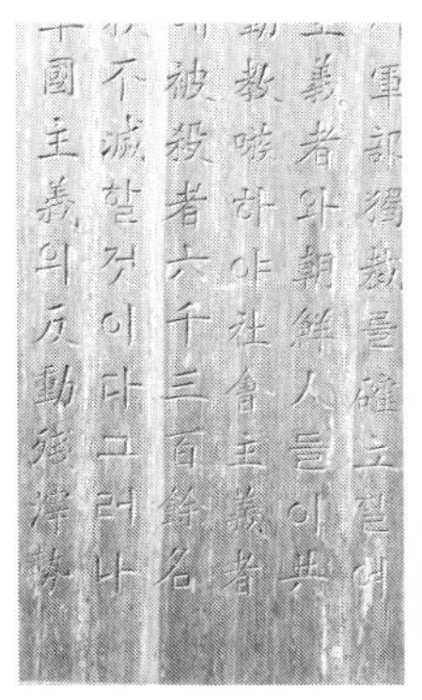
船橋市馬込霊園の碑文

八千代市高津観音寺

中央総本部による碑（1947 年）が建立されているほか、八千代市には地元の調査の成果で、高津観音寺に普化鐘楼、慰霊塔、慰霊碑があります。八千代市にはこのほか長福寺、中台墓地、大和田新田、そして成田市（下総町・猿山薬師堂）にあります。

静岡県では海岸沿いの熱海市や伊東市のほか、小山市の富士紡績小山工場で犠牲になった 123 人の供養塔があります。犠牲者の 88% が女性工員でした〔『小山町史』〕。海に面している地域では遺骸が漂着した場所があり、漂着者の慰霊碑が静岡県伊東市（八幡野・大江院、赤沢・清月院）に建てられています。

自警団の尋問で標準語がうまく話せなかったことから「日本人」が殺害された例は東京、横浜で多くありましたが、近郊では、2023 年に映画化（『福田村事件』）された千葉県福田村（現野田市／9 月 6 日、香川からの行商人など 15 人が襲われ 9 人が犠牲、追悼碑建立は 2003 年）、検見川（9 月 4 日。沖縄、秋田、三重出身の 3 人）、埼玉県妻沼（9 月 5 日、秋田出身の 1 人）〔吉村昭『関東大震災』に記述〕でも起きています。

このほか、愛知県名古屋市にある日泰寺（千種区）・照遠寺（東区）、長野県善光寺に横死者慰霊のモニュメントがあります。大震災で寸断された鉄道を乗り継いだり、歩いたりしながら、関西方面には多くの被災者が移動しましたが、最初の大きな受け皿が名古屋でした。駅前には被災者のために多くのテントが立ち並んだといいます。愛知県には約 15 万人が避難しました。日泰寺にある、供養堂の由来碑には震災時に名古屋駅で避難民の世話をしたことや、信徒を被災地に派遣して火葬場を弔問して多数の遺骨を引き取ったことが記されています。

照遠寺「関東大震災横死者之霊」

日泰寺「供養堂由来碑」

別稿（第 3 部）のバラック「関西村」で関西府県連合が結束して援助に取り組んだように、中京地区では愛知県が中心となってすばやく救援活動に取り組みました。このエリアは濃尾地震（1891 年）があり、人道上の動きと被災・救援の経験が反映したと考えられます。

「吾が愛知県亦災害地に近接し海陸交通の便多く物資豊富なるのみならず六大都市の一たる名古屋市を抱有せる屈指の大縣たる地位の自覚と明治二十四年濃尾大地震に遭遇したる体験とに鑑み、迅速救援に着手し官民協力之に善処するの方策を講せむとす〔『関東大震災救済に関する愛知縣施設概要』1923 年 11 月〕という精神は現代にも連なっているはずです。

日泰寺の墓所には震災時に憲兵隊本部で甘粕正彦大尉に殺害された大杉栄・伊藤野枝の甥・橘宗一の墓所もあります。愛知県出身の貿易商である父親の橘惣三郎が建立しました。これも関東大震災の一断面です。照遠寺については、大震災の避難民を周辺の寺院が引き受けたことが由来だとされます〔武村雅之〕。

そう考えると、地震の多い長野県北部で起きた善光寺地震（1874年）が、善光寺の「関東震災横死塚」の存在につながるのかもしれません。長野県や群馬県は震災後にすばやく出張所を設けました。これは絹製品の流通で強い結びつきがあったことや、地震の多い長野県北部の経験があったといえます。長野県は北信連合５県の中心となって救援に取り組みました。地震の多い宮城県も東北地域の中心になって救護活動に取り組みました。

橘宗一の墓石の後面には「犬共ニ虐殺サル」と刻まれている

関東大震災の状況を、神奈川県周辺地域の様子、被災経験などの共通項から見てきました。

離れた場所でももっといろいろな結びつきがあるかもしれません。現代でも大きな地震があれば交通手段、通信手段は遮断され、またデマが飛び交う可能性があります。被災後は周辺からのすばやい救援ができることが課題です。

【参考文献】

『小山町史第８巻　近現代通史編』
武村雅之「静岡県熱海市・伊東市での関東大震災の跡」『歴史地震』第29号（2014）
武村雅之「関東大震災における千葉県内の慰霊碑中間調査報告」『歴史地震』第33号（2018）
武村雅之「遠隔地に建立された関東大震災の慰霊碑」『地質工学』vol,13（2015）
『関東大震災時の朝鮮人虐殺と国家・民衆』在日韓人歴史資料館など（2010）
https://www.pref.chiba.lg.jp 千葉県ホームページ

第２部
テーマからみた神奈川の関東大震災

関東大震災は人間や社会の様々な姿を浮き彫りにしました。恐怖や怒りを他民族にぶつける虐殺もあれば、国籍や民族を越える支援もありました。第２部ではいくつかのテーマから神奈川の関東大震災に迫りました。

《コラム》

安政大地震の津波で大破したロシア船と徳川幕府の対応
――老中阿部正弘の人命救助と憂鬱

岩下哲典

関東大震災の本のなかでは、いささか唐突ながら、幕末の安政大地震への国家的対応に関して興味深い史料を紹介したいと思います。

それは、1854年12月7日付大坂城代土屋寅直宛、老中阿部正弘の書簡です。土浦市立博物館に所蔵されているものです。そこには、安政大地震の津波で大破したロシア海軍提督プチャーチン率いるディアナ号遭難への阿部の所感とそれに共感したと思われる、阿部の仲間土屋の攘夷思想と人命救助への思惑が垣間見られます。

書簡の本文では、時候の挨拶と歳暮進呈を書いています。こうした書簡では追伸のほうが重要ですね。年末なので、追伸では今年の大事件に言及しています。「大心痛」、つまり阿部が大いに心を痛めたのは、土屋の任地大坂に「異船渡来、其後地震海嘯」、すなわちロシア使節プチャーチンの突然の来航があったことですね、としています。その後、大坂でも地震と津波が来たことから、「一通りならぬ御配慮」されたと拝察しますと土屋のことを思いやっています。

ディアナ号は、伊豆下田で地震による津波で大破し、ロシア人乗員にも即死やけが人が多数出ました。しかし、阿部はいっそのこと「不残溺死いたし候へは大いに心地宜候」、つまり全員沈んで死んでくれれば苦労しなかったのにそうならず残念、かえって国内の問題となり、「嘆息之至」、実に嘆かわしいと述べています。およそ為政者らしからぬ、驚きのコメントではないでしょうか。しかし、当時の「攘夷的な思い」といった下級武士の言動や民衆の動向やロシア船そのものにたいへん苦労させられた阿部としては、偽らざる本音でありました。さらに同船は伊豆戸田村（現、沼津市）に、修復のため向かいますが、「難船また難船」で結局、沈没してしまい、いろいろ手数がかかって困ったものだと阿部は嘆いています。しかし気を取り直して、相手の苦境に付け込んで十分な「応接」（外交的対応）をすれば、公儀の「御仁恤」（ありがたいお救い）がロシア側に行き届くこと間違いなしであるとも言っています。「貴君」（土屋のこと）なので、あえて「極内申入」、極秘でお話しするのですがと言っているのです。多忙で手紙も午前3時ごろ書いたものでした。当時の老中はなかなか勤勉ですね。

まさに、政治家阿部正弘の本音書簡であり、土屋も同類と認識しての愚痴が興味深いものです。この時期の外交対応と国政のかじ取りがいかに困難だったかもわかります。阿部は異国人が遭難して皆いなくなったらどんなによいかというのです。ただし、それは願っても無理、せめて、こちらの思う方向に仕向けるべく、「御仁恤」な対応をするのが国として得策だと言っています。国益を優先させた、為政者らしい考えをのぞかせていますね。

良質な海外情報を入手・分析していた、幕府上層部阿部でも攘夷、排外思想は当然、持ち合わせていました。土屋もそれに共感していたということです。要するに、当時の人々はすべからく攘夷でした。攘夷という土台があり、そのうえに知識・情報・思想・感覚等が載っていたのです。それが人によってさまざまに異なっていたと思います。それでも為政者は、世のため人のため、異国人でも救恤、被災者を救命・

救助・救援しなければならないのです。そうすることで、外交問題を自分の日本の陣営に有利に展開することができると考えているのです。それが、国益というものでした。

他人の不幸に付け込むことは、個人としてはあまりしたくはないです。しかし、国家としてはそういうことは十分あり得ます。今日の日本の唯一と言って過言ではない同盟国たるアメリカ合衆国の東日本大震災における支援「トモダチ作戦」もそういうものでしょう。国家としての救恤には、なんらかの国益が背後に潜んでいることに注意する必要があります。それは、江戸時代後期の我が祖先でも同じであったことを知ることは意味があります。自分の行動や国家としての振る舞いを考えるきっかけになるからです。

また関東大震災直後、中華民国内で「大清皇帝」とされていた愛新覚羅溥儀も日本への支援を行っていました。他にもアメリカなど西洋諸国も支援金や支援物資を送ってきたのです。はたして国家としてどのような国益があってそうしたことを行ったのでしょうか。関東大震災のことを歴史的に考える時、別の時代の地震の関連資料も読んでみると、そこだけではわからなかったこともわかってくることがあるかもしれません。これを機会にいろいろ考えたいものですね。

【参考文献】
岩下哲典監修『幕末維新の古文書』柏書房（2017）

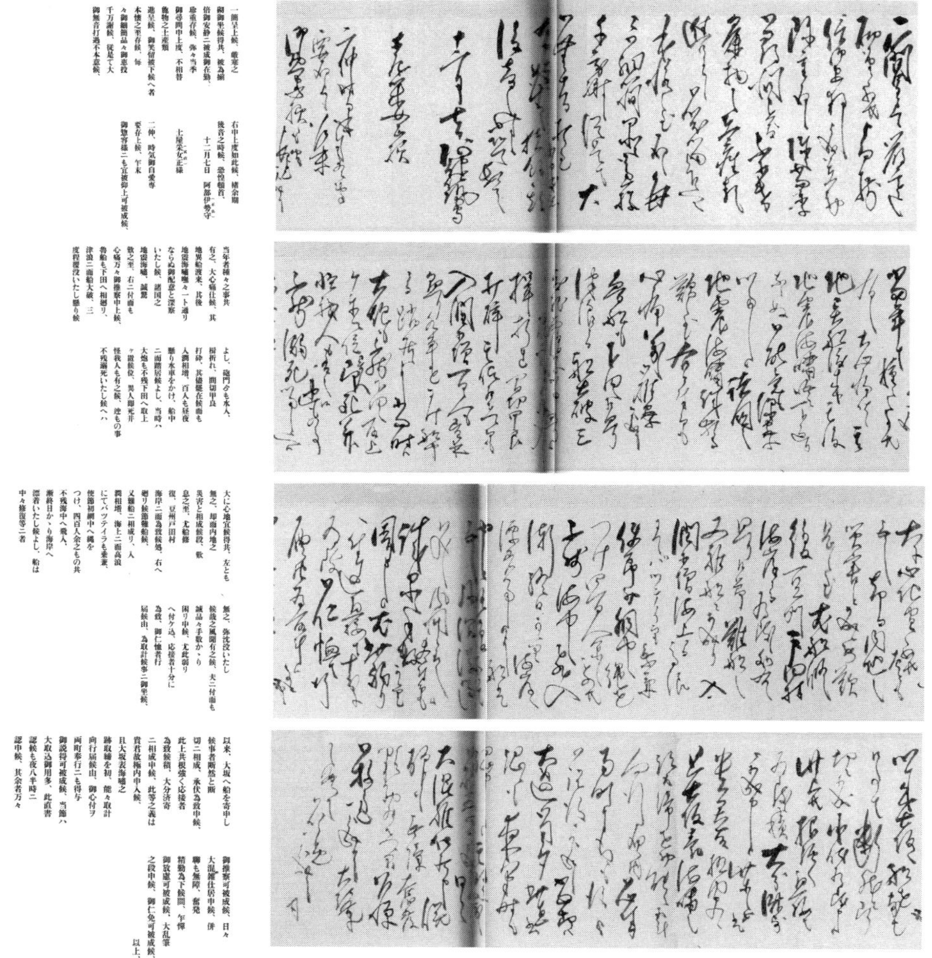

一簡呈上候、厳寒之
節御揃候得共、被為揃
倍御安静ニ被成御在勤、
珍重存候、弥々当季
御尋問申上度、不相替
麁物之土産類
進呈候、御笑留被下候へ者
本懐之至存候、毎
々御細簡品々御恵投
千万謝候、従是て大
御無音打過不本意候、
右申上度如此候、猶余期
後音之時候、恐惶頓首、
十二月七日　阿部伊勢守（正弘）
土屋采女正様（寅直）
二伸、時気御自愛専
要存上候、乍末
御惣容様ニも宜被仰上可被成候、

当年者種々之事共
有之、大心痛仕候、其
地異船渡来、其後
地震海嘯嘸々一ト通り
ならぬ御配意と深察
いたし候、諸国之
地震海嘯、誠驚
歎之至、右ニ付而も
心痛万々御推察申上候、
魯船も下田へ相廻り、
津浪ニ而船大破、三
度程覆没いたし懸り候
よし、砲門ゟも水入、
桁折れ、間切甲良
打砕、其儘罷在候而も
入潮相増、百人も昼夜
懸り水車をかけ、船中
ニ而踏居候よし、当時ハ
大炮も不残下田へ取上
ヶ置候位、異人即死并
怪我人も有之候、迚もの事
不残溺死いたし候へハ

大に心地宜候得共、左とも
無之、却而内地之
災害と相成候段、歎
息之至、尤船修
復、豆州戸田村
海岸ニ而為致候処、右へ
廻り候節難船候、
又難船ニ相成リ、入
潮相増、海上ニ而高浪
にてバツテイラも乗兼、
使節初網中へ縄を
つけ、四百人余之もの共
不残海中へ飛入、
漸終日かゝり海岸へ
漂着いたし候よし、船は
中々修復等ニ者
無之、弥沈没いたし
候哉之風聞有之候、夫ニ付而も
誠品々手数かゝり
困り申候、尤此弱り
へ付ケ込、応接者十分に
為致、御仁恤者行
届候由、為取計候事ニ御坐候、

以来、大坂へ船を寄申し
候事者断然と断
切ニ相成、承伏為致申候、
此上共根強く応接者
為致候積、大分済寄
ニ相成申候、此等之義は
貴君故極内申入候、
且大坂表海嘯之
跡取締を初、能々取計
向行届候由、御心付ヲ
両町奉行ニも得与
御説得可被成候、当節ハ
大取込御用多、此直書
認候も夜八半時ニ
認申候、其余者万々
御推察可被成候、日々
大混雑仕居申候、併
聊も無障、奮発
精勤為下候間、乍憚
御放慮可被成候、大乱筆
之段申候、御仁免可被成候、
以上、

安政元年 12 月 7 日付け阿部正弘書状（土屋虎直宛）（土浦市立博物館所蔵）

第１章　関東大震災と国際社会とのつながり

飯森明子

はじめに

関東大震災と外交といえば、政府や各国の外交団がおかれた首都東京を軸に考えられることが多かったといえるかもしれません。けれども、第一次世界大戦後のグローバル化が急速に進んでいた当時、東京からわずか30㎞の最も早い時期から海外とのかかわりをもった日本最大の貿易港の街横浜や、現在にも通じるグローバリゼーション社会であった「神奈川」という視点を入れて震災をみると、日本と国際社会の関わりが克明に見えてきます。

本章では、震災の被害や震災に伴って発生した事件や問題の「現場」が神奈川にあったことを改めて確認しながら、大災害と政治、とりわけ日本の外交や国際関係を考える出発点にしたいと思います。

1.　なし崩しに受け入れた海外からの緊急支援

①震災直後の日本の状況

さて、震災当日、なによりも日本の政治は非常に不安定な状況でした。震災直前８月末、首相の加藤友三郎海軍大将が病死し、同じく海軍大将の山本権兵衛が首相となることはすぐに決まりましたが、震災当日はまだ閣僚入閣交渉のさなかでした。急遽政府は内務省を中心に各省を集めた臨時震災救護事務局を設置して震災への対応に当たることにしました。山本は当初外相を希望していた後藤新平を説得して内務大臣になってもらいましたが、19日まで山本首相が外相を兼任しました。外交に関わることは当初重要ではないと考えられたからです。臨時震災救護事務局に外務省が関わるのは海外から義援金が送られることがわかった後でした。そのため被災直後、各国との連絡や交渉の指示に手はほとんど回らず、外務省職員はまず独自に外国人の安否を尋ねて、文字通り歩きはじめます。

加えて９月２日東京に、３日には神奈川に治安維持を目的として戒厳令が布かれました。戒厳令とは治安維持を理由に、軍部が行政機関の指導を行うことができるという緊急勅令で、事実上の緊急事態に政治の実権を握ったのは陸海軍ともいえます。そのため臨時震災救護事務局や各省庁との歩調がかみ合わないことも多かったのです。とくに外務省を含めた海外からの支援を受け入れるためにこれら３つの組織が関わらなければならず、調整交渉も多難であったことを救護に奔走した米国大使館員が吐露しています。11日、ようやく海外からの支援受け入れについて次の３つの方針が閣議決定されました。

①米を除く食糧ほか物資提供は喜んで受ける。ただし事前に交渉がある場合には日本から希望を出すこともある。
②人員派遣は「言語風俗等の関係上錯綜を来すの虞（おそれ）」があるため辞退する。ただしすでに出発したものについては外務省が適宜措置を執る。運輸船舶の提供も同様に辞退する。
③被災地の「秩序安寧を保持するに於いて緊要」のため船舶入港は日本側で調査のうえ、乗員の上陸陸揚げを行う。

とくに②は、震災直後の朝鮮人虐殺事件などの混乱の原因のひとつに言語・文化の問題があったことが背景にありました。言語や文化の違いが被災後の海外からの救援にも関わることをここで明確に示したことは、現代の災害支援にも通じる大きなポイントでしょう。

結局、日本政府にとって受け入れやすいという理由から、カネ、モノ、ヒトと優先順位をつけました。しかし後述するように米海軍艦船団はすでに支援活動を始めており、そののちも、日本側の対応は後手に回ることが多く、混乱はしばらく続きました。

②米国から迅速大量の支援

時を震災当日に戻しましょう。震災発生のニュースは、横浜港に停泊していたコレヤ丸から夜になって海外へと無線発信されました。横浜市街地の施設は倒壊し、東京や千葉の無線施設も地震で被害を受け使用できなくなっていましたが、横浜港内の船舶の無線が使用できたのです。長崎を経由して中国大陸へ、また銚子と福島県富岡の送信施設を経由して太平洋対岸の米国へ、「横浜は大地震に見舞われ通信機関全滅、同市に火災起こり火焔天に冲しつつある。目下これ以上の発信不可能」〔関東大震災誌・神奈川編、p.714〕の震災の第一報がワシントン現地時間１日夜に届きました。

直ちにクーリッジ米国大統領は３つの命令を出しました。①米陸海軍に日本へ支援物資を積んで急行すること、②国内にまずは500万ドルを目標に義援金を募集すること、③米船舶局に太平洋航路のすべての船舶に一カ月間最大限の物資輸送を命じ、それに伴う人的支援もしばらく続けること。こうしてHelp Japan! を合い言葉に全米で義援金募集が始まります。

Help Japan ポスター（出典：『関東大震災と横浜』）

1923年は第一次世界大戦が終わり、ワシントン海軍軍縮会議からまもない時期で、日米を中心に英仏など欧米諸国と日本との国際協調が進んだといわれる時代でした。日米間の貿易も順調に拡大していました。とくに米国内での義援金は13日までに当初目標金額を突破、11月末までに1060万ドルの義援金が全米から集まったのです。

ともかく海外からの支援で最も早くかつ圧倒的に大規模だったのが米国です。大統領の迅速な指示により中国、秦皇島近郊にいた米海軍アジア艦隊の一団は食糧や毛布などを満載して直ちに出港、最も早い船は９月５日に到着、旗艦も７日に到着しました。同艦隊司令長官アンダーソンは「日本政府の指示に従ってできる限りの救助をする」と最大限の支援を山本首相に直接会って申し出ました。そして被災避難民を東京湾沿岸から清水まで海上輸送を支援したり、続々と東アジアにある米国陸海軍の拠点や米本国からも缶詰や穀類などの食糧だけでなく、毛布衣類、建設資材などの大量の支援物資が翌年春まで送られ続けます。やがて後述する病院施設と医療団も到着します。ウッヅ大使は大使館員らとともに東京と横浜を結んでこれら米国の支援活動の陣頭指揮に当たりました。

ウッヅ大使
（出典：National Photo Company）

さて最初の揺れで横浜港は大桟橋も多くの埠頭も倒壊しました。1日正午に出港しようとしていた船からは、見送る人々が大桟橋とともに地震で海に崩れ落ちる様子が見えたといいます。他の物流施設も大きく被害を受けています。震災直後から国内各地からの支援や避難民の輸送船が続々と東京湾に入ってくるにもかかわらず、物資の陸揚げと保管が設備の被害で難題でした。

横浜港湾担当者はもちろん、政府や外務省もほとんど対応できず、どのように海外からの支援物資や支援者を受け入れるかを考える時間も体制を作ることもできないまま、米国から物資と支援者が東京湾に押し寄せたのでした。外国からの支援船も東京へという案も考えられましたが、東京港は条約で外国船の入港が認められていませんし、お台場に挟まれた狭い水路を大型船は通過できなかったのです。いや横浜港も外国船の入港は1日以降歓迎されませんでした。

まずは東京湾への外国船の入港に対して海軍の統括組織である軍令部の一部が反応しました。なぜなら東京湾の入り口、横浜から湘南地域は要塞地域で、とりわけ横須賀には日本海軍の首都防衛の最重要拠点、横須賀鎮守府がありました。ところが三浦半島のあちこちで地震による土砂崩れで道がふさがれ、鎮守府の施設も倒壊焼失破損など大規模被害が多数発生していました。このような状況のなか、外国船、それも外国軍艦が東京湾に入ってくれば、あるいは外国船が湘南沿岸を回りながら避難民を清水方面に輸送すれば、当然これらの被災状況が露呈し海外にも知られてしまいます。第一次世界大戦とワシントン海軍軍縮会議のあと、欧米各国と肩を並べる「五大国」、「一等国」の地位を得たと、プライドを高めた日本ですが、被災により国際社会での地位が揺るぐと軍関係者たちが恐れたのです。（付記：ウッヅ米大使もクローデル仏大使も、朝鮮人虐殺事件を大災害時に起きがちな混乱であると承知していましたし、日本家屋は木造のため火災に弱く国防に関わると米国に報告されています。）

しかし山本権兵衛は、ワシントン海軍軍縮会議全権で国際協調を進めた元首相加藤友三郎海軍大将の意図を継承する首相でした。それゆえ山本や加藤の意もよく知る海軍関係者の多くは米国艦船・輸送船による避難民輸送や、物資輸送などの支援活動を容認し、その人道的な活動に心から感謝したのです。横浜港を担当した海軍将校たちは米軍の的確な支援活動を湾内で目の当たりにし、なかには帰国の時には感謝のあまり涙を流して彼らとの別れを惜しんだ者もいました。ウッヅ大使も、米国の支援により日米友好が進んで、当時日米の懸案であった米国での日本人移民差別に対する反対運動はなくなったと本国に報告しました。

特に医療支援は被災者と医療支援者らが直接出会う場面でした。米国植民地であったフィリピン・マニラから米陸軍基地の医師・看護婦や医療関係者など約300名からなる大規模医療団が9月半ば2つの艦船でやってきました。彼らは当時の総計6000床にも相当する機材と共に大規模テント病院を東京と横浜に3カ所に設置しました。そのうち最も早く9月25日完成したのが、横浜山下橋近く約12000坪の土地にテント総数75の新山下病院です。新山下病院には、診療室、手術室、レントゲン２台、病室ベッド数750のほか、倉庫やスタッフの居住施設などもそろっています。震災当日液状化現象がみられた埋立地に当時最先端設備を備えた病院が突如現れ、10月末まで震災での負傷者、持病を持つ人や妊婦ら、赤痢やチフスの感染症に苦しむ患者に医療を直接施したのです。東京麻布と築地の二つの病院も大規模でした。米国大使や医療団の帰国の際には、送別集会や沿道に驚くほど多くの人々が集まり、彼らの支援活動に暖かい謝意を表しました。

米国寄贈　新山下病院（出典：『大正12年関東大震災日本赤十字社救護誌』）

米国ほど大規模なものではありませんでしたが、英国も仏国なども海軍軍艦を東アジアの植民地基地などから支援物資とともに送り、横浜などで遺体捜索や医療活動をおこないました。とくに英国の支援は、ワシントン会議で従来の日本外交の基軸であった日英同盟が消滅した後とはいえ、それまでの日英協調の精神を温厚に発揮した支援となりました。結局戦間期国際協調のムードのなかで、国際連盟ほか、当時のほとんどすべての国家や自治領などが義援金や物資などの暖かな支援を送ってきました。

さて11月「国民精神作興に関する詔書」が出され、大災害からの復興に国民の心を合わせて協力と支援しようと声をかけました。しかしそのまとめる力の一つに当時は国防、しかも「思想の国防」というべきものが震災まもなくから現れ始めていました。海軍は震災後の東京湾など偵察されることを危惧していたことはすでにお話しましたが、陸軍の心配はやや込み入っています。

陸軍の統括組織である参謀本部は９月20日前後の二つの書類を作成しました。これらによると、米国からの多額の義援金、大量の支援物資、大規模な医療が順調に進められた背景に、米国流の「自由」と「民主主義」があるといいます。このたびの米国の支援活動を通じて日本の国民が「民主主義」に親しみを覚え、義援金や大量の物資への恩義により長期的に米国の「金縛り」にあうとおそれました。そしてこれらの対抗策として日本は天皇を中心とする「皇室中心主義」をとるべきであると論じています。興味深いのは、当時、陸海軍関係者の大半は米国の支援を好意的に受け止めており、この対抗案を「さもしい」考えだと全く気にかけていません。

しかし満州事変以後の日本の歴史を知る私たちは、このようなナショナリズムの考え方や思想の国防という問題が大災害という危機の後に現れ始めた歴史を忘れてはならないと思います。今一度、大災害や大規模危機のあとに現れる思想や風潮の変化について、慎重に考え続ける必要があるのではないでしょうか。

③完全拒否されたソ連の支援

さて海外からの緊急支援に対し、日本はすべての国から快く受け入れたわけではありません。対照的な日本の対応の例をみておきましょう。

第一次世界大戦のさなか、1917年ロシア革命が起きました。君主制も私有財産の所有も否定する社会主義のソ連政府成立に日本は対抗して、シベリアに出兵しました。1923年までに日本はシベリアから撤兵しましたが、日本はまだソ連の国家承認をしていませんでした。国交交渉が少しずつ動き始めていたところにおきたのが震災です。震災の報到着からまもなく、そのソ連から救援物資などを乗せた輸送船が一隻、ウラジオストクから出港して横浜に9月12日到着しました。

船の名前は「レーニン」号。出港直前までの名前をわざわざ革命の指導者レーニンの名前に変えました。ウラジオストク駐在の日本領事たちは震災被害のない第二の国際港、神戸へ向かうように強く勧めたにもかかわらず、横浜に「レーニン号」は現れたのです。乗員名簿には、ロシア人新聞記者、日本人通訳やアジア系タタール人の名前も記載されていました。横浜到着直後、日本側担当官らとの停泊手続きの際、船長や同乗の新聞記者らが「震災は革命の好機」とか、支援物資は政府ではなく直接労働者に手渡すと言い出しました。搭載物リストの中には、「印刷物」もあり、プロパガンダの冊子やビラかもしれないと疑いました。他の乗員にも日本側関係者の社会主義への警戒感を逆なでするような言動がみられたようです。このことがかつてのロシア帝国、そして国交のないソ連を仮想敵国としていた陸軍や治安関係官僚のさらなる強い緊張を招きました。

先述したように11日の閣議決定に基づいて、政府は社会主義思想の宣伝書類やソ連の乗員上陸は認めないことを決めましたが、それでも物資はもともと受け取る方針で一致していました。ところが現地横浜港では、レーニン号や乗員に対する警戒感が高まり、乗員どころかネズミ一匹も上陸しないように一晩中レーニン号にサーチライトを浴びせて監視し続けたのです。不運なことに、物資の受け取り方針を託された外務省職員は、突然の車の故障で横浜に13日の通告時刻までにたどり着くことはできませんでした。代わりに、日露戦争前後の滞在経験からロシア人との交渉には絶対強硬な態度に限ると考える元ロシア駐在陸軍武官が横浜に先着し、船長らに即刻退去を厳しい姿勢で命令しました。まるで罪人のように扱われたとロシア人たちは抗議を続けたのですが、この陸軍武官が聞く耳を持つことはありませんでした。船長はようやく了解したものの、帰国するための燃料が不足していると言い出すお粗末な始末。結局、一晩かけて海軍が石炭と水を補給し、14日レーニン号を横浜港から領海外まで見張り続けて帰国させました。

もともと日本には幕末以来、南下政策を続けるロシアへの警戒感が強く、さらに君主制を否定し、政治体制の全く異なる社会主義やその思想の日本社会への影響を非常に警戒していました。

レーニン号の支援を強硬な態度で拒否した日本でしたが、もし舞台が横浜港ではなく、東京港であったなら、外務省職員によって間違いなく穏やかな通告がなされたことでしょう。しかし首都から離れた横浜、それもロシア人たちと通じている可能性を疑いたくなるタタール人たちも横浜居留地に住んでいました。それゆえに日本側の態度がいっそう強硬になったとも考えられるのです。

山本首相らは日本の行き過ぎた対応を反省した一方、ソ連のモスクワ政府もレーニン号乗員の出航から帰国までの突っ走った動きを認めました。背景には、最も遅くソ連に入った極東のウラジオストク地域が社会主義の拡大に尽力している姿をモスクワ中央政府に誇示したい思惑という国内事情もあったようです。かくして双方の反省は膠着していた国交交渉を進める機会を与え、1925年日ソ間で国交が樹立します。レーニン号事件の反省によって、危機を乗り越えたラッキーな転換点となりました。

これらのように震災での国際支援が日本の社会にもたらした影響として、米国とソ連に対して「思想の国防」があったことも忘れてはならないでしょう。

④米国における排日移民運動の激化

もうひとつ現代社会とのかかわりを考える話題として、移民の流入と排斥運動について考えてみましょう。たしかに米国の日本に対する大規模な震災支援は概ね成功しました。

しかし米本国では南北戦争の後から中国などから黄色人種が入り始め、日清日露戦争で国際社会に急上昇した日本に対し「黄禍論」が欧米で広まっていました。これを受けるように1900年ごろから急速に増え続ける日本人移民労働者に対し、白人労働者の職を奪っているとして、厳しく日本人移民を差別し排斥する運動（排日移民運動）が続いていました。また当時の米国では、異人種間の結婚が法律で禁止されていたので、ある程度生活の見通しがついた日本人移民の若者は、日本社会では珍しくない見合い写真を送り、「写真結婚」して日本から花嫁を呼び寄せました。もともと義務教育がやっとの貧困から抜け出そうとした若い男女ですから、英語も読み書きは十分でありません。でも米国で生まれた子供は自動的に米国籍を得られるので、日本人移民は「ウサギのように多くの子供を産」んで米国に生活基盤を拡げていると見られていたのです。現代でも移民流入を歓迎しない風潮は、とくに不況になると、世界各地で起きています。20世紀前半の米国ではその排斥対象が黄色人種の日本人だったのです。

それゆえ、日本では米国の震災支援は、本国での従来の日本人への差別をやめ、米国の人々の人種を越えた人道行為であると好意的に受け止めて感謝し、日米間のわだかまりはなくなったと感激したのです。にもかかわらず半年後、翌1924年春、米国連邦議会は実質的に日本人移民入国を禁止するいわゆる排日移民法を成立させました。ただし日本人に対する直接的な嫌悪感でもなく、駐米大使の単なる不手際でもなく、米国議会選挙での白人の党内派閥抗争と集票の手土産に、日本人移民排斥運動が政治利用された結果でした。

しかし日本は、米国の震災での大規模支援と、排日移民法の成立とのギャップをどうしても理解できませんでした。後に、昭和天皇は太平洋戦争の遠因の一つが1924年排日移民法成立にあったと回顧しています。それほど、排日移民法成立は日本人に大きなショックを与え、ナショナリズムを高揚させ対米不信の契機につながったのです。

どのように自国に流入する移民や難民と共生していくか、人種や宗教の違いを超えて信頼関係を築くか、現代の日本でも国際社会でも難題は続いています。

【参考文献】

西坂勝人『神奈川県下の大震火災と警察』警友社（1926）
内務省社会局『編関東大震災誌・神奈川編』（1926）
『横浜市震災誌』
内務省社会局編『大正震災志　上』（1926）
外務省外交史料館所蔵資料
防衛省防衛研究所所蔵資料
Papers Relating to the Foreign Relations of United States, 1923（Washington,1938）.
今井清一『横浜の関東大震災』有隣堂（2007）
波多野勝・飯森明子『関東大震災と日米外交』草思社（1999）
簑原俊洋『アメリカの排日運動と日米関係――「排日移民法」はなぜ成立したか』朝日新聞出版（2016）
三輪公忠編『日米危機の起源と排日移民法』論創社（1997）
日本赤十字社編『大正12年関東大震災日本赤十字社救護誌』（1925）

第2章　関東大震災への中国支援
——100年前の「山川異域、風月同天」

劉紅

1.　1923年前後の日中関係

1923年9月1日、日本では世界を震撼させた関東大震災が発生しました。マグニチュード7.9の巨大地震は神奈川県西部を震源地として東京や横浜を直撃し、死者・行方不明者10万5千人、被害者340万人以上という大きな被害を出しました。

震災のニュースを受けた中国では、まずマスコミが動きました。9月2日、中国で発行部数が最大の新聞紙『申報』は「日本之大地震」と題する速報をもって、日本の震災を報じました。9月3日にまた「日本の地震と大火災を悲しむ」と題する記事の中で「人類なら誰でもそれを聞いて悲しむ」、「我が国の人々は迅速に援助すべきである」と呼びかけました。『晨報』、『時報』、『民国日報』など各地の新聞も連日被災状況を報道し、日本への支援を呼びかけました。

中華民国政府は、日本支援の方策を討論するために、9月3日に特別閣議を開きました。この時期の中国の政治情勢と言えば、中華民国は軍閥混戦の下で内閣の更迭が激しく、大総統の黎元洪は同年6月に傀儡のままその地位から放逐され、内務総長の高凌霨が代理大統領として政務を執っていました。3カ月しか存命しなかったこの内閣は財政難にも直面していた頃でした。

またこの時期の日中関係と言えば、1915年に日本が中国に対華21カ条を押しつけたため、中国各地で反日デモが起こり、1919年のパリ講和会議で日本が山東省における権益を自分の懐に入れたため、中国代表の顧維均外交総長はベルサイユ条約に署名するのを拒否し、中国国内でもこれに抗議する五・四運動が起きました。こうした日中間の緊張関係を緩和させたのは1921年1月から1922年2月の間に開かれたワシントン会議でした。太平洋地域での日本の勢力拡大を警戒していた英米諸国は、この会議で結んだ一連の条約により、中国の領土保全、門戸開放、山東省の中国返還などを約束し、日本を牽制したのです。1920年代前半の日中両国において未解決問題が依然として多く存在していましたが、ワシントン体制の下でわりと安定した関係にあったと言えます。

2.　中華民国政府の対応

9月3日、中華民国政府は、高凌霨代理大総統のもとで大総統令が発布され、対日支援の方針を定めました。それは、迅速に駐日代表を派遣して日本外務省へ慰問の意を表すこと、中国政府から日本政府に20万元の義援金を送ること、全国の地方官吏に日本支援を呼びかけること、長崎と神戸の駐日領事に現地震災状況を調査し報告させること、赤十字を派遣すること、服、食品、薬品などを日本へ送ること、などの内容でした。かつてパリ講和会議で日本代表と対立した外交総長の顧維均も、中国政府は、隣国の災害を救済するという大義に基づき、自国民に日本支援を呼びかけるべきだと提案しました。議員らは即座にこれに賛成の意を表明しました。日本への食糧支援をスムーズに行うために、中華民国政府は食糧輸出を禁止する「米禁」政策をも解禁しました。閣議の後、財政部は直ちに20万元（当時米20キロは1元）を日本へ送金しました。また長崎、神戸の領事に現地調査をするよう命じました。海軍総司令の李鼎新は至急に軍艦を2隻派遣して食糧を横浜まで運びました。

政界の要人も個人の名義で寄付金を送りました。例えば、下野した元総理で軍閥の段祺瑞は「救済同志会」を立ち上げ、10万元を集め、直接山本首相に送金しました。東北の軍閥の張作霖は、2日に自ら日本総領事館へ行き慰問の意を表すと同時に、「このたびの貴国の大惨事に対して、きわめて同情する。全力を尽くして米穀及び他の物資を提供するつもりだ」と支援する誠意を表し、小麦粉を2万袋と牛を100頭寄付しました。その息子の張学良もチャリティー公演を開き義援金を1万元集めました。ほかに軍閥の曹錕は5万元を、呉佩孚は2万元をそれぞれ寄付しました。ラストエンペラーの溥儀が手元に現金がないため、代わりに70万元に値する文物を日本に寄付しました。孫文は日本政府や親交のある日本の友人に慰問電を送りました。中国政府および朝野の要人らの積極的な支援活動は社会各界にも影響を及ぼしました。

3.　社会各界の支援活動

まず上海では、政府の支援方針に先立ち、9月2日に20数個の社会団体が集い、日本支援の具体策を議論し、4日に、実業家であり慈善家でもある王一亭が副会長を務める日本震災救済義捐会が設立されました。8日に、救援物資を満載した汽船「新銘号」は上海を出航し、12日に神戸港に到着しました。満載した汽船の中、王一亭が一人だけで寄付した物に米が6000袋、小麦粉が2000袋及び他の生活必需品など多数ありました。

また北京では、北京大学学長の蒋夢麟は日本の帝国大学と各学校などに慰問の電報を送りました。画家・劉海粟ら十人は「日災賑済美術展示会」を開き、義援金を募集しました。9月6日、京劇俳優の梅蘭芳は義援金募集チャリティー公演を行い、5万元を集め日本に送金しました。その影響を受けて、中国演劇界では大規模なチャリティー公演を開くようになり、集めた義援金は主に震災で壊された帝国劇場の再建に使われました。1924年10月、梅蘭芳は復興中の日本の様子を見に来日し再建された帝国劇場で公演を披露しました。1924年10月25日付けの『時事新報』のインタビューで、「予想を超えた日本の姿を見て、復興の光が見えた」と語り、震災から立ち直った隣国への祝福と喜びを露わにしました。

中国の赤十字上海総部は政府の救済方針に呼応して、看護師20人を含む救護隊を、8日に薬品や医療器具およびテントなどの必需品を数十箱載せた「アジア皇后号」で日本へ赴かせ、北京の赤十字は名医・湯爾和を中心とする医療チームを現地に派遣しました。湯は日本留学の経験があり、日本語が流暢である上に、外国人医師を臨床治療に容れない慣習がある日本側に信頼され、病室をすべて任され、医師や看護師もその指示に従わせました。南京や天津など各地の赤十字支部も現金や服などを募集して日本総領事館に届けました。また中国の赤十字上海総部は9月6日に上海の42個の慈善機構と提携して「中国協済日災義賑会」を設立し、新聞紙で広告を掲げる形でチャリティー活動を行いました。統計によると、1923年9月12日から1924年1月29日まで『申報』で125通の広告が載せられ、650個の団体と1395人の個人から、合わせて現行貨幣18万元と旧制貨幣28万元の義援金を集めました。

一方、震災救援対策の一つとして中華民国政府が出した「米禁」解禁令に対して、社会各界で反対する声がありました。天災や戦乱により米が欠作する中、各地ですでに起きた米の独占商売が米の価格を上昇させているため、これ以上日本へ運送すると、米の値段がさらに上昇して自国民の生活がもっと苦しくなる恐れがあると思われていたからです。日本の総領事も日本は現時点で米が足りているため、米以外の物資の救済が歓迎されると被災地の現状を伝えました。結局、国内の混乱を避けるために、9月10日以後、中国赤十字をはじめ、各界は米以外の物資を中心に支援するようになりました。

仏教界も救済活動に出ました。日中間の仏教交流は聖徳太子以来中断することがなく続いてきました。長い交流の歴史が関東大震災への救済活動に繋がったとも言えます。安徽省の蕪湖仏教会の「賑済日災同済会」は最初に犠牲者を悼む法事や義捐物資を募集する活動に出ました。また仏教徒でもある実業家の王一亭の呼びかけで「仏教普済日災会」が組織され、中国の仏教の名山五台山、普陀山、峨眉山、九華山で犠牲者の冥福を祈る大法事が行われました。1925年に犠牲者を供養する大梵鐘も日本に送られ、今も東京震災記念堂にその姿が窺えるこの幽冥鐘の案内には次の文字が綴られています。

> この梵鐘は、関東大震災により遭難した死者を追悼するため、中国仏教徒から寄贈されたものです。
>
> 震災の悲惨な凶報が伝わった中国では、杭州西湖の招賢寺及び上海麦根路の玉仏寺で、それぞれ念仏法要が営まれ、中国在留の同胞に対しても参拝を促しました。
>
> また、各方面の回向が終わった後は、「幽冥鐘一隻を鋳造して、之れを日本の災区に送って長年に亘って撃撞し、此の鐘声の功徳に依って永らく幽都の苦を免れしめむ」と宣言しました。その後、中国国内で鋳造し、杭州から上海、横浜経由で大正14（1925）年11月1日、記念堂建設地（横網町公園）に運ばれました。
>
> この鐘を安置する鐘楼は、昭和5（1930）年8月31日に現在地に完成し、同年10月1日「梵鐘始撞式」を行いました。なお、これら一連の事業の遂行にあたっては、上海の王一亭氏の特段のご尽力がありました。

おわりに

1923年に関東大震災が起きた際、中国は自国の戦乱や不作などの困難に直面していましたが、躊躇せず隣国の震災を救済するステップに踏み出しました。一衣帯水の隣国として、また国家を超えた人道主義の精神として果たすべき当然な義務だと考えていたからに違いありません。

一方、1300年前に奈良時代の政治家の長屋王が唐の僧侶に「山川異域、風月同天」（住む場所は異なろうとも、両国ともに風月の営みが同じ空の下でつながっている）という言葉を刺繍した千着の袈裟を寄進し、それを見た鑑真が心を動かされ来日を決意したと言われています。昨今のコロナ禍の中でも、日本から中国への支援物資を梱包した段ボールに添えられたこの一文は中国で話題を呼んで、再度中国の人々の心を動かしました。このように、100 年前に本来日中関係が緊迫していた中で起きた関東大震災への中国からの支援を思い起こすとき、「山川異域、風月同天」という言葉の重みがどの時代よりも強烈に呼び覚まされ、日中の友好関係に一種の安堵感さえ抱けるような気がしてなりません。

【参考文献】

代華・池子華「日本関東大地震与中国紅十字会的人道救援」『福建論壇』第 1 期、p.102-106（2012）
梁瑞敏「日本関東大地震与中国朝野的救援」『河北学刊』第 31 巻第 4 期、p.89-92（2022）
紀浩鵬「20 世紀 20 年代中日関係的一個側面：日本関東大地震後中國蘇・湘両省米糧弛禁之争」『民国档案』p.50-60（2018）
謝忠強「中国仏教界対 1923 年日本関東大地震的賑済」『五台山研究』第 124 期、p.16-19（2015）
陳祖恩「日本関東大地震中的中国慈善家」『世紀』p.4-9（2013）
佐々木干（孔曉霞訳）「梅蘭芳 1924 年訪日与日本関東大地震」『中国京劇』p.64-69（2021 年 9 月号）
王鑫「中国における関東大震災の報道をめぐって」『災害復興研究』第 9 号、p.137-145（2018 年 3 月）
野沢豊ほか編『中国現代史』山川出版社（1990）
波多野勝・飯森明子『関東大震災と日米外交』草思社（1999）
藤村道生『日本現代史』山川出版社（1981）

《コラム》

夏休み気分が吹き飛んだ欧米外交団

飯森明子

震災で被災した神奈川県の外国人は全部で約8700人ですが、うち死者1831人、行方不明1007人〔『神奈川県下の大震火災と警察』〕（〔今井清一『横浜震災誌』p.75〕では死者1789、行方不明1109）で、1500名以上死者を出したのは中国人華僑でした。震災後華僑ネットワークを頼って神戸へ身を寄せる者も多かったといいます。1995年の阪神淡路大震災では、神戸から横浜へ避難した華僑も多かったのですが、中にはかつて関東大震災で横浜から神戸に避難し、阪神淡路大震災で横浜に戻ったという老人もいました。東京市にも被災外国人は約1500人いましたが、死者は22名〔『大正震災志 上』〕で、東京よりも横浜や湘南に多くの外国人が居住していたこと、そして犠牲の多さもわかります。とくに横浜にあった22カ国すべての領事館が倒壊全焼し、中国総領事、米国副領事、仏国総領事らが犠牲となりました。サン・モール会修道院では学院長ら10名の仏人女性が犠牲になるなど、欧米人居住者も犠牲になりました。

在留外国人の安否を確認するのは、日本の外務省と各国駐日外交団の仕事です。しかし英国大使は休暇のため本国に一時帰国中、ロシアとは革命後正式な国交はなく、外交高官はいません。日本人は小さな地震には慣れていますが、地盤の強固な大陸に育った欧米人には、余震のわずかな大地の揺れも恐怖のどん底に落とされるような心地だったようです。ここでは震災と神奈川にまつわる欧米諸国の大使たちの動向を紹介しておきましょう。

米国大使サイラス・ウッヅは東京の大使館で最初の揺れを感じ、家族と共に戸外へ飛び出したのですが、老義母が負傷しました。大使館の建物は倒壊し、さらに地震後の火事で焼失します。２日彼は最初の電報を日本の軍艦を経由して本国国務長官へ送りました。「米国人は全員大丈夫だと思う。大使館は全壊したが大使館員にけが人はない」。この電報は４日本国に到着します。ウッヅは後日横浜米領事の犠牲を知りますが、このあと大規模な米国の緊急支援の受け入れなどに東京と横浜を結んで指導力を発揮します。

仏国大使ポール・クローデルは東京の大使館で激しい揺れを感じました。仏国大使館も本震での倒壊は免れましたが、２日の火災で焼失します。クローデルは小説や戯曲も執筆する多才な外交官で、完成間近の大切な戯曲原稿を火災で焼失したことを４日東京に戻ってから知ることになります。いや震災当日の彼の心配は、東京よりも横浜に多数居住する仏人と、夏休み最後の週末をベルギー大使一家とともに湘南で過ごしていた愛娘の安否でした（娘の安否については本書46-47頁に詳細）。クローデルは１日夕方、大使館の無事を確認した後、大使館付武官とともに車で東京を出発しました。しかし川崎との間の六郷橋を渡ることができず車を乗り捨て、東京市街地の火災で真っ赤な空と鶴見・神奈川の一面の焼け野原を見ながら、余震の続くなか、線路脇の土手で一夜を明かし、翌朝徒歩で逗子に向かいました。途中、横浜の領事館跡で在留仏人被災者らの治療や支援を指示します。また破壊された横浜の街を歩きながら、ポーランド大使、イタリア大使、チリ代理大使らに出会いました。

ベルギー大使アルベール・ド・バッソンピエールは、家族と逗子で７月15日から夏休みを過ごしていました。震災前井戸の水位や潮流の異変があったこと、何度も揺れる大地、とりわけ津波に「私たちは沖のほうへ『吸いとられる』という」〔『ベルギー大使の見た戦前日本　バッソンピエール回想録』〕恐怖の体験を、日本人の津波記録が少ないなかで、克明に回想しています。また自転車で東京へ戻る途中、汗だくで歩く鎌倉在住の独国大使ゾルフら一行を追い越しました。

こうして夏休み終盤の土曜日、欧州主要国の外交官たちは、首都東京におらず、ただでさえ日本語の理解も難しく、震災関連情報も得ることも不自由なまま、災害への対応にあたることになったのです。

【参考文献】

内務省社会局編『大正震災志 上』（1926）
ポール・クローデル、奈良道子訳『孤独な帝国　日本の 1920 年代』草思社文庫（2018）
アルベール・ド・バッソンピエール、磯見辰典訳『ベルギー大使の見た戦前日本　バッソンピエール回想録』講談社学術文庫、p.74-120（2016）
波多野勝・飯森明子『関東大震災と日米外交』草思社（1999）
今井清一『横浜の関東大震災』有隣堂（2007）

《**コラム**》

関東大震災が日本の洋楽史を変えた？
――ヨーゼフ・ラスカと関西楽壇

松井真之介

大災害や戦争は、襲われた街の人々の運命や街の姿かたちどころか、その後の街のライフスタイルや文化をも左右します。大正末期、日本のクラシック音楽の黎明期に、とあるヨーロッパの指揮者が東京のオーケストラの招きで、ウラジオストクから日本に渡ろうとしていました。彼の名はヨーゼフ・ラスカ（Joseph Laska：1886-1964）。オーストリアのリンツで生まれ、中欧の地方劇場で指揮者として着々とキャリアを積んでいました。しかし第１次世界大戦の勃発で召兵され、ロシアで捕虜となってしまいます。捕虜生活７年の間にラスカはロシア東方の収容所へ転々と移送され、大戦終了後にようやく極東の港町ウラジオストクで地元音楽院の教師として音楽生活を再開することとなりましたが、彼はロシア脱出を考えていたようです。そこに運良く届いた東京のオーケストラからのオファー。これ幸いと 1923 年８月末、ラスカはウラジオストク発日本行きの船に乗り込むことに成功します。ところが日本海上での船のトラブルで到着が遅れ、福井県の敦賀港に着いたのは９月３日。順調に運行していれば９月１日、横浜港に到着していたはずなのです。その日横浜では多くの船が沈没し、楽団と契約する予定の場所となっていた横浜のホテルは地震で倒壊しました。

船の遅延により震災を免れ九死に一生を得たラスカでしたが、赴任先に起こった未曾有の悲劇と仕事を失ったショックで、敦賀でしばらく呆然と過ごしていたそうです。そしてある日、１人のヨーロッパ人から、少し離れたところに彼らのコミュニティがあり、そこに行けば音楽の仕事があるかもしれない旨を伝えられました。そうして関西に赴いたラスカは、当地の「ロシア人のバレエマイスター」の紹介で、1923 年９月16 日に宝塚音楽歌劇学校にピアノ担当の教授として採用されます。学校側も彼の就任を機に劇場オーケストラの拡大を狙い、宝塚交響楽団（現存の同名団体とは別で、現在の歌劇場専属オーケストラの前身）の設立に至ります。不思議な縁で関西に来ることになったラスカはその後神戸女学院でも教鞭をとり、関西の音楽文化の醸成、とりわけ当地のオーケストラ活動の発展に心血を注いだのです。日本人で初めてベルリンフィルを振った作曲家で指揮者の貴志康一青年に個人レッスンを施したり、生地リンツの大作曲家、ブルックナーの交響曲初演（１番、４番）をはじめ、古典から新作まで数々の日本初演を行ったのも彼の尽力のおかげでした。日本にちなんだ曲も数多く作曲しています。

ところがまた数奇な運命が彼を襲います。来日 12 年目の 1935 年、モスクワで開催された万国音楽大会に出席した後、震災時に彼を受け入れた敦賀港で今度は「音楽を通じての赤化運動」の嫌疑（推定）を受け、日本への上陸禁止ののち、失意のうちにオーストリアへ帰国せざるをえなくなったのです。

日本の時局に二度も翻弄されたラスカは、その後二度と日本を訪れることはありませんでした。あの時ラスカが日本に上陸していたら、彼の人生も、関西の音楽界どころか、日本の洋楽史の風景が一変していたかもしれません。

【参考文献】

神戸新聞文化生活部編『ひと萌ゆる――知られざる近代兵庫の先覚者たち』神戸新聞総合出版センター（2001）
根岸一美『ヨーゼフ・ラスカと宝塚交響楽団』大阪大学出版会（2012）

《コラム》

震災の死を超えて
――堀辰雄にとっての鎌倉

高橋 梓

堀辰雄

スタジオジブリの映画『風立ちぬ』の原作者である小説家・堀辰雄（1904～1953）は、19歳の時に東京で被災しました。父母と三人で避難しますが、母・志気（しげ）は隅田川で溺れて亡くなってしまいます。堀は３日かけて夥しい溺死者の中に母の遺体を探したそうです。

震災は堀から東京・下町という故郷を奪いました。その後、東京の都会的な文化に触れ、異国のような趣のある軽井沢に通い、古くからの文化を残す奈良を旅した堀は、訪れた土地を舞台とする多くの小説や随筆を創作します。そんな堀が鎌倉に住んでいた時期があることはあまり話題になることがありません。

当時の鎌倉は文士がたくさん住んでいた町でした。堀は1938（昭和13）年に軽井沢から逗子に引っ越し、翌年の1939（昭和14）年に鎌倉へと移りました。この年の５月、堀は友人の神西清（じんざいきよし）と奈良旅行に出かけます。７月には軽井沢の山荘に滞在し、秋に鎌倉の自宅に戻ってきて冬を過ごすのですが、1940（昭和15）年には東京・杉並区へと引っ越します。東京・軽井沢・奈良――堀の作品創造の舞台ともなった重要な地域で過ごす時間の中に、２年ほど鎌倉での時間があったのです。

震災後の東京で生活を送った堀は、軽井沢への訪問を繰り返し、やがて結核のために療養生活を送ります。母の死を乗り越えたあとに控えていたのは、療養中に知り合った恋人・矢野綾子との出会いと死別でした。『風立ちぬ』は綾子と過ごした日々がモデルとなっており、作品には死の影が色濃く滲み出ることになります。故郷を喪失した堀が新たに関わることとなった軽井沢は、花が咲き乱れる「美しい村」であり、恋人の鎮魂の地です。

軽井沢を離れた堀は、鎌倉での生活を送りながら、一転して奈良を目指しました。鎮魂のテーマが、古代日本の死者たちをめぐる旅に発展することになったのです。堀は奈良の古墳を鑑賞し、万葉集を読みながら、新たな小説のテーマを探りました。

震災による母の喪失から始まった堀の旅は、軽井沢での恋人の死、そして古代日本の精神世界へと繋がっていきます。鎌倉は、軽井沢から奈良へと視点を移す堀にとっての一時的な生活空間でした。震災から続く哀しい別れは、鎌倉での暮らしを経て、奈良での古代日本との対峙をめぐる大きなテーマへと発展していきます。大切な人たちの喪失から、次の課題へと自分を進めていくさなか、偶然住むことになった町・鎌倉――新たな友人たちとの出会い、小康状態の中での読書、そのような時間こそ、堀が次のテーマへと向かって前進するために必要なものだったのではないでしょうか。

堀は鎌倉で暮らしていた頃に、友人である詩人・立原道造の死の知らせを受けます。堀は手紙の中で、病気がちな自分を振り返り、「これからはもうかういふ自分を自覚して、ぽつぽつ静かな落着いた仕事ばかりしていくほかはあるまい」と書き綴っています。震災の東京で失ったもの、第二の故郷である軽井沢で失ったものを直視しながら、ゆっくりと次に向かって歩き出す――そのためにこそ堀の鎌倉での時間があったのだと思えてならないのです。

かげろふの日記

【参考文献】

堀辰雄の作品は岩波文庫・ちくま文庫・新潮文庫などで購入できます。紙の本がみつかりにくい場合は電子書籍を探してみてください（青空文庫に収録されています）。興味を持った人は図書館で筑摩書房版の全集（全11巻）を手に取ってみましょう。鎌倉在住時に相当する昭和14～15年は古典文学を元にした小説『かげろふの日記』の出版や、奈良旅行（後年に紀行文『大和路・信濃路』へと発展）など、日本文化を熱心に探究していた時代です。気になる作品があったらぜひ読んでみてください。

《コラム》

神奈川県内の鉄道被害と関東大震災の教訓
――「第二東海道本線」としての小田急小田原線を例に

平賀 匡

1.　関東大震災発生時における神奈川県下の東海道本線の被害状況

今からちょうど100年前の1923年９月１日に発生した関東大震災は、当然ながら、神奈川県下の鉄道にも大きな被害をもたらしました。特に海側を走る東海道本線では被害が大きく、根府川駅列車転落事故では、地滑りによる土石流に遭遇し、根府川駅舎やホームもろとも列車ごと海に投げ出されて、112名もの尊い命が失われました。その他の箇所では津波の被害が少なかったものの、戸塚駅から国府津駅を中心に、液状化現象に伴うトンネルや土留壁の崩落や築堤の沈下などが非常に多く、大船駅から国府津駅までの多くの駅舎が焼失・倒壊しました。また、国府津機関区や山北機関区では、蒸気機関車への給水設備が壊れ土砂が混入するなど、列車を走らせるための設備の損傷も少なくありませんでした。さらに、東京都との県境に架かる多摩川の六郷川橋梁の橋台には亀裂や傾斜が認められました。

根府川橋梁

被災者が避難するための列車を運転する必要に迫られましたが、特に建物が密集する川崎・横浜では駅舎の多くが焼失しました。神奈川県の中核となる横浜駅は現在の場所ではなく、横浜市営地下鉄ブルーラインの高島町駅周辺にありました。そこへ、荷車や人力車に家財を乗せている人や大きな風呂敷包みを背負う人、そして子供や老人の手を引く人など、多くの人々が押し寄せ、混乱に陥ったなかで、午後３時半過ぎに風向きが海側から横浜駅方向へと変わりました。あちこちで発生していた火の手は、ついに午後５時頃、横浜駅にも襲い掛かりました。当然、消火活動もままならず、午後11時半にようやく鎮火したものの、ほぼ全てが灰となりました。車両の被害も鉄道省だけで、蒸気機関車の破損60両・焼損46両、電車の焼損40両、客車の破損62両・焼損424両と極めて大きく、震災後すぐの避難民輸送が厳しい状況に置かれました。

当時、京浜間を走る主要な鉄道路線は東海道本線のみでした。その頃、京急本線は開通しており、震災による被害は東海道本線ほど酷くなく、多くは脱線によるものでした。それゆえ、すぐに復旧されましたが、軌道法に基づく路面電車であったため、輸送量は低く、代替路線としての役割を担えない状況でした。そのために、東海道本線が震災で寸断されると、人の往来や物資の輸送が非常に困難となりました。当然、東海道本線は日本で一番の大動脈路線となることから復旧が急がれ、比較的被害が軽微だった品川－川崎

路線図

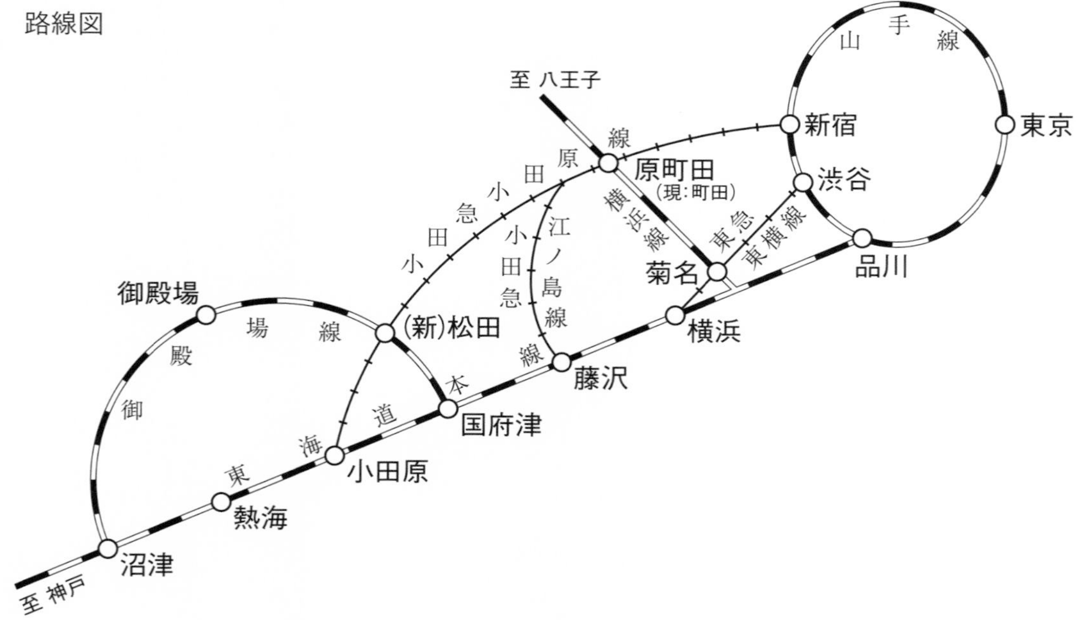

間は９月４日に運転再開することができました。しかし、川崎以西では被害が甚大で、御殿場までの開通は 10 月 28 日、横浜－桜木町間を含む全線の再開通は、12 月 30 日まで待たなければなりませんでした 。

さらに東日本最大の貿易港であった横浜港の被害が甚大で、横浜港駅へ繋がる高島線やそこから分岐して横浜港一帯に伸びていた貨物線も、軌道の崩壊や周辺建物の火災や倒壊などの被害を受けました。そのために、横浜港の機能が復旧するまでの代替港として、西日本最大の貿易港であった神戸港のウェイトが必然的に高くなり、関東地方へは、東海道本線を利用した鉄道による貨物輸送が考えられました。しかし、震災で破壊されたこともあり、海外からの支援物資の輸送に鉄道が使えないことが、復興が遅れた面にも繋がったのは、紛れもない事実でした。自動車の数は、100 年後の現在と比較して極めて少なく、輸送の大半を鉄道が担っていた時代において、東海道本線の不通は深刻な問題となりました。東海道本線は海側を走ることから、津波の被害による不通のリスクを減らすために、山側へバイパスする並行路線の整備が急がれることとなりました。

2.　小田急小田原線の整備、第二次世界大戦を経て現代まで

1922 年 5 月に免許交付を受けていた小田原急行電鉄（現：小田急電鉄）は、1927 年 4 月に新宿－小田原間の小田原線全線 82.5㎞を一気に開業させ、新宿駅・原町田駅（現：町田駅）・（新）松田駅・小田原駅の４駅で省線（現：JR 線）と連絡しました 。政府による小田原線の路線免許交付の条件は、省線と同じ 1067mm 軌間採用でした 。これは、小田急電鉄 OB の生方良雄氏が指摘するように、東海道本線が災害で不通となった際には、小田原線と線路を繋げ、「第二東海道本線」とする構想が含まれていたからです 。実際にはその構想は実現しませんでしたが、線路が繋がっていたために、戦時中の空襲や整備不良などで深刻な車両不足に陥った時の相互貸借、戦後復興期の省線から小田原線への大型車両供給が行われました。

現小田急電鉄の車両

小田原線と同様、関東大震災後に東急東横線も東海道本線のバイパス的な面を持って整備された経緯があります。戦時中、国策で東急・小田急・京急・京王が合併して大東急となった時期には、これらの路線では、空襲で車両が焼損すると、連絡線や省線を経由して相互に車両の融通が行われました 。

関東大震災からちょうど 100 年となる 2023 年、3 月 18 日には東横線は目黒線とともに相鉄線との相互直通運転を開始するなど、神奈川県の鉄道網は 100 年前と比較して非常に複雑となった反面、都心までのアクセスルートは、複数の選択肢から選べるようになっています。その一方で、かつて小田原線と JR 線には、新宿駅と小田原駅に連絡線があったことが忘れられようとしています。しかし、駅の構造から線路が繋がっていたことが読み取れ、震災後に小田原線の整備が急がれたのは、東海道本線が災害で不通となった時に備えた面が見えてくると思います。

【参考文献】
内田宗治「関東大震災と鉄道」新潮社（2012）

《コラム》

横浜万治病院と震災からみる横浜の公衆衛生・疫病史

徳原拓哉

2023年は、関東大震災から100周年に当たります。2020年にはダイヤモンド・プリンセス号の入港と防疫を巡って、横浜は国際的な感染症と防疫対策をめぐる国際政治的摩擦の焦点となりました。じつは、100年前にも同様に、感染症とその防疫をめぐる問題は、横浜と世界、そして震災と復興を結びつけていました。本コラムでは、公衆衛生の歴史が映し出す横浜と世界の結びつきを、震災を転換点として眺めてみます。

横浜市磯子区滝頭の住宅街の一角に、横浜市脳卒中・神経脊髄センターがあります。この病院の前身であった横浜市万治病院は、野毛山に十全病院が開設され、オランダ人医師シモンズによる指導が行われたことに沿革を持ちます。横浜の開港後には、1870年に天然痘、1877年にはコレラが流行し、その対策のために市街西部に太田避病院が設置されました。太田避病院は1891年十全病院に統合されて万治病院と改称しました。日清戦争後の1899年、万治病院はオランダからハイデン博士を招聘し、伝染性感染症の専門病院となりました。そして、1922年に滝頭へと移転されました。

感染症対策は、当初は日本と諸外国との政治的な関係を映し出す鏡でした。明治政府にとっても、感染症の防疫は重要な課題でした。コレラの度重なる流行に対し、明治政府は1878年に検疫制度の設置を決定しました。しかし居留地における治外法権を理由に、駐日英国公使ハリー・パークスは居留地で外国人に対して検疫を行うことに反対しました。さらに、1879年にドイツ船へスペリア号も同様に、日本側の検疫要請を拒否し、外務卿の寺島宗則がドイツに抗議する事態となりました。

こうした性格は、震災を画期として変化しました。震災以前は、コレラや天然痘といった感染症が防疫体制の焦点でしたが、震災期以降になると腸チフスや赤痢へと注目が移りました。これは腸チフスや赤痢が都市計画、特に下水道などの衛生施設と関係の深い感染症であるためと考えられます。

横浜における下水道の整備計画は、横浜開港にまで遡ります。1859年3月に横浜開港場建設計画が策定され、翌年6月、アメリカ・イギリス・オランダ領事たちが協議に基づいて、江戸幕府に下水道の整備を要求します。外国人居留区での下水道整備に対する要望は強く、1863年には、「横浜がこれまでになく不衛生で、病気が多発したのは、街路の木製の排水路に大量のごみが集積された事実による」〔『横浜下水道史』p.15〕とイギリスの設計に基づく石造の下水道整備が要求されています。その後、石造下水道は山手・馬車道へと拡大していきます。外国人居留地の建設と下水道整備は、横浜の都市計画上密接に結びついていました。

1919年の都市計画法の制定と23年の関東大震災は、下水道整備の性格を変えました。9月までの間に敷設された9万2414メートルの下水管のほとんどは震災で破壊されましたが、下水整備計画は震災復興計画の中に組み込まれ、昭和10年までかけて大枠が完成しました。この下水敷設工事は震災後の失業対策としても機能しました。1923年12月、震災復興事業の中で、万治病院の復興は衛生事業と位置

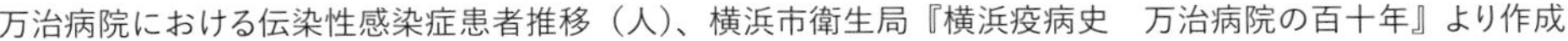

万治病院における伝染性感染症患者推移（人）、横浜市衛生局『横浜疫病史　万治病院の百十年』より作成

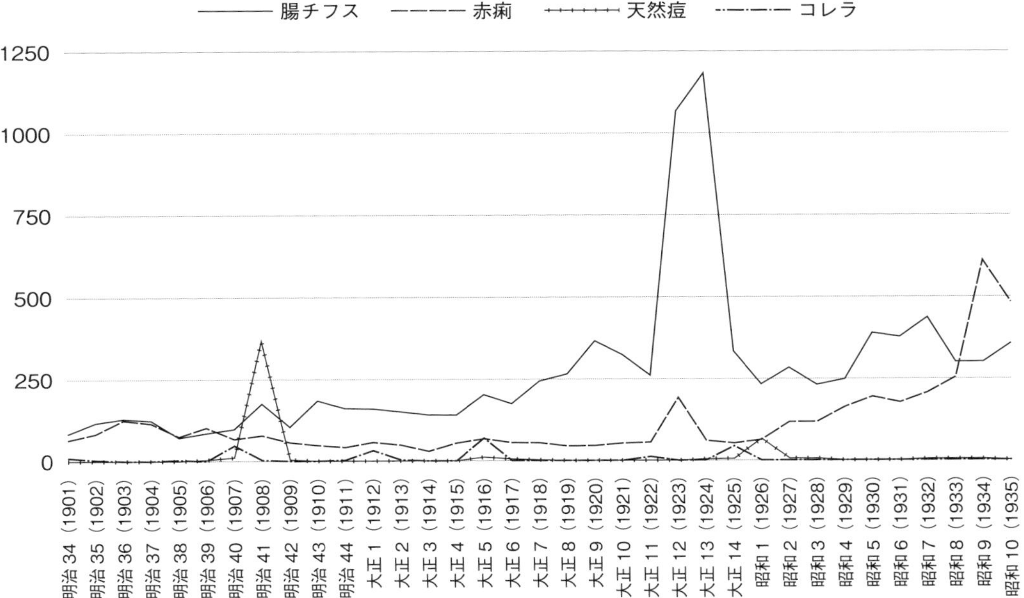

付けられることとなりました。こうして万治病院は下水道整備にも関わることとなります。感染症対策は、開港以降の日本国際政治上の問題と震災からの横浜の復興を結びつけることとなったのです。

【参考文献】

横浜市衛生局『横浜疫病史　万治病院の百十年』（1988）
横浜市水道局『横浜下水道史』（1993）
田中正弘著「ヘスペリア号事件」国史大辞典編集委員会 編『国史大辞典第 12 巻 ふ－ほ』吉川弘文館（1986）

《コラム》

横浜市立横浜商業高等学校の被害と授業再開を目指す美澤進氏について

伴在 渚

災害や大きな出来事があったとき、学校は休校となります。近年では新型コロナウイルスにより突然学校が数カ月の間、休校となり、卒業式や入学式をしっかりと行えず……という出来事も起きました。100年前に関東大震災が起きたとき、学校ではどのようなことが起きたのでしょうか。横浜市立横浜商業高等学校は震災が起きた数日後に学校を創立した美澤進校長が亡くなっており、美澤氏の動向とともに震災で何があったのかが後世記述の記録に残っています。

横浜商業学校は1905年に北仲町通りにあった校舎から現在の南太田町に校舎が移築させられました（図1）。この校舎は関東大震災において、校舎はほぼ倒壊、校具の殆どが大破し、使えるものは避難民に奪われるという被害に合いました[註1]（図2）。学生の犠牲については「30名の卒業生及７名の在校生徒」が震災の犠牲となりました。

図１　校舎の写真

図２　震災の被害にあった校舎（大正13年の卒業アルバムより）

校長であった美澤進氏は９月12日に発病し、16日に逝去していますが、震災発生から学校のことをとにかく気にして行動していたようです。

まず、震災が起きた直後、美澤氏の家族は自宅の庭にテントを張って避難し、数日後に被災を免れた家に身を寄せています。美澤氏はすぐに学校へ駆けつけようとしたようですが、家族に止められたとあり、その後は「御真影はどうなったか」と心配したそうです。こういった事柄にこの時代の教育観がみてとれます。図３のような形で学校にあった御真影に関しては、いち早く現場に駆けつけた３名の教員が余震を覚悟のうえで潰れた講堂の屋根を破り、御真影

図３　御真影が置かれていた講堂（30周年記念誌より）

と勅語を取り出し美澤氏のテントへ奉還しました。

９月４日に美澤氏は初めて学校へ来て、そこで目にしたのは、運動場に群居する多数の避難民が生きるために倒壊校舎の折損した材木や、板割等を勝手放題に持ち出し燃料に使用する姿でした。本校同窓会編の『美澤先生』では、この出来事が「先生の心を暗くした」と書かれており、他の記録でも「掠奪」と表現されているように、生きるためとはいえ、学校関係者は倒壊した学校を避難民が好き勝手することには否定的に考えていたようです。そこから８日まで毎日、残暑の厳しいなか、美澤氏は倒壊した校舎の敷地のヒマラヤ松の木陰で指示を出し続けていました。職員達が煙草の欠乏に悩んでいたところ、美澤氏が風呂敷に「敷島」を包んでもってきて職員に分配したという話があり､煙草文化の浸透具合が伺えます。

美澤氏は「横浜市の発展は人間の力によるものである。焼野原となった今の横浜を復興させるのも人間の力である。そのためには活躍する人物を養成する学校の再開が急務である[註2]」と考えており、９月５日に教頭を市役所に向かわせ、学校の再開の許可を願いました。しかし、不眠不休で災害対応にあたっていた市役所は「学校どころではない」と回答しました。９月７日、10日と三度開校の依頼に教頭が伺ったところ「学校として勝手に手段を講じてくれ」という市長の返答があり、教員たちは学校再開にむけて動き出しました。この際、美澤氏は家で道路から見えないように障子を閉じてビールで教頭を労いました。『美澤先生』によれば、「焦土の中でビールを飲むことを一般に遠慮したものと見える」とのことで、東日本大震災のときにおきた「自粛ムード」に繋がる現象にも見えます。

そして、10月15日に授業を再開することができ、この授業再開は横浜における中等学校としては最初の開校となり、生徒の出席者は三百数十人となったそうです。

美澤氏は９月16日に亡くなっているため､授業再開の様子を見ていません。亡くなるまでの様子には、体調を崩した際に頭痛を冷やすために氷を手に入れようとしたものの、氷が全く手に入らなかった状況のことや、浅間町の氷倉庫が倒壊し氷だけが残っているという情報を得て氷を自転車や荷車で運んだこと、美澤氏が昏睡状態になってから「海外の卒業生から学校の建築資金を送ってきたから心配ない」と言い残したことなど、人と人との繋がりで震災後の生活が一歩ずつ進められていたことがわかります。

【参考文献】
Ｙ校同窓会『美澤先生』（1937）
『横濱市立横濱商業学校一覧』（1928）（参考文献協力：横浜市立横浜商業高等学校司書・金子南帆子先生）

【註】

1　『横濱市立横濱商業学校一覧』より「大正十二年九月一日午前十一時五十八分大地震ノタメ本校校舎一千三百六十六坪餘ノ建物中僅ニ雨天體操場及ビ柔道場、大禮記念文庫ノ三棟計百六十坪并ニ倉庫三棟ヲ残シ他ハ全部倒壊シ、器具、機械其他ノ校具殆ド大破シ尚使用ニ堪フルモノハ避難民ノ略奪スル所トナリ、本校ノ受ケタル損害甚大ナリキ、美澤校長ハ直ニ重ナル職員ヲ召集シテ次ノ善後策ニツキ協議ス　一、假校舎建築　一、本校内ニ避難セル民衆ノ處理　一、教員不足ノ補充　一、其他復舊計畫并ニ臨時應急事業」

2　『美澤先生』より「横濱市は安政のその昔、微々たる一漁村に過ぎなかった。それを人間の力で今日までの繁盛に導いたのである。天災のために、全く焼野原に歸した現在の横濱も、更に再び人間の力に依って復興させなければならぬ」「この大目標達成のためには、有為の人物を養成する學校の復活が何より焦眉の急である」

第３章　隠れたカリキュラムとしての関東大震災後の学校文集

上田誠二

はじめに

本稿では、関東大震災後の学校文集に掲載された震災をめぐる女性教師や女学生や子どもの作文・手記から、またその文集の編集方針から、震災を契機に教育現場で練り上げられていく隠れたカリキュラムを解き明かします。すなわち、女らしさ／男らしさ＝性別役割規範の再生産と、学校に配布されていた天皇・皇后の写真・肖像画＝御真影のさらなる神聖化という、ジェンダー規範と愛国心の強化過程として震災後の学校文集の動向を跡づけます。そしてそうした規範や道徳を現在にも通ずる教育問題として考えたいと思います。

もっとも、明治期以降の教育課程において、修身科を中心とした道徳教育や、御真影と教育勅語を用いた学校儀式によって、女性性／男性性の明確化や皇室の神格化は計画的に行われていました。重要なことは、関東大震災後はそうした感情操作の方法が、学校文集という、一見、芸術的で自由主義的な新しい教育メディアを用いて、当事者たちの自発性を調達しながら、学校側が企図する／しないに関わらず、より巧妙になっていく点です。

以上のような問題意識は、昨今の教育学や歴史学の大きな関心事です。学校でのジェンダー化された隠れたカリキュラムによる“生きづらさ”という現在的課題や、関東大震災時に国家権力のもとで“男性性や功名心”を発揮しようと青年団や下層労働者等により組織された自警団の暴走という歴史的問題については、分野を超えて活発に研究がなされています。

本稿では、いまなお教育現場で再生産され続ける、女らしさ／男らしさや愛国心という規範や道徳について、その歴史的ルーツの一端を関東大震災に探ります。具体的には、震災後に女性教師と女学生による文集が編まれた神奈川県女子師範学校の事例と、大正・昭和戦前期に学校文集を定期的に発行していた大磯尋常高等小学校の事例をとりあげます。

1.　神奈川県女子師範学校の被害状況

ここでは、震災当時、神奈川県立高等女学校（以下、適宜「神高女」と略す、現在の横浜平沼高等学校の前身）に併設されていた神奈川県女子師範学校（以下、適宜「神女師」と略す、現在の横浜国立大学教育学部の前身のひとつ）の事例を紹介します。女性教員養成の学校であった神女師は、1927 年３月に附属小学校（現在の附属横浜小学校の前身）と共に横浜市立野（現在の中区立野）に移り新校舎を落成させ、神奈川県立高等女学校から分離・独立し、さらに戦時中の 1943 年、神奈川県師範学校と合併し神奈川師範学校となっています。

神奈川県立横浜平沼高等学校真澄会「母校史」サイトの「母校のあゆみ」では、次のような震災で倒壊した校舎と応急処置としてのバラック校舎の写真を掲載しています。

倒壊した校舎

その後のバラック校舎

このときは、神奈川県立高等女学校と神奈川県女子師範学校は同じ校地にあったわけですが、注目したいのは、神高女と神女師の校友会が震災から約４カ月後の1924年１月に文集『花たちばな　震災記念号』（横浜国立大学教育学部・学部教育資料室所蔵）を発行していることです。以下は、その文集の表紙と巻頭に掲げられた写真です。

文集『花たちばな』

社会奉仕部の活動

倒壊した校舎

倒壊した校舎の壁面

無残に壁面だけになった校舎と、そうした苦難のなかで神奈川県立高等女学校・神奈川県女子師範学校の社会奉仕部が襦袢とズロースを作製している様子が印象的です。女学生やその同窓会組織が震災後に被災した人びとの救護や支援に奔走したことについては、東京では日本女子大学校（現在の日本女子大学の前身）の事例が有名ですが、神奈川では神高女と神女師がリーダーシップを発揮していたことが推察されます。

以下では、女性教員のたまごである神女師女学生と、その先生である神女師女性教師の震災経験を文集『花たちばな』にみてみましょう。文集には、震災後３回目の登校日である1923年10月31日付の生徒の被災状況が次頁の表のようにまとめられています。このように、震災で亡くなった生徒は181名中３名とはいえ、震災から２カ月後の登校日でも欠席者は28名に及んでいます。

それは表２にみるような生徒の実家及び家族の被災状況（10月31日調）の影響と推察されます。「家族死亡」とは、父母・祖父母・兄弟姉妹のいずれかが亡くなった場合です。在籍生徒181名の約１割の18人が家族のいずれかを亡くしていることがわかります。また、181名の約４割である69名が「全潰」「全焼」という形で実家の家屋をすべて失っています。

表1　1923年10月31日付　生徒の被災状況

	震災前在籍	死亡	同日出席	同日欠席
師範1年	39	1	26	12
師範2年	42	0	37	5
師範3年	39	2	33	4
師範4年	33	0	30	3
二部生	28	0	24	4
合　計	181	3	150	28

表2　1923年10月31日調 生徒の実家及び家族の被災状況

	全壊	半壊	全焼	家族死亡
師範1年	10	7	12	5
師範2年	6	13	10	4
師範3年	4	12	4	4
師範4年	7	11	6	4
二部生	3	8	7	1
合　計	30	51	39	18

なお、当時の慣例どおり、神女師も原則全寮制でしたが、1923年度第2学期の始業日は9月6日に予定されていたため、震災当日、生徒たちは概ね実家に滞在していたようです。

2.　御真影救出を手伝い朝鮮人虐殺事件に怯える良妻賢母像

ここでまず注目したいのは震災当日の学校当局の動きです。文集に掲載されている学校日誌の9月1日付の記事には、「午前十一時五十八分、一大強音と共に本校は本館理科室を除き全部崩壊。附属小学校焼失。学校長数名の教諭と共に協力して御真影を結城教論の宅に奉戴す。重要書類も取り出す」とあり、校舎がほぼ全壊し、附属小が焼失している最中、何よりもまず御真影が救出されていたことがわかります。

この日、当直だった女性教師Y・Aは、男性教師を手伝う形で御真影救出劇に加わっており、彼女はそのことを大きな試練の中で成し遂げた自己の成果として次のように文集掲載の手記に綴っています。そして彼女は「鮮人襲来」の恐怖の感情についても語っています。

遭難記　　Y・A（音楽担当の女性教師：引用者〔上田〕による）

私は大地震の当日学校に日直をして居りました。午前十一時半頃から呑気にお弁当をいたゞいて、丁度来合せて居た小使大久保と始業も間近だねなど色々話をして居りますと、ゴーとガラガラと同時にあの大地震、使丁は先生大変です、此工合では此棟は玄関正面の方に傾きましたといふので、廊下の窓から二人とも講堂の方に飛び出したときは、嗚呼無惨幾年教へなれし音楽室の講堂はもはや倒潰して屋根ばかりであつた。（略）自分は日直の責任は非常に大なるものだと感じた。同時に神の試練に答ふるには、校長より退却命令のあるまで一歩も退かじと固く決心した。其内に自家の全潰をよそにして、五十嵐校長（男性：引用者）、結城教諭（男性：引用者）、松浦教諭（男性：引用者）がお見ゑになつた。大に力を得て出来ぬまでも御真影や重要書類搬出のお手伝をした。（略）（二日の：引用者）夜に入ると鮮人襲来井戸に毒を投し婦女子を惨殺する、青年団自警団の活動、ソレ竹槍、日本刀と戦場もさながらの光景との噂に、又胸を轟かせ、燈火の光も細く声もたてずひつそりとして、新らしき恐怖におそはれてねむれもせず一夜をあかした。（下線は引用者。以下同様）

この手記は後日書かれたものですが、地元では、朝鮮人に対する青年団・自警団の虐殺をめぐる騒動に恐怖心を露わにし、学校では、駆けつけた勇壮な男性教師を手伝う形で御真影を救い出すという意地をみせています。“女性（教師）は男性（教師）のサポート役”といった従来型の権力関係が窺えますが、「校長より退却命令のあるまで一歩も退かじ」という女性教師の矜持ともいうべき犠牲的・奉公的な感情が湧き出している局面といえます。

一方、文集には「不逞鮮人」に怯える女学生の次のような手記も見受けられます。

村民の恐怖　　師範二部　M・T

（前略）その日（九月二日：引用者）の午後の事です。不逞鮮人が襲来すると云ふ流言誹語の伝わつて来たのは。警鐘を乱打するやら、お寺の鐘をつくやらして村中は引くり返る様な騒ぎでした。村中の成年男子は竹槍を作つて警備につきました。あちらこちらで、ときの声（絶叫・雄叫びなど：引用者）やらピストルの音やらが絶え間なく聞えて、その恐しさつたらありませんでした。（後略）

竹槍で警備する男性に守られていたとはいえ、ここでは、恐怖の感情が素直に吐露されています。朝鮮人暴動という流言が究極のジェンダー分割を生み出した局面といえます。

しかしその一方で、他の女子師範二部生は、下級生の模範たらんとする強い自立心を文集で語っています。なお、女子師範二部生は高等女学校卒業者が１年間学ぶものとされ、通例、二部生は入寮せず、年齢的には生徒内で最も上でした。

試練に遭ひて　　師範二部　S・K

五十年来の文化を一瞬間に思ふ様打砕いてしまつたあの激震。誰が焦土としての東京横浜を思つた事か。（略）「己の力で己を生かす」それは造物主が與へて呉れた自然であるに違ひない。が然し永い間総ての方面に独立する事の出来なかつた私共日本の婦人の中に、かゝる人が幾人居やうぞ。（略）神は今、私共に人間としての試練を與へられたのだ。さうに違ない。然し私共は己の力で生きんとする為めにはまだあまりに頼りが多すぎる。そして独立独歩の感、沈着、堅実の念に乏し過ぎる。さめなければならない、醒めなければならない。そして與へられた自然に帰らねばならない。（略）我日本の為めに大きな革命が襲つて来たのだ。有形としては先づ建築に、服装に、殊に私共女子の其れが改められねばなるまい。（略）震災前の人心の堕落はその極みであつたに違ない。弛んだ文学を好み、歓楽の巷を追うて、劇場に、呉服に、虚栄の権化として出入りする人達、為す事もなく奢侈にふけり、着飾つて都大路を練り歩く人達、これが軽佻浮薄でなくて何であろう。それが日本の心臓部である東京横浜の市民なのだ。（略）かゝる大難所をきりぬけた国民によつてこそ将来の大日本は保たれねばならない。此の事を思へば私共は日本の為めに此の試練を涙の中から喜ばねばなるまい。

1923年11月10日に天皇及び摂政の名で発令された「国民精神作興ニ関スル詔書」は、震災前の大衆社会を「浮華放縦」「軽佻詭激」と批判していましたが、この手記はそうした詔書と時をほぼ同じくして、「虚栄」的大衆文化を「軽佻浮薄」と糾弾し、総じて震災という試練を喜んで受けとめ「日本の婦人」の覚醒と自立を「日本の心臓部」の「市民」として期していこうと訴えています。高等女学校を卒業している師範二部生らしい、「大日本」を背負っていこうとする強い主体性が垣間見えます。

重要なことは、上述のような女性教師や女学生の感情表明が、実は学校側によって、一定程度、操作／誘導されていた点です。震災後の神女師・神高女の教務に関する資料綴り「自 大正十二年九月一日 至 仝十二月卅一日 震災 教務記録」（横浜国立大学教育学部・学部教育資料室所蔵）所収「職員会原案」の懸案事項では、文集発行の目的をこう記しています。

（三）生徒ノ思想感情ノ調査、並ニ震災号発行
（イ）自己ノ体験セシコト並ニ之ニ付着セル感情ノ記述
（ロ）課題方法…　（a）各学年ノ作文受持教師之ヲ話ス…家庭ニ於テ作ラシム
　　　　　　　　（b）散文ノ外韻文ヲ能クスルモノハ別ニ出サシム
（ハ）利用方法　　（a）一ハ、生徒ノ思想ノ変化影響ヲ考ヘテ教育上ニ資ス
　　　　　　　　（b）一ハ、校友会雑誌部ノ雑誌特別号トシテ震災号ノ発行
（甲）発行経費ハ校友会ヨリ支出
（乙）全国ノ高女女師ニ対シ実費配布ノ予約募集ヲナス…教科書寄贈ノ学校
震災号発行　ニ向ツテハ返礼トシテ贈呈ス
（丙）期限ハ本年度内ニ完了ス
（丁）教師体験録モ掲載ス
尚、震災号発行ニ関シテハ同部ヨリ密案提出ノ予定

要するに学校側は、生徒の「思想ノ変化」を注視し管理下に置くために「感情」を「記述」させることを企図し、文集によって震災後の女学生の感情や思想をコントロールしようとしていました。だとすると、同一文集に「教師体験録」を掲載することは、モデルを提示し、思想に一定の枠をはめ込むという意味では理にかなっています。総じて、震災後の神女師の文集が、当事者たちのありのままの感情をすべて掲載していたのではなく、一定の取捨選択を行い学校側の理想とする人間像を生徒に知らしめる媒体であったことがわかります。

3. 子どもたちの震災経験を方向づける学校文集

ここでは、神奈川県中郡大磯町立大磯尋常高等小学校の文集『磯の光』（1924年8月～1942年7月）の事例から、子どもたちの震災経験を素描します。大磯小は震災で甚大な被害を受けており、その記録は1928年に同校がまとめた「震災当時」に記されています〔「昭和三年四月起ル　沿革史」大磯小学校所蔵〕。

大磯尋常高等小学校の文集『磯の光』第4号、1925年10月発行、大磯町立図書館所蔵。

次頁の記事のように校舎はほぼすべてが全壊でしたが、「人畜」は「死傷ナシ」であり、子どもたちはすでに下校後で難を逃れたようでした。注目したいのは「人畜」「死傷ナシ」の前に「御真影」「御無事」が記載されている点です。よく知られているように、火災の際に御真影を救い出そうとしていのちを落と

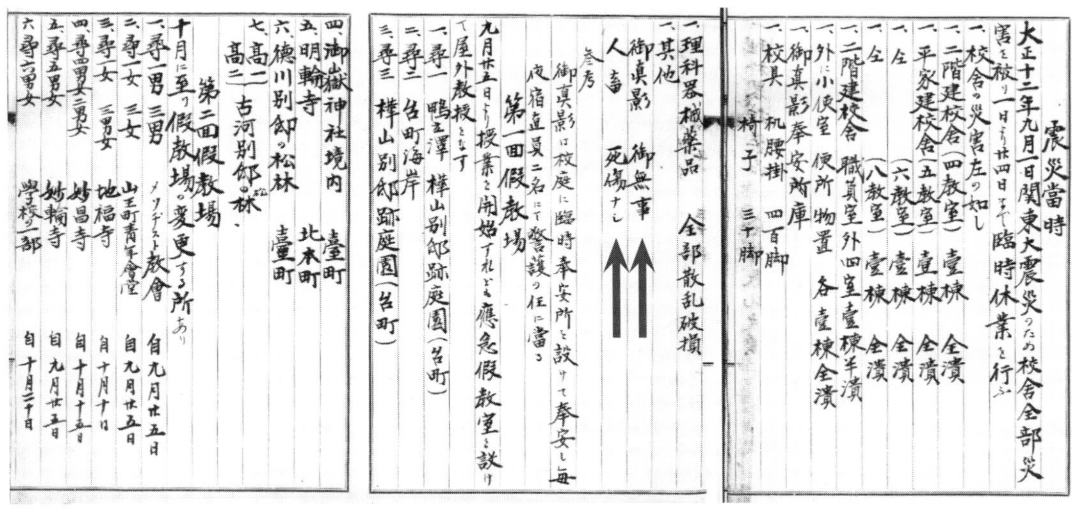

震災當時

大正十二年九月一日関東大震災のため校舎全部災害を被り一日より廿四日まで臨時休業を行ふ

一、校舎の災害左の如し

一、二階建校舎（四教室）壹棟　全潰

一、平家建校舎（五教室）壹棟　全潰

一、仝　（六教室）壹棟　全潰

一、仝　（八教室）壹棟　全潰

一、二階建校舎　職員室外四室壹棟半潰

一、外に小使室　便所　物置　各壹棟全潰

一、御真影奉安所庫

一、校具　机腰掛　四百脚　椅子　三十脚

一、理科器械薬品　全部散乱破損

一、其他

御真影　御無事

人畜　死傷なし

参考

御真影は校庭に臨時奉安所を設けて奉安し毎夜宿直員二名にて警護の任に當る

第一回假教場

九月廿五日より授業を開始すれども應急假教室を設けて屋外教授となす

一、尋一　鴫立澤　樺山別邸跡庭園（台町）

二、尋二　台町海岸

三、尋三　樺山別邸跡庭園（台町）

四、御嶽神社境内　臺町

五、明輪寺　北本町

六、徳川別邸の松林　臺町

七、高一 高二　古河別邸の松林

第二回假教場

十月に至り假教場の変更する所あり

一、尋一男　三男　メソヂスト教會　自九月廿五日

二、尋一女　三女　山王町青年會堂　自九月廿五日

三、尋二女　三男女　地福寺　自十月十日

四、尋四男女　三男女　妙昌寺　自十月十五日

五、尋五男女　妙輪寺　自九月廿五日

六、尋六男女　学校の一部　自十月二十日

「昭和三年四月起ル　沿革史」の「震災当時」記事（矢印↑は引用者による）

した校長のエピソードなどが戦前・戦中は美談のように語られていました。上記の文書は公的な記録とはいえ、当時の学校現場において人間のいのちよりも御真影が心配されていたことを示唆する記述ともとれます。さらに、その記述直後の「参考」には「御真影は校庭に臨時奉安所を設けて奉安し毎夜宿直員二名にて警護の任に当る」とあり、何が何でも御真影・天皇を守るという学校の姿勢がわかります。

その後、大磯小学校で新校舎が落成するのは1930年３月のことですが、その直前に発行された『磯の光』第11号（1929年12月発行）では、震災当時初等科２年生だった女子生徒が、６回目の震災記念日をテーマに次のような作文を記しています。

震災当時を思出して　　高二　K・I

永い夏休も何時しか夢の如くに過去つた。私達は静かな講堂に集まつた。震災記念日をもようすのである。静かな講堂に思出深い校長先生のはなしは流れた。涙をのんで聞いて居る者もあつた。ひそひそと悲しそうな顔ではなし合つてゐる者もあつた。静かな静かな話は終り、一分間のもくとうが行はれた。広い講堂にかなしいかなしい思が漂つた。あの恐ろしい地震当時の有様、勢良く走つて来た列車のひつくりかえつて、地を割るが如くの音、苦しがる人びと、何処となくさまよい歩く人達、つたない私の筆ではとてもとても言ひあらはすことは出来ない。三日三晩の野宿をした時のこはさ、私の頭には恐しい事ばかり、円を書いて廻り出した。ポタリ一滴涙がほゝを伝はつた。かわいそうな子供を思ひ出したからである。其の当時、母はたくさんの御飯をたいて、おむすびをにぎり、通る人に与へた。或時はさつまいもをふかしてやつた時もある。又或時は水を出してやつた時もあつた。皆地へ頭をすりつけるやうにしてお礼を言ひつゝ涙を流して行く者ばかり多かつた。そうゆう思をした人々が、今はいたづらに流行を追つて、ぜいたくに身をかざり、銀座を歩く姿を御覧なさい。あれで震災の損害をおぎなう事ができませうか。今日の日本国の有様を考へたら、私達は常に勤倹を重んじなければなりません。

このように、震災当時7、8歳の少女が経験した「野宿」生活の恐怖、大磯駅手前での東海道線車両脱線事故の凄惨さ（右写真）、彷徨い歩く罹災者の悲哀など、6年が経っても心に深く刻み込まれたトラウマが「涙」とともに表現されています。

大磯・平塚駅間での列車転覆現場

震災経験をめぐる悲しみや恐怖の感情を切々と綴る女子生徒といえますが、さらに彼女は、作文の最後にあるように、そうしたいわば弱さを備えた感情を自省していく中で、現状の都会的女性像への批判を説いています。弱さを自覚した廉恥心とでもいうべき強い心持ちが、昭和初期の銀座モダン・ガールに象徴される都市大衆文化への反発の起点となり、そこから「常に勤倹を重んじ」る「今日の日本国」の良妻賢母像が提起されています。

ここで重要なことは、新校舎落成後、そのような規範的人間像が、新校舎という恩恵への感謝と責任を意図的に喚起する学校文集によって愛国心に強く吸い寄せられていく点です。

次の写真をみてみましょう。これは新築された奉安殿で、この写真は「新築校舎落成記念号」と銘打たれた『磯の光』第13号（1930年10月発行）で巻頭写真群の最初に1頁をフルに使い掲げられています。奉安殿は御真影と教育勅語謄本を保管するために設置されていたものですが、大磯小の新しい奉安殿が火災や災害に耐えうる石造りで鉄の扉を備えた堅牢なつくりであることがわかります。

大磯小学校の新しい奉安殿

周知のとおり、御真影と教育勅語は明治から昭和戦中の教育現場において国民道徳の源泉に据えられていたものです。教育勅語は前段で「我カ臣民克ク忠ニ克ク孝ニ億兆心ヲ一ニシテ」と述べ、中段では国民の行動規範として「父母ニ孝ニ、兄弟ニ友ニ、夫婦相和シ、朋友相信シ」と記し、さらに「一旦緩急アレハ、義勇公ニ奉シ、以テ天壌無窮ノ皇運ヲ扶翼スヘシ」と結んでいます。後段では、中段の説教を「皇祖皇宗ノ遺訓」とし、かつ古今東西に通用する道であるとして、その遵守を説いています。

こうした道徳の神聖さを“演出”する役割を奉安殿が担っていたのですが、その新築写真を『磯の光』冒頭に掲げる意味とは“新校舎落成は天皇のお恵みなので今後はより一層天皇に報いなければなりません”という誘導的な“演出”といえるでしょう。次頁の写真1～7は、そのような奉安殿の写真に続く形で『磯の光』巻頭に掲げられた新校舎の様子です。

これらの写真群からは、震災復興に際して、女子の場合、作法・裁縫・家事といったいわゆる良妻賢母型の実務教育が重視されていたことがわかります。また、正座で深々とおじぎをする姿や、のちの戦時期において銃後を支えている婦人を彷彿とさせる割烹着姿など、いわば学校側がデフォルメする“演出”された女らしさが掲載されているといえます。

写真１　校舎正面

写真２　講堂

写真３　図画教室

写真４　作法教室

写真５　裁縫教室

写真６　家事教室

写真７　手工教室

一方男子については、写真では手工室で木工らしき作業をしている姿がありますが、男子の感情規範をめぐっては、上記の「新築校舎落成記念号」の次号である1931年3月発行の『磯の光』第14号の巻頭で小泉健作校長が次のような「日本少年（やまとをのこ）」像を提起しています。

愛せよ吾等の故郷を
海の少年（をのこ）のあこがれの　潮（うしほ）うづまく大磯の
深碧（みどり）なる大海に　きたへし体かゞやけり
朝（あした）に富士の嶺（ね）仰ぎつゝ　清く尊きその姿
心の範（のり）とし鏡とし　心心（こころ）を磨かなん
いざ立て天下の誉（ほまれ）の地　久遠（くおん）の花を咲せばや
学の道にいそしみて　日本少年（やまとをのこ）の名を挙げん

このように、相模湾や富士山をあおぐ大磯町の豊かな自然を基調とした逞しい郷土愛が説かれ、“健全な精神は健全な肉体に宿る”ともいうべき男子の感情規範が示されています。そしてそうした郷土的感情は、「天下の誉の地」といった誇りを媒介として、すなわち初代陸軍軍医総監・松本順の提唱による海水浴場の発祥の地であり、伊藤博文や山縣有朋など大物政治家の別荘地でもあるという大磯ブランドを媒介として、「日本少年の名を挙げん」といった愛国心に接続されています。

以上みてきたように、震災後の大磯小学校の文集『磯の光』からは、悲しみや恐怖を露わにしながらも廉恥心をもって質素倹約に励むような良妻賢母像が提起され、その一方で男子については、質実剛健な日本男子像が提起されていました。重要なことは、そうした性別役割規範の再生産が、学校文集によって、奉安殿・天皇からの慈恵としての新校舎落成という文脈と意図的に連動させられていた点にあります。震災の復興過程とは、学校文集からみると、ジェンダー規範と愛国心との融合・強化の過程だったといえるでしょう。

おわりに

本稿では、神奈川県女子師範学校と大磯尋常高等小学校の事例を通して、関東大震災後の学校文集を隠れたカリキュラムの形成媒体と捉え、文集が女学生や子どもたちの生き方を意図的にコントロールしようとし、女らしさ／男らしさや愛国心といった現在の教育課程・道徳教育の問題にも通底する“生きづらさ”の一端を創出していた過程を跡づけてきました。

その創出過程とは“良い子”や“良い女性”や“良い教師”の“カタ”を文集で表出させモデル化する営みだったといえるでしょう。悲しみや恐怖の感情をバネに廉恥心を内面化し良妻賢母を全うしていく女性教師や女子生徒、あるいは震災時に御真影を救い出す勇壮な男性教師、健全な精神と肉体とをもち日本男子としての士気を高揚させる男子生徒など、学校や国家権力側が求める人間像が本稿でみてきた文集から浮かび上がってきました。

たしかに、学校文集を“舞台”とした隠れたカリキュラムでは、当事者たちは“書き綴り表現する”という行為を通して一定の自発性をもって自己の感情を表明します。しかし、すべての当事者の作品が文集に掲載されるのではなく、学校側の“脚本”ないし“演出”に適合的な作品がまず選び出され、紙幅の都合上、排除される作品も少なからず存在します。

本稿でとりあげた、御真影救出を手伝う女性教師の犠牲的な姿や、校長自らが詩を詠み喚起する地域と日本を背負う質実剛健な男子像や、あるいは奉安殿・天皇のもとで立派に完成し整然と配置された新校舎の写真群などは、まさに学校側の“演出”だったといえます。

こうして、震災復興を担う、献身的な良妻賢母像と鍛錬を積む日本男子像が創出されたわけですが、そうした人間モデルが、その後の総力戦体制を懸命に支えてしまう現実を私たちは知っています。総力戦下、神女師では銃後の社会奉仕活動が積極的に行われ、大磯小では少国民の錬成教育が徹底されていきます。震災後の学校文集による感情操作という隠れたカリキュラムが、総力戦体制下の教育では“よく見えるカリキュラム”に化けていたといえるでしょう。この点については別の機会に論じたいと思います。

付記：本稿は、下記文献にある上田の二つの研究論文を中学校や高校の歴史教育に資すために、隠れたカリキュラムという視点からリライトしたものです。

【参考文献等】

上田誠二「関東大震災後の神奈川県女子師範学校――周縁化に抗う女性教師・女学生」日本教育史学会編集『日本教育史学会紀要』第８巻（2018）

上田誠二「昭和初期の神奈川県における震災復興と学校文集――大磯尋常高等小学校を事例として」『横浜薬科大学教職課程センター研究紀要』第３号（2019）

神奈川県立横浜平沼高等学校真澄会「母校史」サイトの「母校のあゆみ」https://masumikai.securesite.jp/sp20/sp_main/eh01/detail1912.html（2023年２月14日閲覧）

日本女子大学教育文化振興桜楓会設立百周年記念誌『写真で綴る桜楓会の100年』

日本女子大学教育文化振興桜楓会（2004）

松元宏・上田誠二ほか『大磯町史４　資料編近現代（2）』大磯町（2001）

松元宏・上田誠二ほか『大磯町史７　通史編近現代』大磯町（2008）

日本教育学会編集『教育学研究』（第89巻第４号、2022年12月）の「特集：ジェンダーと教育」

藤野裕子『民衆暴力――一揆・暴動・虐殺の日本近代』中公新書（2020）

小野雅章『教育勅語と御真影――近代天皇制と教育』講談社現代新書（2023）

第３部
関東大震災 100 年その後
――未来への教訓

先人は自らの経験と教訓を私たちに残しました。私たちは彼らの声に耳を傾けることが求められています。さらには、私たちも次世代に教訓を伝える責務があります。第３部は、過去と対話しつつ、より良い未来を構築するための方法を考えました。

第1章　関東大震災の記憶をたどって歩き、考える若者たち
——隣人とともに、この町を歩く

小川輝光

はじめに

関東大震災100周年は、体験者不在の歴史として、語り伝えられています。記録は存在しますが、100年前の人びとがどのようなことを記憶し、言葉にしてきたのかは、生身の言葉としてはもう伝えられません。そこで、残された記録のすき間を読み、残されなかった記憶の存在に想いを馳せ、現在を生きる私たちが、自らの経験を通じて過去を再現していく必要があります。いわば、関東大震災を再記憶化する必要が、ここにはあります。

この文章は、私の周辺に起こっている再記憶化にかかわるできごとのささやかな記録です。たとえば、学校の記録を紐解いて調べたり、フィールドワークから同じ歴史を他者とともに現場で考えたりするような取り組みです。歴史をただ知るだけでなく、体験を通じて感じ、考えたことを叙述していきたいと思います。

1.　避難所としての学校の記録

100年前の関東大震災をたどる起点を、生徒が学び、生活する学校に置くことにしました。横浜には、学校の関東大震災の記録がいくつか残されています。そのうちの1つとして、当時神奈川高等女学校（以下、「神奈川高女」、現・神奈川学園）と呼ばれていた勤務校では『学校時報』という雑誌を発行し、震災直後の1923年12月に、教員や生徒の手記を掲載しています。創設者・佐藤善治郎が記した震災発生当日の学校のようすは、次のようなものでした。

> 校舎を見巡れば外観は大体安全で多少の傾斜をなし、一、二割の瓦を落とし、壁は七、八分通り落とされている。それでもこのくらいで済んだのは地盤の良かったのと、基礎工事の十分なるとによると思う。とんでもない洗礼をうけたものである。避難者は五分とたたぬ中にかけつける。やがて続々と来る十二時頃になると群れをなして来る。聞けば交番に「神奈川高等女学校に避難すべし」と掲示が出たので来たという。
>
> 〔佐藤善治郎「大震災と本校」『学校時報』第7巻第4号、1923年12月〕

倒壊せずに済んだ学校には、着の身着のままの避難民が押し寄せます。目の前にあった石油倉庫は爆発し、一面火の海となっています。そのようななかで避難民との共同生活が始まりました。そして翌日、「鮮人来襲」の報が伝わることになります。

> 二日の昼頃になると避難者の一人たる某大学生が咳き込んできたり「ただいま保土ヶ谷方面から鮮人約千人来襲の報知がありました。急いで防御の準備を」という。私は平然として「それは誤伝であろう。言語不通の彼等は食事にも困るであろう。来るとすれば食物を探してくるので、吾々は食を割って与えてやろうではないか」といえば彼の学生は不興に立ち去った。やがて庭に出てみれば、みな竹槍や鉄棒を携え、団体になって学校へ来る人あれば、門際に押し寄せる者数百名、怒鳴り散らして生気の沙汰でない。夜になると某学校から数百の銃剣を徴発してきたって大警戒ということになった。　〔同上〕

「鮮人来襲」を「誤伝」と否定した佐藤でしたが、周囲は自警団であふれました。翌３日、佐藤は県知事を訪れ、「鮮人収容の必要を力説」します。その日の午後は、雨が降ったので避難民は膨れ上がり、1200 人を数えます。夜、佐藤が世帯主を集めたところ、銃剣や日本刀をもつ数百人が集まり食料を要求するなど「不穏」な形勢となりました。翌日、佐藤は食料徴発を約束し、事なきを得ます。そして５日に軍隊が学校に到着することで、自警団におびえる生活からも解放されます。佐藤によれば、避難所となった学校は非常に緊迫した状況が続いていました。また、自身への評判の悪さは朝鮮人をかくまったことに一因があるとも考えていました。

2.　記憶の跡をたどる

私たちの学校は、神奈川朝鮮中高級学校（以下、「朝鮮学校」）と隣接しています。ただ、普段はあまり交流がありません。そこで、2021 年に崔江以子さん（川崎市ふれあい館館長）のお話を伺い、川崎のヘイトスピーチから共生社会を考える交流授業を行いました。その余韻のなか、2022 年 12 月 22 日両校の生徒で、学校周辺を歩き関東大震災の記憶を考えるフィールドワークを行うことにしました。

高島山で八木熊次郎日記を読む（以下写真はすべて筆者撮影）

教室で、避難所となった歴史や関東大震災と朝鮮人虐殺の問題を学んだあと、高島山に登りました。この場所は、高台となっており、100 年前の人びとも登り、眼下に壊滅状態の市街地を収めました。私たちは、震災直後のパノラマ写真を見ながら、反町方面に少し下ったところに暮らしていた八木熊次郎という人物の日記を、声に出して読むことにしました。

八木は、勤めていた元街小学校付近で被災し、命からがら逃げ帰り、高島台のすぐ下の野原で家族とともに野宿をしています。そして、ここにも９月２日流言が舞い込みます。朗読した日記の一部です。

> この日午後、吾々が陣取っている草原へ巡査が駈って来て、皆さん一寸御注意を申ます、今夜此方面へ不逞鮮人が三百名襲来することになって居るさうである、又根岸刑務所の囚人一千余名を開做（ママ）した、これ等が社会主義者と結託して放火、強奪、強姦、井水に投毒等をする。昨夜は本牧方面を襲撃した。右の様な始末でありますから、今夜は可く皆様がバラバラにな

らぬ様に一所に集って居て下さい。さうして万一怪しい者が来たら一同で喚声を挙げて下さい。十六歳以上六十歳以下の男子は武装して警戒をして下さい。〔八木熊次郎『関東大震災日記』〕

神奈川高女と異なり、巡査によって伝えられた情報は、この地域の人びとに信ぴょう性を持って受け止められたと思われます。自警団が組織されている様子は、佐藤善治郎の記録にも書かれていました。

そして、八木熊次郎の9月3日の日記には「此夜鮮人十七八名、反町遊廓の裏で惨殺された」と記載されます。私たちは、本覚寺、青木小などを通って、その旧反町遊郭（現在の反町公園）を訪れました。私たちが訪れたときには、近所の子どもたちが歓声を上げて遊んでいるようすが、公園いっぱいに広がっていました。ここが虐殺の現場だとはとても思えません。私たちは、見えないものを想起する体験をすることになりました。

場所を巡っていて、人が亡くなった所に慰霊碑が建っていない場所のあまりの多さに驚きを覚えました。文章の書かれたものは所々点在していましたが、そういうものは興味のある人以外は大抵読まれもせず、素通りされてしまいます。これでは過去の出来事を意識する機会がなくなり、次第に忘れられ、無かった事にされてしまうのではないかと思いました。実際に、反町公園は昔に遊郭で人が亡くなったという事を知っている人は周辺にあまりいないのではないでしょうか？
（参加生徒）

金蔵院の石碑調べ

逆に、残された記念碑から、何を記録するべきか、考えてみる体験もしました。東神奈川駅近くの金蔵院には震災1周年に当時の神奈川町有志によって建てられた「大震火災横死者供養塔」があります。「光輝アル開港ノ歴史ヲ有スル市街ハ全滅セリ」と回顧し、「警察官ノ緊急保護戒厳令ノ布告軍隊ノ出動救護班ノ診療糧食ノ供給諸外国ノ同情寄贈品同胞ノ慰問品ノ配給各府県総合ノ救助施設」が市民を助けたと記録します。町内で起こったはずの虐殺のことは、ふれられていません。その碑文を読みながら、何が記念され、また何がされていないのか、考えました。

3. 慰霊実践を語る

2023年6月3日に、久保山墓地と宝生寺をめぐる第2回フィールドワークを行いました。事前には、訪問場所を生徒自身がガイドできるように調査準備してきました。この2つの場所は、記念碑が作られ、慰霊実践が行われているところということが共通しています。

久保山墓地は、横浜市によって横死者合葬墓が作られた場所です。また、その傍らに「少年の日に目撃した一市民建立」と書かれた「殉難朝鮮人慰霊之碑」があります。この慰霊碑の来歴について、生徒は説明しました。

> 1993年の新聞記事によると1923年9月1日の震災直後、「朝鮮人が動乱を起こそうとした」などのデマが飛び交った。軍隊をはじめとした自警団が、朝鮮人や中国人に対して拷問、虐殺を行った。当時、福富町に住んでいた石橋大司さんは小学2年だった。9月3日、根岸方面に向け家族と一緒に逃げる途中、久保山の坂で、電信柱に荒縄で後ろ手に縛られる朝鮮人の遺体を目撃し、家族は無言で通り過ぎた。以降、家族の中でこの日のことが話題にのぼったことはなかった。
> （生徒が作成したガイドより）

目撃後50年たって横浜市に虐殺の慰霊碑を提案した石橋大司でしたが、それは実現せず「一市民」としてこの慰霊碑を建てたのです。この石碑の前では、毎年9月朝鮮学校の生徒が追悼集会に参加し、歌を歌い、献花を行うなどしてきました。

ある朝鮮学校の生徒は、中学1年生で集会に参加した時は、どういう歴史があったかまだよくわからなかったが、学習をしてから改めてこの場所に来たことで重みを感じ直していると語りました。また、別の生徒は日本政府が虐殺に関する調査や責任を果たしていないことの問題を語りました。参加した生徒たちは、疑問や感想を出し合い、議論しました。政府はなぜ虐殺について認めていないのか、学校教育ではどう教えられているのか、などについて意見が飛び交いました。

久保山での慰霊

> 実際に記録として残っていて、見える形になっているのは純粋に嬉しいことだなと思った。でも、高2の先輩がこの慰霊碑は個人が作っていて、国が作るべきであるはずなのにそれがちょっとおかしいと言っていて、たしかにと思ったし、ちょっと残念だなと思った。でも、個人でも国でも、立っていることに変わりはないし、伝えようとしている人がいるだけで私は嬉しいなと思った。
> （参加生徒）

慰霊碑をつくる、追悼するという実践が、震災と虐殺について再び記憶する場と機会を提供します。現在の社会のなかで、その歴史はどういう意味を持つのか、現在を生きる私たちが教えあい、学びあうことで、歴史をいかす当事者となっていくのです。

4.　歴史から未来を語る

関東大震災100年。この町をともに歩く取り組みを通じて、生徒たちは「関東大震災100年から何をどう学ぶか」「私たちにこれからできることは何か」を考えるようになっています。いくつか感想を紹介しましょう。

> 皆と歩きながら説明を聞きながら新しいことを知れて良かった。まだ分からない事や、もっと知りたいと思った事があったから、これからももっと調べてみたい。朝鮮人として本当に他人事じゃないのでもっと知識を深めていきたい。

今まで自分の住んでいる町だけど、意識していなくて、町の中に歴史のあとがのこっていることとか、100年前にこの町がどんなことになっていたかとか、よく知らなかった。でも今回実際歩いて見て、知らなかったことを知れたし、朝鮮学校の子と仲良くまわれて楽しかった。

慰霊実議を対話する

今回の朝鮮学校との交流会を通して、私は関東大震災100年から、過去を隠さずに未来へ伝えていくことが大事だと感じました。実際に、日本政府は今の学生たちに過去に日本人が何をしたのか、具体的に教えているのでしょうか。あった事を反省することも大事ですが、これからの時代に繋げていくことが最も大事なことではないかと思いました。また、私は今後この活動の規模を広げて続けていくべきだと思います。見るだけでは無く、自分の体で感じることで思うことは変わるのではないでしょうか。この活動を通して、私自身も関東大震災などについて思うことが増えたと思います。この経験は人生で大事になっていくものの一つだと思うので、続けていきたいです。

ともに歩いて感じたこと、考えたことを、伝える取り組みも、これから生徒たちは始めようとしています。

おわりに

『学校時報』には、震災で亡くなった22名の生徒の最期が、創設者をはじめとした教師たちの手によって、できる限り調査され、記録されています。

> ○○は蓬莱町川岸の洋服屋である。母と二階にいて地図を書いていた。地震で店へ下りようとすると、階段のところで圧せられた「助けてくれ」とさけんだのは隣人も聞いたが、煙に包まれて一人焼死した。　＊筆者註：○○は当時の生徒名。
>
> 〔「震災死亡生徒の最後」『学校時報』第7巻第4号、1923年12月〕

雑誌に記録された最期のようすからは、亡くなった生徒に対する創設者の痛切な想いを感じます。そして、この世に確かに生きていて、震災で亡くなった一人の人生が、100年前のことだとしても克明に分かります。

いっぽうで、このような記録を読めば読むほど、流言のなかで名前さえも知られることなく命を失った人びとの存在があったことが、対照的に頭をよぎります。横浜の場合、具体的な虐殺の事実に、容易には到達できません。しかし、この町には、実にさまざまな震災の記憶が眠っているのです。歩いて、再記憶化する。その実践が、震災の記憶を100年後の社会に橋渡ししようとしています。

第２章　歴史から推測してみる
――わずかしか語らない追悼碑とお墓

鈴木 晶

1.　建功寺の碑を建てた「裏子安衛生組合」とは？

2022 年９月１日、横浜市鶴見区で、関東大震災 100 回忌の法要が、区内 20 寺院の僧侶によって執り行われました。法要が行われた建功寺（馬場 1-2-1）には関東大震災の慰霊碑が建てられています。碑の表面には「大震火災　横死者供養之碑」と刻まれ、施主として「裏子安衛生組合　青年同志会」とあります。裏面を見ると、「三周忌」とあり 1925 年に建てられたようです。ここにある「衛生組合」とはどのようなものでしょうか。

建功寺の追悼碑（前面と背面、全面左下に「裏子安衛生組合」の銘）

横浜は多くの都市と異なり、大きな河川が流れていたり、城下町や門前町で都市が形成されたわけでありません。日米修好通商条約（1858 年）で開港が約束された港の一つは東海道沿いの神奈川でした。そこには神奈川宿や神奈川湊がありましたが、江戸幕府は外国人と日本人の接触をなるべく避けようと考え、対岸の横浜村に港を造ったので、人工都市として形成されました。

こうして新たに造られた都市・横浜には江戸時代からあるような旧来の隣保組織（近隣で家々に共同責任を負わせる）がありませんでした。また貿易が盛んになる伝染病のリスクも高まっていました。そこで市制施行の翌 1890 年に「衛生組合」が組織されるようになりました。全国的にも 1897 年に「伝染病予防法」が公布されて、市町村が衛生組合に伝染病予防などの経費を援助するようになり、衛生組合は行政にも協力するようになりました。関東大震災時には衛生組合が救護活動をしましたが、米騒動以来、警察が進めた民間の「自治的な自衛化」組織としての自警団も活動しました。衛生組合員や在郷軍人、青年たちによって組織された自警団の一部は、朝鮮人虐殺に暴走していくことにもなりました。自警団は「一夜にして生まれた」とも言われますが、警察の意を受けて活動した可能性も考えられます。その後、横浜市は衛生組合を存続しながら、「戦前」町内会を形成していきます〔横浜市町内会連合会〕。

横浜市内で衛生組合名がある追悼碑は以下の通りです。衛生組合は慰霊の役割も担ったといえます。さらには青年会（一部青年団）、同志会、在郷軍人会が加わっているものもあります。

衛生組合

建功寺（裏子安）、斎藤分町（二本榎、斎藤分、中川）、増徳院薬師堂（元町、現存せず）、

大圓寺（山元町・根岸町）、白滝不動尊（根岸町）、天徳寺（宮原）、井土ヶ谷上町（井土ヶ谷）

青年会

建功寺、元町、山元町・根岸町、宮原、願成寺、白滝不動尊、蓮沼坂、宝生寺、井土ヶ谷上町、吉祥寺

同志会（元町、山元町、根岸町）

在郷軍人会（白滝不動尊、井土ヶ谷上町）

横浜市衛生組合連合会が1928年11月に発行した『保健衛生　新横浜の建設』には、当時の衛生組合のリストがありました。震災の5年後ですが、併せて321組合（中区161組合、神奈川区81組合、磯子区17組合、保土ヶ谷区24組合、鶴見区38組合）が記録されています。

ところが、衛生組合のリストの中で「裏」とついている衛生組合は、この追悼碑にある「裏子安衛生組合」しかありません。関東大震災が1923年、この史料は1928年ですからいくらかの変更は含んでおく必要がありますが、それでも不思議な感じがします（史料では「裏小安」）。

そもそも、横浜市で「裏」という名称や地名が存在しているのでしょうか。横浜には明治初期から「高島町」という町名はあります。これは高島嘉右衛門（1832～1914年）が鉄道用地の埋め立て工事を請け負い、約束の期間内で完成させたことで残った土地を得ることができるにもかかわらず、高島は政府に土地を献上したため、高島の名を冠した地名がつけられました。横浜には市制が始まった1889年4月1日時点の町名一覧では138か町がありました。そこには、「高島町」のほかに「裏高島町」が出てきます。逆に「表高島町」が新設されるのは1903年1月27日付で、こちらは戦後しばらく存続します。同時に新設された町名は宝町、大野町などいずれも埋立地でした。そして「裏高島町」は1932年1月1日に廃止されています。

さて本題に戻ると、「裏」という名称が横浜では極めて限られていたことがわかります。そして埋立地であった可能性があります。そこから「裏子安衛生組合」という名称を考えてみると、追悼碑のある建功寺は内陸部の低い山に囲まれた場所にあります。海側から見れば直線距離で2.5㎞奥になります。そこを「裏」と言えなくもありません。しかし、前述のように横浜で「裏」という名称が使われるのは埋立地のようです。子安も海岸だったので、その地先の埋立地を「裏子安」と呼べなくはありませんが、町名では出てきません。そのあたりは「新浦島町」という名前がついています。また震災前の1920年に子安町と西寺尾の境界に火葬場建設の話が持ち上がったことについて『時事新報』9月12日付は、「……子安町の如きは将来横浜市都市計画実施後は唯一の住宅地となる地にて、最近土地価格の高騰を示しつつありたるに、一度隣接地に火葬場設置に決するや、一

時に低落するを以て……」と報じていました。火葬場と建功寺の間は１キロほどです。そう考えると、この「裏子安」には深い意味があるのかもしれません。

さて、ここで思いついたのが、ある新聞の見出しです。震災後、半年以上たった２月 10 日付の『やまと新聞』には、「虐殺鮮人数百名の白骨、子安海岸に漂着」とあります。同紙は 1886 年創刊。当時は藩閥の山縣有朋・桂太郎系の新聞で、シーメンス事件では厳しい追及をしていたようです。

虐殺鮮人数百名の白骨、子安海岸に漂着

　昨日の暴風に打揚げられて　当局面倒がって責任のなすりあい

　横浜子安方面では９月１日の大震災当時気荒い漁夫連が多く居住して居たこととて数百名の朝鮮人を殺害しその大部分は海中に放棄してしまったが８日の暴風の為め波浪高く腐爛した肉をつけた白骨数多同海岸へ打ち揚げ而かも神奈川署では完全な骨組をしていないからと市役所へ廻すのを面倒がりどこへでも埋てしまえと取り合わぬので同海岸にはバラバラとなった人骨累々として鬼気人に迫るの物凄さである（ママ）（横浜電話）

記事にある通り、遺骸の数の多さに警察が「面倒がりどこへでも埋てしまえと取り合わぬ」というのは、かなりの異常事態です。地元の人々はとても放置できるものではなかったでしょう。

もしかしたらそれだけの遺骸を葬ることになったため、または、朝鮮人虐殺への後ろめたさが、そうした「裏子安」という名称の衛生組合を作ることになった、という可能性はないでしょうか。「裏子安」の衛生組合代表者は、岩崎輿四郎という人物です。調べてみると地元の名士で、現在も「岩崎与四郎育英会」という名称で学生を支援する団体があり、その子孫が運営している可能性があります。碑の裏側には岩崎を含めて 33 人の名前が刻まれていますが、ほかに経歴がわかるのは今のところ永島庄兵衛という人物で、横須賀で台場のために石の切り出し運搬をしたり、横浜築港に関わったともされる人物のようです。

東京湾岸には、関東大震災や東京大空襲の遺骸が漂着していて、関東大震災に関しては６か所の供養塔や墓が確認されています。

品川南　海蔵寺（品川区南品川 4-4-2）「震火災横死者供養塔」数十体が海岸漂着、1932 年に供養塔
台場　お台場海浜公園（港区台場 1-1）「漂着犠牲者慰霊の顛末記碑」
大森海岸　大経寺（品川区南大井 2-5-6）大震火災横死者供養塔　37 体　９月２日～20 日まで

天空橋　五十間鼻無縁仏堂（大田区羽田 6-11-5）
金沢八景　龍華寺（金沢区洲崎町 9-31）　40 余体　9 月 14 日に仮埋葬して翌 7 月 22 日に荼毘
横須賀　浄林寺（横須賀市馬堀町 4-14-1）　大震火災横死者の霊（墓）6 体

品川区海蔵寺

品川区大井大経寺

横浜市金沢区龍華寺

横須賀市浄林寺

多摩川河口・五十間鼻無縁仏堂

いずれも基本的には 9 月中の漂着した遺骸だと考えられるものが多いようです。

これまでの話はもちろん、根拠の薄い、また今からでは確認が難しい事柄です。勝手に都合よく決めつけてストーリーを作りあげることは許されません。ただ、歴史の可能性として心に留めておいて、アイデアを持って史料を探してみる可能性はないでしょうか。考えてみると、この追悼碑がどこかから移されてきた可能性もありますし、震災 5 年後の 1928 年になっても同組合が存在している意味はあまりないかもしれません。

しかし、唯一の「裏」を冠した「裏子安衛生組合」とはなんだったのでしょうか、建碑の発起人が他より多い 33 人いたのはなぜなのでしょうか、この違和感は忘れずにいたいものです。

2.　久保山墓地に建つ「萬霊之墓」

もう 1 つは、久保山墓地に建っている「萬霊之墓」です。ある種、碑と考えてもよさそうな気がします。写真のように上の部分に、地名がいくつか書いてあるだけだからです。右から「末吉橋、日の出町、急坂、天神坂、御所山、各附近」とあります。

しかしそれを読むとどこも震災で多くの犠牲者が出たところばかりです。この「墓」は関東大震災のものなのでしょうか。そしてなぜ多くが記されていないのでしょうか。無縁仏ということなら

同じ久保山墓地の敷地内にある「横濱市大震火災横死者合葬之墓」もあるのです。「萬霊之墓」の側面には「大正十四年三月十八日建立」とあり、末吉橋から御所山エリアまで1.5キロ程度のエリアの墓は、どのような人々を対象に建てたのでしょうか。この「萬霊之墓」は「手塚家」の何基も建っている墓所の一角にあります。同じ久保山墓地には、別に無縁塚（「横濱市大震火災横死者合葬之墓」）もあるにもかかわらず、個人が建てたのでしょうか。ここでも、後世の私たちは史料を探し、時代背景を読み取り、そしてその推測から「歴史」とそこに存在した人々を意識しているのです。

【参考文献】
横浜市衛生組合聯合会『保健衛生　新横浜の建設』横浜市衛生組合聯合會（1928）
横浜市企画調整局都市科学研究室『横浜住民運動史料集成－大正編』（1978）
横浜市町内会連合会『横浜市町内会連合会40周年』（2001）
山本すみ子「朝鮮人虐殺をめぐる研究・運動の歴史と現在（1）横浜における関東大震災時朝鮮人虐殺」『大原社会問題研究所雑誌』第668号（2014）

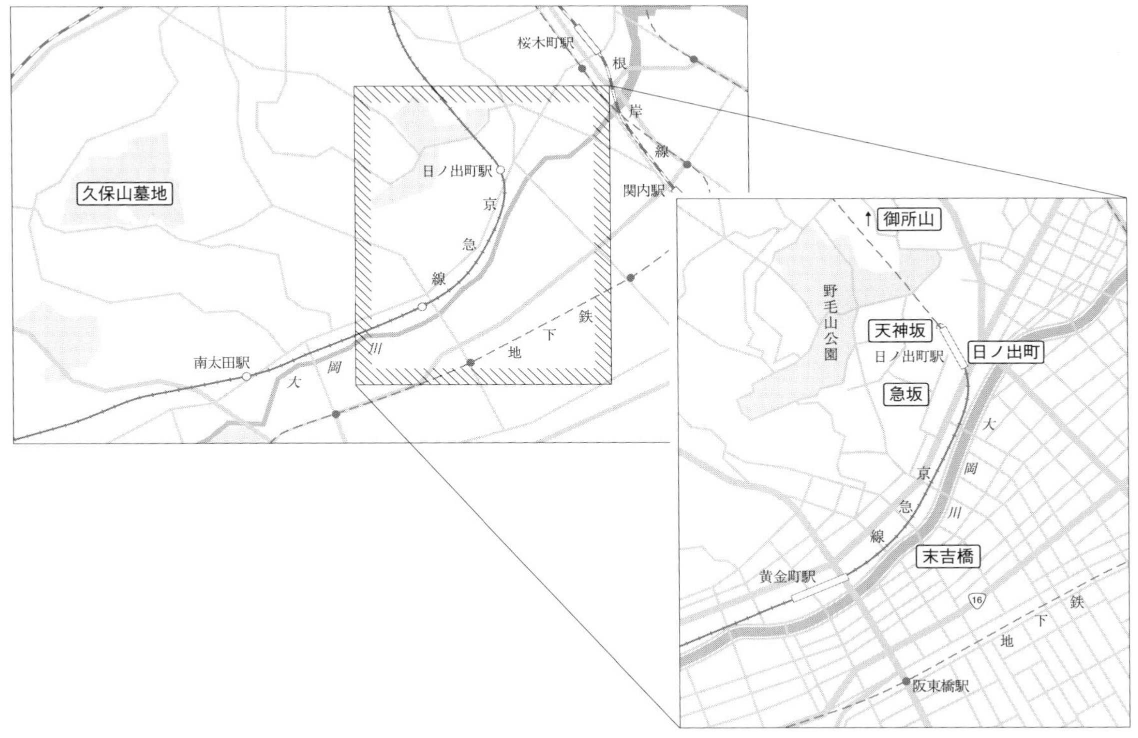

第３章　地域における朝鮮人虐殺の記録と記憶

小川輝光

はじめに

関東大震災を振り返る際、流言と虐殺の問題は避けて通れません。朝鮮人だけでなく、中国人、社会主義者、沖縄・東北などの出身者、障碍を持つ人びとなどが犠牲となりました。神奈川県は、横浜が流言発生地の１つとされ、多くの犠牲者も出しました。これまで流言発生の原因究明や、県内犠牲者の実態について調査・研究がされてきましたがわからないことも多いです〔今井 2007〕。流言流布や虐殺に関する責任が重要な争点となり、自警団など民衆の責任だけでなく、軍隊・警察などの国家の責任も追及されてきました。

震災 100 年後の私たちは、これらの記録や記憶をどのように継承していくのでしょうか。近年、グローバル化に伴う人々の移動が増え、社会の多文化化が進んでいます。SNS などの浸透により、一般の人びとが広範な情報発信者になりました。ヘイトクライムや歴史修正主義も各国で問題化しています。このような時代背景のなかでは、流言と虐殺の記憶について考えることは、地域の過去の問題でありながら、現代的で普遍的な問題につながりそうです。このような視点で、神奈川県での流言と虐殺をめぐる記録と記憶について考えてみましょう。

1.「少年の日に目撃した一市民建之」――民主導の慰霊と記録

関東大震災の記憶を記録する取り組みは、直後から行政による震災誌・復興誌の刊行などとしてみられました。横浜市は『横浜震災誌』を編纂し、戒厳令下の神奈川警備隊による実地調査旬報を採録しています（第４冊）。旬報をまとめた司令官・奥平俊蔵は、後に流言は「悉く事実無根に帰着せり」としていますが〔奥平 1983〕、旬報段階では流言を事実のように報告している部分もあります。また、「善行美跡」「遭難記」が集められ、なかには「鮮人保護」を取り上げたものもあります（第５冊）。『横須賀市震災誌附復興誌』（1932 年）や、西坂勝人『神奈川県下の大震火災と警察』（1926 年）も保護した側面が強調されています。これら戦前の官による記録では、流言・虐殺は自警団など民衆によるものであり、自分たちは情報を訂正し、鮮人保護に努めたという主張になりがちでした。

いっぽう、戦前では虐殺された朝鮮人の立場から調査や慰霊を行うことは困難でした。当時の朝鮮は植民地であり、朝鮮人の人権を保護する行政はもとより団体組織もなかったからです。そのなかで『独立新聞』金承学や東京帝国大教授・吉野作造による虐殺被害者数調査や、三ツ沢墓地に埋葬された犠牲者のために退役軍人・村尾履吉が建てた追悼碑・納骨塔が知られています。

戦前の民間における取り組みは、戦後に受け継がれます。愛隣園の社会事業家で、村尾と活動をともにしていた李誠七は、村尾の遺骨を三ツ沢墓地に埋葬する代わりに、犠牲者の遺骨と慰霊碑を港北区の蓮勝寺に移したともいわれます（次頁写真）。李が1924年以来、法要を行ってきた宝生寺には71年に慰霊碑ができます。三ツ沢と同じく横死者墓地がある久保山墓地でも74年に「少年の日に目撃した一市民建之」という追悼碑ができます。これは、石橋大司という人が事件から半世紀を経て建立したもので、現在も9月に追悼実践が続く場所になっています。

蓮勝寺「納骨塔」（筆者撮影）

記録運動も慰霊実践と並行します。初めて横浜の流言と虐殺を調査した地域史研究者・齊藤秀夫は、1970年代に横浜大空襲の記録運動とともに朝鮮人虐殺の記憶をとどめようとしました〔小川2021〕。90年代には在日韓国・朝鮮団体及び交流団体による共生をめざす運動として記録がまとめられています〔在日大韓民国居留民団神奈川県本部1993〕〔神奈川県関東大震災朝鮮人犠牲者追悼碑建立推進委員会1996〕。在日コリアンの子どもたちとの交流実践に取り組んだ後藤周は、小学生の震災作文の発掘や紹介に努めました（本書168–173頁後藤氏インタビュー参照）。このように流言と虐殺の記憶の記録化は、官より民主導で実践されてきました。

2.「異常」と「美挙」——公共的な記録としての自治体史叙述

それでは、公共的な取り組みがないのかというと、そうではありません。行政が中心となってまとめた自治体史には地域の記憶や記録が多く含まれています。自治体史は、時期ごとに形態の変化があり、時期によって内容面でも影響を受けます。まず、その変遷に着目して3つの時期に区分して記録の仕方を確認し、次いで地域的な特徴を見てみましょう（表参照。以下、自治体史からの引用は自治体名のみ（　）で記載）。

Ⅰ期（～1980年ごろ）

最初は自治体史と、地誌の要素を残す郷土誌が併存していました。郷土誌の場合、流言・虐殺に関する記述はありません（箱根町、葉山町、愛川町など）。また、歴史を中心とした自治体史でも、流言・虐殺に関しては、かなり具体的な叙述がなされつつも、出典記載はありません（相模原市）。震災から50年ごろまでは、体験者がまだ地域で暮らしていて、完全に過去のできごとになっていないようすがうかがえます。なお、最も流言・虐殺がひどかった横浜市の場合、当時の研究者がまとめた資料集〔姜・琴1963〕に依拠しながら全体状況を叙述していますが、地域史料の活用はほとんどありませんでした。

Ⅱ期（1980～2000年）

通史編と資料編の複数刊行スタイルが一般的となり、執筆者は地域の郷土史家から歴史研究者に変化します。先駆けとなる『神奈川県史』の関東大震災の箇所では、行政文書を中心に89点もの史料が資料編に収録され、これらに依拠して当時の歴史学の研究と結びつく通史叙述がなされまし

表　神奈川県内の自治体史（戦後）と流言・虐殺の記述

期	地域	現自治体名	書名	通史編		資料編	
				流言虐殺記述	発行年	流言虐殺資料	発行年
Ⅰ	県西	箱根	箱根町誌	無	1967-84	無	
	県央	相模原	相模原市史	有	1971	有	2017
	横三	葉山	葉山町郷土誌	無	1975	無	
	横浜	横浜	横浜市史	有	1976	無	
	湘南	藤沢	藤沢市史	有	1976	無	
	県西	松田	まつだの歴史	有	1977	無	
	県央	愛川	愛川町郷土誌	無	1982	無	
Ⅱ	県	神奈川	神奈川県史	有	1982	有	1974
	湘南	茅ケ崎	茅ケ崎市史	有	1982	有	1978
	県西	湯河原	湯河原町史	有	1987	有	1985
	横三	横須賀	横須賀市史	無	1988	有	2009
	県西	中井	中井町誌	有	1990	無	
	湘南	秦野	秦野市史	有	1992	有	1986
	横三	鎌倉	鎌倉市史	有	1994	有	1990
	湘南	二宮	二宮町史	有	1994	有	1992
	川崎	川崎	川崎市史	有	1995	有	1990
	県央	相模原	藤野町史	有	1995	無	1994
	県西	真鶴	真鶴町史	有	1995	有	1993
	横三	逗子	逗子市史	有	1997	無	1992
	県央	相模原	城山町史	無	1997	無	1994
	県西	南足柄	南足柄市史	有	1998	有	1991
	湘南	寒川	寒川町史	有	2000	有	1994
Ⅲ	県央	相模原	相模湖町史	有	2001	無	1993
	県西	大井	大井町史	有	2001	無	1998
	県西	開成	開成町史	有	2001	有	1996
	県央	大和	大和市史	有	2002	無	1979
	県西	小田原	小田原市史	有	2002	有	1993
	県央	綾瀬	綾瀬市史	有	2003	有	1995
	県西	山北	山北町史	有	2006	有	2002
	湘南	大磯	大磯町史	有	2008	有	1998
	県央	相模原	津久井町史	無	2009	無	
	県央	海老名	海老名市史	有	2009	有	2002
	湘南	平塚	平塚市史	有	2012	有	1997
	県央	座間	座間市史	有	2014	有	2003
	湘南	伊勢原	伊勢原市史	有	2015	有	2009
	県央	清川	清川村史	有	2018	有	2016
	横三	三浦	未刊行	無		無	
	県央	厚木	厚木市史	未刊行		有	2021

た（神奈川県）。県史が、流言と虐殺という「異常」と、日本人と朝鮮人相互の助け合いの「美挙」の双方を記録している点は、戦前との大きな違いです。市町村でも90年代に史料編纂が進みます。他方で、自治体史全体のあり方として、研究者による成果を、いかに市民に分かりやすく伝えるかも課題になりました。写真を多用したビジュアル版やダイジェスト版なども発刊され、その取り組みは現在も続きます。

Ⅲ期（2001年～現在）

2000年代は資料編に基づく通史が最も多く発刊されますが、社会一般としては歴史離れが指摘される時期でもあります。関東大震災に関しては、発生から70年以上が経ち、体験者の語りを聞くことが困難になりました。折しも、大規模な地震が相次ぎ、特に2011年に東日本大震災が発生したことは、近い将来への備えとして関東大震災からも改めて教訓を求める機運となり、流言も含めた資料収集を促しました（相模原市、厚木市、座間市）。

地域的特徴

次に、視点を時間から空間に移しましょう。まず、朝鮮人が多く暮らしていた横浜・川崎のようすです。すでに紹介したように『横浜市史』の場合、地域史料の活用がありません。その結果、多くの流言と虐殺があるはずですが、臨場感のあるようすは記録されませんでした。一方の川崎は、横浜に比べて犠牲者が多くありません。それは、保護されたケースが多かったからです。市史では、当時の田島町長が知り合いの朝鮮人を例に「決してそんな悪いことをするような人じゃありません」とかくまった理由を説明した証言を紹介します（川崎市）。これは、普段付き合いの大切さを物語っています。

横浜・川崎以外の地域はどうでしょうか。農山漁村地域でも、横浜などの状況が伝わるなかで流言が広がりました。たとえば、遠く離れた藤野でも９月２～５日まで流言の影響を受けています（相模原市）。これらの地域では警察署や巡査が流言をもたらしています（伊勢原市、座間市、寒川市）。相模原の警察史料では流言を事実と認識しているようす、寒川の日記では巡査の流言により群衆が斥候を出して半鐘を鳴らすなど「戦地も及はぬ有様」が出現します。自警団の記憶も強く印象付けられました。南足柄では「決死隊」が組織され、大和では噂のあった各地に武器を持った人々が回り、流言とはことなり社会が平穏無事である状況を確認しても、なお流言に疑問を持たなかったといいます（南足柄市、大和市）。厚木では、五人組をもとに組織された夜警が９月19日まで続いています（厚木市）。

都市部以外でも朝鮮人が近くにいた地域では、流言にとどまらず、殺傷行為が発生します。熱海線（現東海道線）の工事現場で多くの朝鮮人が働いていており、湯河原で発生した襲撃事件では逃げ遅れた台湾人が２名殺害、真鶴で朝鮮人２名が重傷を受けています（湯河原・真鶴）。相模川の砂利人夫が居住していた寒川では、村の総代が村から追い払うように巡査に依頼しています（寒川）。

以上からわかることは、流言を含んだ関東大震災の叙述がほとんどの自治体史に記録され、流言・虐殺問題も史資料の裏付けをもつ叙述になってきたことです。その史料も、官憲資料や行政文書に加え、当時の人びとの日記などの私文書、市民からの聞き書きやその記録など多彩になってきました。地域的特徴からは、横浜と川崎の対照的な関係、農山漁村部で流言にどのように惑わされたか、とてもリアルに分かります。

3. どのように想起するのか——記憶をめぐる歴史実践

100年間の流言・虐殺の記憶の記録化を経て、今改めて求められるのが、現在を生きる私たちによって、その歴史を想起することです。

たとえば、自治体史のなかには、編纂後に調査研究が進展し、市民の学習の場が提供されてきたものがあります。史料面での限界があった横浜市史の場合、新たに収集資料を都市発展記念館などで公開し、報告書の発行に結び付けてきました。2011年東日本大震災直後には、複数の自治体で講座や企画展が開催され、その記録がまとめられました。たとえば、茅ケ崎市では50・60周年の際に消防本部が市民合計342名に行った聞き取り資料を分析し、ブックレットを発行しています〔茅ケ崎市史編集委員会2012〕。そのなかでは、流言に関連して発生した日本人に対する殺人事件を、市民がさまざまに記憶していることを紹介しています。これらの学習を通じて、記録は現在の人びとの記憶へと結びつきます。

ただ、流言・虐殺の記憶を想起する実践は、さまざまな困難を伴います。すでに内閣府中央防災会議が流言・虐殺の記録を公的に行っています〔内閣府2008〕。しかし、流言・虐殺はなかったという主張が現れ〔工藤2009〕、横浜市議会では中学生向け副読本『わかるヨコハマ』(2012年版)の虐殺記述が問題化され、回収・溶解処分される事件が起きます。このような動向に抗する検証活動も行われています〔加藤2019〕。記憶をめぐるせめぎ合いは現在もあるのです。

このような植民地支配や虐殺を想起することに取り組んでいるのは、日本だけではありません。2001年にダーバンで「人種主義、人種差別、外国人排斥および関連のある不寛容に反対する世界会議」が開かれ、植民地支配とジェノサイドも振り返るべき歴史として指摘されました。関東大震災で起こった流言・虐殺と向き合うことは、これらグローバルな動きとも連動します。震災100年がたった今、どのような歴史実践が行われるのでしょうか。

【参考文献】

今井清一『横浜の関東大震災』有隣堂(2007)

小川輝光「横浜で「非常時」と「他者」について、歩いて考える」藤田賀久編『神奈川から考える世界史』えにし書房(2021)

奥平俊蔵『不器用な自画像』柏書房(1983)

加藤直樹『トリック』ころから(2019)

神奈川県関東大震災朝鮮人犠牲者追悼碑建立推進委員会『関東大震災下の朝鮮人虐殺』神奈川県関東大震災朝鮮人犠牲者追悼碑建立推進委員会(1996)

姜徳相・琴秉洞編『現代史資料(6)関東大震災と朝鮮人』みすず書房(1963)

工藤美代子『関東大震災「朝鮮人虐殺」の真実』産経新聞出版(2009)

在日大韓民国居留民団神奈川県本部編『関東大震災横浜記録』在日大韓民国居留民団神奈川県本部(1993)

茅ケ崎市編集委員会『ちがさきの関東大震災』茅ケ崎市(2012)

内閣府中央防災会議災害教訓の継承に関する専門調査会『災害教訓の継承に関する専門調査会報告書　1923関東大震災第2編』内閣府(2008)

《**コラム**》

横浜に震災記念館があった

鈴木 晶

東日本大震災のあと、個人的に、また生徒を引率して被災地に行ってお手伝いをする機会があります。多くの人たちの取り組みで「瓦礫」がだんだん少なくなり、盛り土がされ、護岸が進んで新たな街並みが形成されてきています。目に見える「復旧」は進んでいるように見えますが、心の「復興」はどうなっているのか、震災から 10 数年経っても変わらないこともあると思います。現地でのお手伝い活動に参加する生徒たちとの事前学習で話し合うのは、例えば「地震に対して何を備えておけばいいだろうか」「ボランティアってなんだろう？」「震災で離れたところに住んでいるわれわれは当事者ではないのか？」といったテーマがあります。その中で時間をかけて意見交換をしているのが、「震災遺構は残した方がいいのだろうか」という論点です。震災当時のことは思い出したくないから、遺構は一刻も早く撤去してほしいという声と、次世代への震災の教訓にもなるから残してほしい、という声があります。どちらも理解できる考え方であり、これまでも被災地では意見がまとまらないケースもあり、大槌町庁舎などのように取り壊された建物もありますし、現在は残しているが、将来的には未定という場所もあります（南三陸町防災対策庁舎など）。展示施設になっている場所も、それが決まったのは最近だというケースがほとんどです（2021 年大川小学校などが大川震災伝承館に、2022 年旧気仙沼向洋高校跡地が東日本大震災津波伝承館になど）。

東京都墨田区には現在も横網町公園（両国駅下車）に東京都復興慰霊堂と復興記念館があります。記念館には震災や東京大空襲の遺品や被災物などの展示とともに、屋外では被災した機械などが展示されています。当時「東京は火災、横浜は震災」とも言われたそうですが、横浜に震災の記念館はあったのでしょうか。

横浜では震災直後に、市教育課長（現在の教育長のような立場）である中川直亮が９月 20 日、吉田小学校視察の際に、破損した本願寺別院の鐘を見て震災での遺物の重要性に気づきました。11 月５日には担当を置き、20 日には市内小学校の校長あてに震災遺物の収集を指示しました。

翌年９月１日には、当時の横浜小学校（現在の西区北仲通）運動場にわずか２か月の工事で最初の記念館が建てられました。しかし、直後にその場所に生糸検査場（農工務省）が建設されることになり、国の事業が優先されたため土地は国に売却されました。そのため、記念館は当時の瓦斯局跡（現在の本町小学校の敷地）に移転し、1924 年３月 18 日に開館しました。この時の建物は、被災者用のバラックの余剰を２棟（約 518㎡）使用していました。しかしそれまでの取り組みは中川の判断の部分が大きく、正式な予算が付いたわけではなかったといいます。中川は「震災記念館創始の由来」で、「最初小学校の教具室として建築したるもので独立した市の事業にはなって居ない」と述べています〔『横濱市震災記念館概要』1935 年〕。市議会では当初、かえって恐怖心を助長すると反対意見もありましたが、ある参事会員が、展示を観て当初は不安を持ったが「同館を観察して地震研究資料を見たるに大震災は 70 年を経過せざれば再び襲来せざるものなることの確信を得た」と発言し、流れが変わったのです。

こうして横浜市として正式に震災記念館建設の予算がつき、1928年8月に老松町に新館が落成しました。1929年4月23日の復興記念式典の時には昭和天皇が、その後も国務大臣や国会議員、外交官の見学もありました。1931年6月にはリンドバーク一行も訪問しています。また市内の小学校児童を中心に見学者が絶えなかったようです。

博物館は2階建てで、郷土史資料、震災、復興、市勢資料の4つのセクションにわかれ、特に震災展示ではジオラマや多くの写真・図表が展示されていました。

ただ戦時体制になると、1942年には金属回収令で記念品の一部を供出することもあって4月に休館、のち改装されて9月からは市民博物館となりましたが、戦局の悪化で1944年11月に展示公開事業が休止されて、そのまま終戦を迎えました。敗戦直前には市会議場に使われたり、敗戦後は休館のまま、市立大学経済研究所や市史編集室が入居していました。1964年に建物は横浜市老松会館として結婚式場になり、1991年まで使用されていましたが、1994年に建物は解体されてしまいました。

このほか近隣の例では、横須賀市で1936年に「横須賀閣」という震災資料館がありました。港町公園の「震災供養塔移転並記念閣建設ノ由来」にはそのことが記されていますが、現在は存在しません。全国的に見ても戦前からの大地震の記念館は、濃尾地震（1891年）での震災紀念堂（1893年）、1927年の北丹後地震（京都府）後の京丹後震災記念館（1929年設立）、そして東京の復興記念館があるのみです。

規模は小さいですが、行政の取り組みでは宮城県が、1933年の昭和三陸地震後に部落単位で震嘯（しんしょう）記念館を各地に建設しました。これは隣保館、公民館機能を併せた施設で、これも地元コミュニティを基本とした伝承のための記念館と言えます。33館のうち東日本大震災まで数か所が使われていたといいます。京都市でも室戸台風（1934年）義援金で風害記念隣保館が6館建てられました〔田所祐史〕。

そう考えると東京の震災紀念堂と復興記念館が存続できたのは、築地本願寺などで有名な伊東忠太設計の建物の堅牢さ、そして犠牲者の多さが理由でしょうか。この2つの施設は東京大空襲でも残り、関東大震災と東京大空襲の慰霊、展示施設として現在に至っています。そしてなにより毎年、慰霊の式典が実施されることで、多くの人々が失われた命を忘れないような「記憶の場」として存在してきたことが大きいといえます。それゆえこれからは体験者なき時代での存続が問われる時代に入っていくことになります。

横浜の震災記念館は、大空襲などがあったものの建物は無事であり、市民博物館として存続することはできたはずです。戦後の調査で建物内は荒れ果てていたようで、簡単ではなかったのでしょうが、野毛山という立地を考えても存続の可能性はあった気がします。現在、横浜には市史資料室がありますが、関東大震災をカバーする展示施設としては神奈川県立博物館（現・神奈川県立歴史博物館、1967年）、横浜市歴史博物館（1995年）、横浜市都市発展記念館（2003年）と立ち遅れていました。これらの施設では大きな節目に特別展を行っています。合わせて常設展示はどうなっているのか、自分の目で確かめてみるのもいいですね。

南三陸へのボランティアへ行った高校生と、事前学習で「震災遺構を残した方がいいか、または悲しみを思い出すので撤去した方がいいか」という話し合いをしました。ボランティアから帰ってきた彼らには、やはり両方の考え方がありました。

「大川小学校や高野会館、防災庁舎を実際に見て被害の大きさを実感した。私が現地の人の立場だったらあの建物をなくしたい、早く壊してしまいと思う。あれを見たらすぐに思い出すという状況が精神的に苦しくなると思った」

「実際に行ってみると、破壊された柱やねじ曲がったスロープなどがあり、改めて津波というものの恐ろしさを知ることができた。またこのような体験は実物を見ないとできないと思うので、遺構は残していくべきとも感じた」

「コンクリートの壁などが壊れるのはよく見るけど、細かいところに注目して見るとスピーカーが変形してへこんでいたりして、津波の影響を知ることができた。遺構を残す配慮していることも見ることができた」

「災害から10年以上たった今では遺構を取り巻く環境が変化していて、改めて震災遺構は映像とはまた違った色褪せない記録の一つなんだな、と感じた」

「全体を通して感じたのは今の世にあった新しい震災の伝え方だ。江戸時代の地震は石碑などに刻まれた文字からしかわからない。でも今なら映像や遺構という形で残されていてわかりやすい形でみることができる。今の世にしかできない方法でより震災を知らない世代に教訓を伝えることができると思う。小泉小学校の石碑にあったQRコードもその一つだと思う」

震災の傷跡が大きいゆえに、生きるために不幸を忘れたいという気持ちはあるでしょうし、時間が経過して世代が代わっていくと忘れられていく、というのも人間の自然な感情の一つです。しかし、地震国・日本で「大震災は70年を経過せざれば再び襲来せざるもの」と考えた時、次の世代のためにも起きたことを記録、記憶して残すことは必要です。広島や長崎の原爆遺構の保存も議論され、長崎の浦上天主堂は一転して壊されました。そこから考えると、遺構を撤去することは何かを「隠す」ことにもつながると考えられます。痕跡を隠し、経済性を優先したい、という考えもあるでしょう。しかし、なぜこれだけの被害があった関東大震災の記録展示がその後残されなかったのかを考えることも、将来の地震被害を小さくするためにも必要ではないでしょうか。そして歴史の記録・記憶は、経済と生命のバランスであってはならないでしょう。

これからみなさんの心の中にも、関東大震災や災害を含む記念館をつくり、過去の教訓を生かした現在の防災、そして安全の確保をしていく試みをしてはどうでしょう。

【参考文献】

横浜郷土研究会『横浜に震災記念館があった』よこれき双書第14巻（1995）

田所祐史「公民館前史としての戦前の「災害記念」施設」『日本公民館学会年報第15号』（2018）

《コラム》

外所（とんどころ）大地震追悼供養碑
——未来に伝える地域住民の強い想い

松井真之介

1923 年の関東大震災からさかのぼることおよそ 260 年、1662 年 10 月 31 日（寛文 2 年 9 月 20 日）に日向灘（宮崎県）沖で外所地震が起きました。この地震で現在の宮崎市木花地区あたりでは 4 メートル以上の大きな津波が発生し、死者約 200 人、約 3800 世帯が倒壊し、7 つの村が水没したとされます。海岸線や川の流れなど、この地区の地形が大きく変わるほどの大津波だったそうです。これらの供養碑はその犠牲者を祈念して建てられたものですが、特筆すべきは、現在は 50 年おきに供養祭が行われており、その度に新しい供養碑を新築していること。全部で 7 基あり、最新の碑は 2007 年に建てられたものです。過去の天災を「昔の歴史」として偲ぶだけではなく、「今の歴史、未来の歴史」としてこれからもずっと語り継いでいかねば、という地域住民の方々の強い想いを新しい供養碑という形で示しているのです。

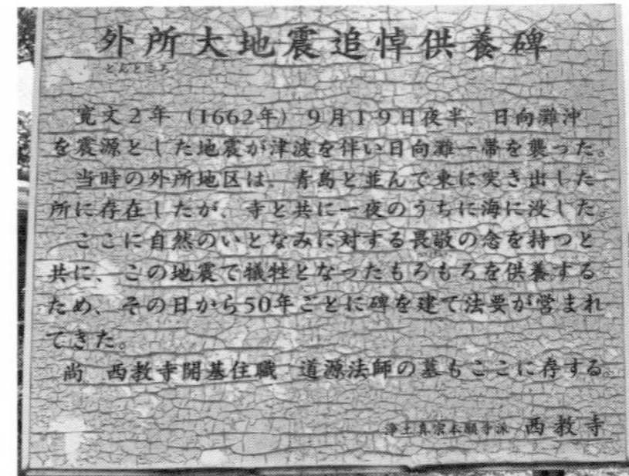

供養碑説明板（発生日は旧暦による）

右から 1 基目と 2 基目は壊れている。

現在は 50 年に 1 基供養塔を建立して災害の記憶を伝承している。

（写真はすべて筆者撮影）

災害の記憶伝承の取組（写真内の年号は、宮崎県ウェブサイト https://www.pref.miyazaki.lg.jp/documents/29670/29670_20170414171943-1.pdf より）

第４章　横浜にあらわれたバラック「関西村」

鈴木 晶

1.　各地からの救援

私が初めて「ボランティア」とされる活動に参加したのは阪神・淡路大震災の時でした。その後、東日本大震災でのお手伝いで多くの仮設住宅を見て、様々な救援の形に関心を持ちました。

関東大震災を調べるうちに、バラックの「関西村」を知りました。いまの南区中村町に、大阪府を中心とした２府６県による関西府県連合が、バラック村や仮病院を建設したのです。100 年前でもそうした遠隔地から援助があり、また施設の規模、援助のために来た人数やその取り組みの速さには驚かされました。この時代になぜ、これだけのことができたのかを紹介することで、当時の社会、人々の災害や援助に関する考え方を知り、それが現代に活かせるのかを考察してみます。

関東大震災で東京とともに多くの犠牲者が出た横浜では、どのような救援活動が行われたのでしょうか。横浜の特徴としては、港内に停泊していた船舶から給水が行われて、飲料水を得ることができた人たちがいました。他の船舶も惨状を打電したり、被災者を乗せて生命を救った客船もありました。救援船から夜間に沖合からサーチライトが照射されたり、いくつかの船舶には国や県の仮事務所が置かれたりしました。新山下の海岸では艀（はしけ）で被災者を軍艦に乗せて避難させたこともあり、大型港湾・横浜の特徴といえるでしょう。

こうして困難を極めながら各地からすばやく救援の動きが始まりました。近隣自治体をはじめ日本赤十字社、官庁、医師会や南満州鉄道、倉敷紡績からも救護班が派遣されました。外国からの援助も始まりました。

2.「関西村」の出現

横浜の中心部、本町で被災した神奈川県警察部長・森岡次郎は、海へ飛び込み漂流したのち救助活動に回り、コレア丸から潮岬通信所へ被災状況を打電しました。続いて大阪府、兵庫県、また大阪の新聞社へ打電しました。ここではまず、それを受電した大阪府、大阪市両方の動向を見てみます。

大阪府の記録では、９月１日 23 時 30 分に地震の情報が入電したことから、知事以下各部課長に連絡が回って臨時参事会が開かれ、２日午前２時には大阪府知事名で返電がされました。また警察部長などが召集され、すぐ東京へ出船できる船舶の情報収集に努めました。午前６時には知事以下、府幹部が集まり救援方法を話し合い、臨時震災救援機関が設置されました。大阪市にも午前１時に電信が届き、参事会が召集されて 13 時 45 分から市議会が開かれました。

2日の正午、山本権兵衛内閣が発足しました。戒厳令も発出されました。そのもとで大阪府・大阪市は積極的に事業を進めていきました。

2日15時には大阪から2隻（扇海丸、シカゴ丸）、神戸から1隻の救援船が出航、3日夜には横浜に到着しました。シカゴ丸には大阪市の有田邦敬助役以下、吏員10人が乗船しました。ただ、3日はまだ横浜市内が混乱していたため一度東京へ寄港し、横浜での救援物資の陸揚げは5日までできませんでした。有田の救護日誌（大阪歴史博物館蔵）には「不逞鮮人ノ跋扈」という記述もみられます。救護班は、ぱりい丸船内、その後5日から16日まで神奈川高等女学校で活動しました。4日には大阪市も臨時救援部を設置しました。鉄道が寸断されていたため、この後も次々と救援船に大阪府・市のメンバーが乗り込んでいきます。

9月5日には大阪府が主導して府庁内に関西府県連合が結成されました（大阪府、京都府、兵庫県、和歌山県、奈良県、滋賀県、愛媛県、石川県）。7日には東京の芝浦と横浜に救護部出張所を開設、8日には国の臨時震災救護事務所局収容部より組み立てバラックを多数との要望があったことから、府県連合の知事が相談して、500棟（東京300、横浜200）を援助することになりました。

大阪府が刊行した『関東地方震災救援誌』には、「當府も亦空前の大規模を以て之が救援に當りし而已ならず。別に關西府縣に慫慂して、聯合救援機關を組織し、東京横濱両市に「バラック」を寄贈して罹災者の爲に住宅を供給し、横濱市に假病院を建設經營して、傷病者を救療せし等施設せし所頗る多きを以て、玆に此等の状況を叙述し、他日の參考に資せむが爲め、本誌を編纂するに至れり」とあります。

このように横浜にはバラックと仮病院を造ることにしました。場所は現在の南区中村町で、この場所には1879年に揮発物貯蔵庫（4859坪／約16000㎡）がありましたが、地震により大音響とともに爆発し、周辺の家屋450戸も焼失しました〔『横浜震災誌資料』〕。

大阪では、さっそくバラック建設のために建設資材を急ぎ調達・加工し、輸送が行われました。なぜこのようにシステマチックな準備ができたのでしょうか。理由の一つは建設会社・大林組にありました。すでに2日に出航した大阪からの救援第一船（シカゴ丸）には、大林組本店から2人の社員が乗船していました。3日、神戸発の鈴木商店・第二米丸にも大林組の社員が乗り込みました。6日には玄海丸をチャーターします。府県連合と大林組の契約は11日のことで、その行動の速さには驚かされます〔『大林組80年史』〕。

工事を受注した大林組は、被災地で最初からバラックを建てることは困難だと考え、大阪で大工たちによって可能な限り木材を加工し、輸送しやすい形で現地へ運ぶ組み立て式としました。大正区鶴町には2千人以上の職工が集められ、屋台が出るほどでした。13日18時にはアルタイ丸に職工300人以上が乗り込み、建築資材や工具も積み込まれました。アルタイ丸は途中、暴風雨で足止めされながら17日、横浜に到着しました。『関東地方震災救援誌』によれば、大林組は延べ人数で職工5070人、工夫5007人、荷馬車2572台、貨物自動車56台半、艀船113隻を投入しました。「あとからあとから汽船をチャーターする、また買い入れるというわけで、輸送業務がたいへんでした」（白杉嘉明三常務）。

関西府県連合からの200棟のバラックのうち、150棟は神奈川県、50棟は横浜市取扱分となり、関西村には神奈川県取扱分があてられました。その他の場所で10棟以上まとめて建設された場所のは中区北方方面の20棟、吉岡町（現在の中区曙町）及び駿河町1丁目（現在の中区弥生町）10棟で、あとは各場所4棟以下で、各地に分散して作られたのがわかります。

横浜市は、震災で地元3紙が新聞を発行できなくなったため、9月11日から諸情報を発信する『横濱市日報』を発行しました。そこでは9月15日付で臨時バラックの建設予定が報じられています（単位：坪）。

横浜公園240、浦島小学付近700、池の坂300、根岸競馬場500、根岸掘割300、中村町300、翁町2・3丁目150、長者町9丁目800、日の出町1・2丁目400、子安町300

また翌16日付で「各小学校で避難民収容」と、3020人分の予定を報じています（単位：人数）。

神奈川お台場ホーム370、二谷小600、工業学校600、青木小100、神奈川女学校50、稲荷台小300、一本松小750、横浜商業高校50、寿小200

いまのマリンタワーのあたりに陸揚げされた大阪からの建設資材は中村町に運ばれ、突貫工事によって27日に、まず住居用のバラック54棟が完成しました。住居用バラックの大きさは1棟60坪（約198㎡）で、「関西村」には区画ごとに「大阪通り」「京都通り」などと名前が付けられました。また村内には壽警察署、第2、第3南吉田尋常小学校、市場、食堂、公会堂など公共施設も建

「關西村全景 其貳」（横浜市南図書館所蔵）

「關西村全景 其壹」（横浜市南図書館所蔵）

かつて関西バラックがあった場所の今の様子

設されました。「関西村」は通称のようにも聞こえたので、正式な名称が気になりましたが、都市発展記念館・開港資料館による『関東大震災と横浜』展（2013年）の図録を見ると、村役場には立派な木の看板に「関西村役場」と記されていました。非常時には役所的名称より、わかりやすさが重視されたのかもしれません。バラックは1924年5月に神奈川県・横浜市に寄贈されてここでの救援事業は終了します。

一方、仮病院用バラック13棟（1棟80坪／約265㎡）は26日に完成し、10月1日から開院するという素早さでした。開院式は10日になって、後から実施したほどです。ここには内科、外科、眼科、小児科、産婦人科、耳鼻科、皮膚科、X光線科が置かれました。仮病院は外来患者延べ3万892人、入院患者延べ2万6323人が利用し、12月20日には神奈川県に引き継がれて、神奈川県臨時病院となりました、11月5日には大正皇后の来訪もありました。『関東地方震災救護誌』で仮病院とバラックは、742ページ中97ページにわたって記述されています。

「関西村京都通り」（左手前は村役場の看板）

「関西村市場」（看板は公設市場）

「村内関西病院」（看板は神奈川縣臨時病院）

（いずれも横浜市南図書館所蔵）

横浜市『震災救護施設概況』1924年2月28日現在

	棟数	面積（坪）	世帯数	人数
国費支援（市取扱分）	97	6002.7	2338	8680
同（県取扱分）	129	8980.5	1781	7672
関西各府県連合寄贈（市取扱分）	48	2880.0	856	2972
同（県取扱分）	148	8880.0	3190	12157
兵庫県及神戸市寄贈（市取扱分）	31	1848.0	640	2480
同（県取扱分）	16	950.5	248	1017
三井家寄贈	33	1023.0	165	589
合計	502	30564.5	9254	35567

東京でのバラックは10月10日調査で国費支援が75.7%、公共団体が18.7%（臨時震災救護事務局）なのに対して、上の表から横浜では国費支援が45%、関西府県連合と兵庫県・神戸市寄贈が34.2%となっており、関西からの援助の割合が多いことがわかります。

東京のバラックには商店や自治的組織がありました。明治外苑バラックは庶務課、事業部などがあり、販売係は絵葉書、菓子、煙草、草履などを販売し、1日平均100人の行商を市中に派遣して生活資金を自ら得るといった取り組みもありました〔北原糸子〕。また、芸術家の中にはその後、バラックを装飾することにより、破壊から復興への「社会変革のシンボル」と考え、震災が「社会と文化の根本的再編成をもたらしうる変化の機会」で「変化の可能性に富む瞬間の象徴」となったとも指摘されています（J. ワイゼンフェルド）。

3.　救援活動の背景を考える

近代の日本社会において救援活動はどのようにされてきたのでしょうか。天災が多いことから救援への取り組みは行われてきました。江戸や大阪では、洪水後の復旧を考えて建材が準備されていました。この時代は政策としての援助中心で、米を送ったり、税の減免などが行われてきました。

幕末から明治期には大きな天災が続きました。1854 年 11 月 5 日に遠州灘を震源とする安政東海大地震、32 時間後には紀伊半島沖を震源とする安政南海大地震、さらに翌年 10 月には安政江戸地震も起きるなど、大きな地震が続きました（このほか伊賀上野、豊予海峡、飛騨、陸前、八戸など）。明治期になり 1888 年には磐梯山噴火が起きました。この噴火は、国際赤十字委員会が初めて戦争以外で活動を行う契機となりました。これを推進したのは西南戦争時に博愛社を設立し、のちに日本赤十字社を設立した佐野常民でした。以降、1891 年濃尾地震、1896 年明治三陸地震でも赤十字社の救援活動が行われました。

こうした近代日本の援助の取り組みを通して、関西村建設の背景を見てみます。災害救助を支えたのは、まず行政の救援金や義捐金でした。1885 年の大阪淀川洪水では、大阪朝日新聞が義援金を集めました。濃尾地震においては、「新聞社募集の災害義捐金では、互いに顔も知らない者同士が志を同じくする読者として新聞紙面に名を連ねることで新しい社会的連帯の気分」（北原）も現れました。関東大震災では、第一次世界大戦で成長した財閥からの義捐金が、大阪では極めて多いのが特徴でした。

また、1883 年～ 1910 年に関西府県連合共進会という組織がありました。大阪府が主催で 3 ～ 5 年おきに農工業産品を持ち回りで展示する博覧会を行っていました。関西府県という名称ながら、石川、富山、三重、愛媛、香川、高知県も加わっていました。震災時の初動が速かったことや、この時の関西府県連合に石川県や愛媛県が加わっていたのは、そうした取り組みがスキームの基礎にあったといえそうです（震災後の府県連合援助金の一部には他県も加わっている）。また、大規模な援助が可能だったのは、産業の発達による船舶の大型化と、鉄道網の拡大とその輸送力の強化が大きいといえます。現代でも災害時に鉄道の迂回ルートによる貨物輸送が有効だったことがありました。そう考えると昨今の鉄道廃止問題は災害救援の角度からも検討される必要があります（最近では北海道の函館本線の山間部の廃線問題など）。

前述の安政東海・南海地震は、いずれも大阪に建物倒壊や津波で大きな被害を及ぼしていました。そこから約 70 年、濃尾地震から約 30 年という経験も初動の速さにつながったと考えられます。大阪では安政南海大震災時に起きた津波被害の石碑がいまも 2 か所あります。また、9 月 2 日に緊急に開かれた大阪市会では東京、横浜への救援費用を可決した後、議員から「濃尾震災地に置ける体験より敢て一言」と、混乱に乗じて物価をつり上げる者への取り締り強化を求める声があがりました〔『大阪市会史第 18 巻』〕。

安政江戸地震碑（墨田区両国回向院）

安政南海大震災津波碑（大阪市浪速区）

佐野常民と三重津海軍所跡の歴史館（佐賀市）

濃尾大地震横死者供養塔（名古屋市千種区日泰寺）

『関東地方震災救援誌』には、

> 「我國未曾有の大惨禍にして、之が救援と、復興とは、我國民共同の責任として、官民上下を問わず、擧つて全力を傾注すべきは、言うを俟たざる所、殊に吾が大阪の如き、偉大なる財力と、豊富なる物資の供給力とを有する地に在りては、其の使命も一層重且つ大なるものなくんばあらず」

とあります。こうした大阪府、大阪市の「日本第二の都市」としての自覚、役割意識、さらには東京に代わる役割を担おうとする気風もあったようです。大阪府は援助の意思のある府県間での費用分担案を作りましたが、「若し割当負債額を承認せざる府県ありたる場合に於ては、総て大阪府の負担とする方針」で進めました。実際バラックについて、加わらなかった県の援助分は大阪府が引き受けました。大阪市の人口は、1925 年に第 2 次市域拡張や、関東大震災での流入人口を加えて日本一となっています（世界第 6 位）。いわゆる「東洋のマンチェスター」、「大大阪」の時代です。こうした大阪の取り組みが、首都・東京に向きがちだった救援を横浜にも注ぎ、復興の大きな足がかりになりました。

1892 年に大阪で創業した大林組が府県連合からバラックと仮病院の仕事を受注したのは、本社が大阪であること、東京中央停車場工事で本格的に東京進出しており、震災でも施工した建造物の破損がなかったことが要因とされます。初代社長・大林芳五郎は「部外から志を立てて業界に入り」「社会に対する使命感が強かった」と社史にあります。結果的に東京でのビジネスを拡げる機会になりましたが、初動の速さは特筆すべきでしょう。

関東大震災直後に建てられたバラックについて、ここでは関西村に絞って紹介しましたが、この

大林組は手掛けた中央停車場（東京駅）などの工事が信用を得て、関西村を含めた復興工事を受注した

バラック居住者有志による「大震火災記念石」（小石川植物園）

関西村バラックのトラスを転用したとされる稲荷山下住宅（横浜市南区）（2006年取り壊し）

ほか、多くの公設、私設のバラックが建てられ、そのありかたもさまざまでした。前述のように東京で建てられたバラックにはさらに多くの研究があり、参考にしていただければと思います。

4.　現代の教訓

1923年10月26日、20日から開会されていた臨時大阪府会最終日に、閉会式で中川望知事が式辞を読み上げたのに対して、杉本又三郎府会議長が答辞を述べました。

「……府内全部の諸君が終日終夜寝食を忘れて奔走せられた結果でありまして、斯くして大震災に際し、未だ曾て有らざる大輸送を完全に終了されたと云うことは、是れは非常なる事でございまして、将来の記録に特筆大書すべきものであると私は信じて居るのでございます」

大阪府が、震災発生日の23時30分に連絡を受けすぐさま救援船舶を探し、2日早朝に会合を開き動けたのは、当時の大阪の社会・経済状況という気風と、災害から受けた教訓、そしてなにより人道上の理由が大きいといえます。関西村での写真の子どもたちの眼を見ると、大きな悲しみを持ちながら救援による安らぎと希望が見える気がします。いま、多くの場所で災害対策は進んでいますが、まだやるべきことが多いと考えます。天災は防げないですが、事前に多くの想定に基づいて何を備え、何に取り組めるか、それは現代の支援のあり方やボランティア活動の教訓になり得るでしょう。

【参考文献】

遠藤至道『補天石』水月道場（1924）
大阪市『新修大阪市史　史料編第 15 巻近代Ⅱ行政 2』（2013）
大阪市役所編纂『大阪市会史第 18 巻』（1925）
大阪府『関東地方震災救援誌』（1924）
大林組『大林組 80 年史』（1972）
北原糸子『関東大震災の社会史』朝日新聞出版（2011）
ジェニファー・ワイゼンフェルド、篠儀直子訳『関東大震災の想像力』青土社（2014）
鈴木智香子ほか「横浜市における関東大震災仮設住宅・稲荷山下住宅の住環境の変容に関する考察（住宅地の変容，建築計画Ⅱ」『学術講演梗概集 E-2』日本建築学会（2006）
横浜市『震災救護施設概況』（1924）
横浜市『横濱関西村記念写真帖』（1924）
横浜市『横浜震災誌　第四冊』（1927）
都市発展記念館・横浜開港資料館『関東大震災と横浜』（2013）
横浜市企画局政策部調査課『調査季報 123』（1995）

《**コラム**》

思考実験「もしも地震がなかったら」

市川賢司

「地震なんか無くなってしまえばいいのに！」って考えたことはありますか？　現在ある知識を総動員して「もしも～たら」と考えることを「思考実験」と呼びます。決して単なる遊びではなく、そう考えることによって通常の学習よりもさらに物事･出来事の核心に迫ることができます。それでは始めましょう！

最初は地震が起きる実在する地球の歴史です。

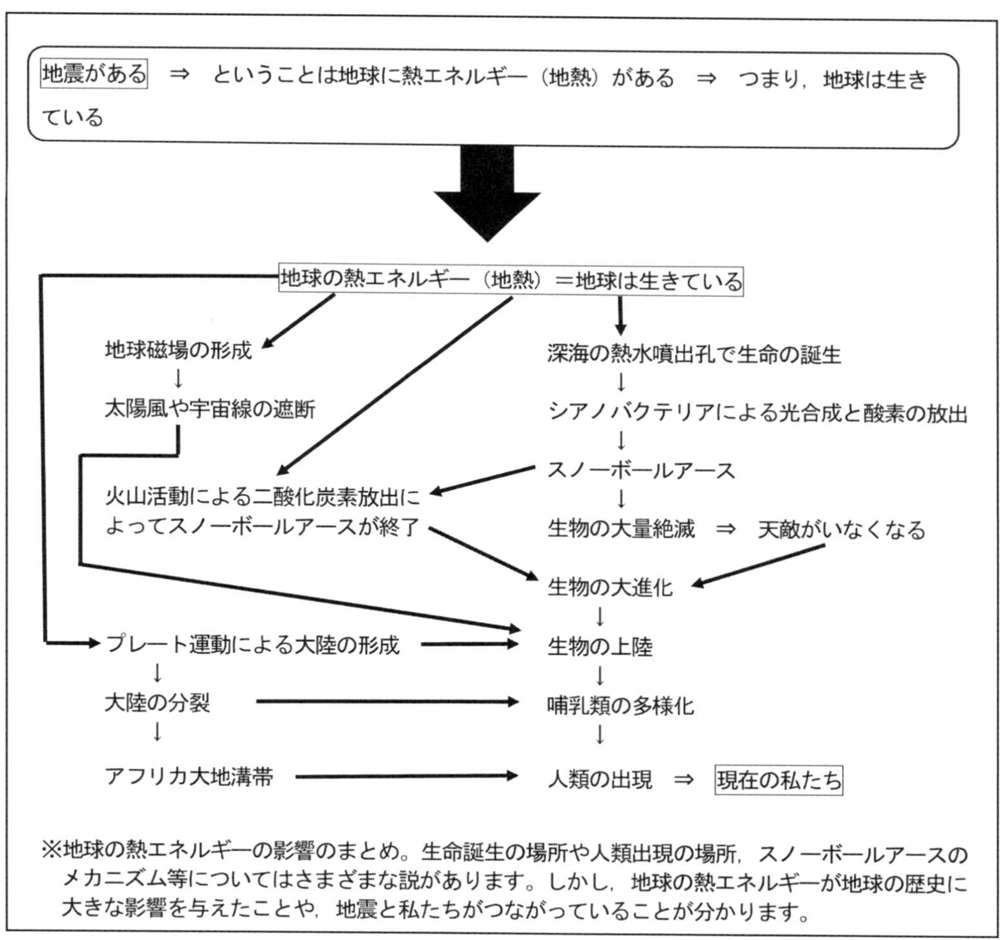

地震が発生するということは地球に熱エネルギー（地熱）があるということ、つまり地球が生きている証拠になります。この地球の熱エネルギーによってその後の地球史において起きた重大事件としては地球磁場の形成、大陸（陸地）の出現、生命の誕生と生物の進化などがあります。そしてこれらの出来事の積み重ねの先端に私たち人類がいるわけです。つまり地震と私たちはつながっているのです。地震は地球が生きていることの証拠であり、そして地球の熱エネルギーが地球史を展開させてきたと言えます。
続いて地震が起きない架空の地球の歴史です。

地震がない　⇒　ということは地球は死んでいる　⇒　ということは熱エネルギー（地熱）がない　⇒　イメージ：現在の火星みたいな星になっている

地球に熱エネルギー（地熱）が無いと　⇒　大陸（陸地）の形成や生命の誕生などが起きない

地震が起きないということは地球に熱エネルギー（地熱）がなく、地球は死んでいることを意味します。地球は変化の起きない静かな惑星となり、地球の歴史で大きな出来事は何も起きなかったでしょう。たとえば大陸（陸地）の形成や生命の誕生は起きなかったと考えられます。つまり「もしも地震がなかったら」、「私たちは存在しなかった」ことになるわけです。恐ろしいことですね！

大地震に遭わない方がいいに決まっています。今では使われなくなりましたが「地震、雷、火事、親父」といえば、この世の「恐ろしいもの」を挙げた言葉です。その最初に登場する地震について今まで私たちは「出会いたくないもの」ととらえて地震を避けてきたのではないでしょうか。

けれども視点を変えて、地震が起きることは地球が生きている証拠であり、地震と私たちはつながっているととらえることで、私たちから積極的に地震の本質に迫ることも大切なことだと思います。地震の存在も、私たちが存在することも地球が生きている証拠である以上、地震がとても多い日本に住む私たち日本人は地震と共に生きていく運命にあると言えるのです。仲良くはできませんが。

【参考文献】
ニール・F・カミンズ著、竹内均監修、増田まもる訳『もしも月がなかったら』東京書籍（1999）
藤岡換太郎『天変地異の地球学』ブルーバックス（2022）
谷合稔『地球・生命―138 億年の進化』サイエンス・アイ新書（2014）
鎌田浩毅『地球の歴史上・中・下』中公新書（2016）
更科功『宇宙からいかにヒトは生まれたか』新潮選書（2016）

第５章　相模トラフ
——「大正関東地震」が起きた場所

市川賢司

1.　なぜ地震が多いのか？　プレートが集中する日本

本稿では 1923 年に発生した大正関東地震[註1]が起きた場所[註2]である相模トラフについて取り上げます。はじめに相模トラフも含まれる日本のプレート及び海溝について説明することで、なぜ日本は地震が多いのかを明らかにします。

日本の国土は、全世界の陸地のわずか約 0.3% しかありませんが、世界で起きるマグニチュード[註3]６以上の大きな地震の約 20% は日本周辺に集中しています。2011 年～ 2020 年に世界で発生したマグニチュード６以上の地震の分布図（図１）を見ると太平洋の周囲とヒマラヤ山脈から地中海にかけての地域に集中していることが分かります。この図から、私たちは２つのことを学ぶ必要があります。１つ目は、地球上で地震が発生する場所は特定の場所に限られるということです。日本では地震は当たり前の自然現象ですが、世界的に見れば珍しい自然現象であることを日本に住む私たちは自覚すべきです。２つ目は、日本は地震の多発地帯であるのと同時に、日本には地震が発生しない安全な場所はないということです。

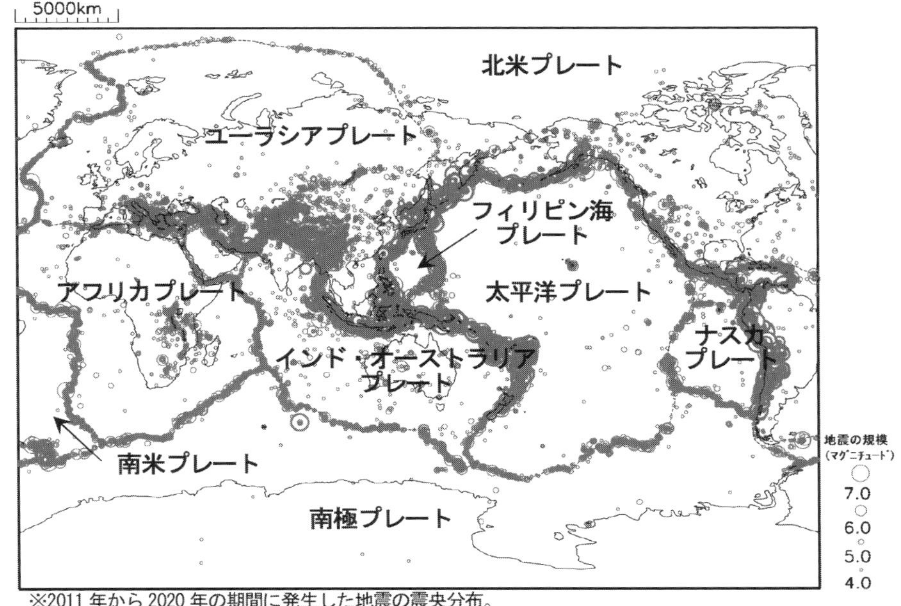

図１　世界で発生したマグニチュード６以上の地震の分布図（気象庁ホームページより）

大きな地震はプレートの境界で発生します。陸も海も含めて、地球の表面は10数枚のプレートと呼ばれる、厚さ100㎞ほどの硬い岩板で覆われています。日本列島には4枚のプレート、つまり地球のプレートの3分の1が集中しています（図2)。北アメリカプレート、ユーラシアプレート、フィリピン海プレート、太平洋プレートです。太平洋プレートは日本列島に向かって1年間に10㎝の速度で移動し、北アメリカプレートとフィリピン海プレートの下に沈み込んでいます。その結果、沈み込んだ部分が日本海溝、伊豆・小笠原海溝という水深6000メートル以上の細長い、溝状の地形を形成します。同様にフィリピン海プレートも年間3～5㎝の速度で北上しています。そして、北アメリカプレートの下に沈み込んだ部分が、今回取り上げる相模トラフ[註4]、ユーラシアプレートの下に沈み込んだ部分が南海トラフと琉球海溝になります。地震は、このようなプレートが沈み込む海溝・トラフで発生します。プレートの境界が固着しているために、沈み込みに伴って、両プレート間にはひずみが蓄積されていきます。このひずみを解放するために大地震が発生します。相模トラフ沿いで発生した直近の大地震が1923年の大正関東地震になったわけです。日本に地震が多いのは、プレートが集中し、海溝・トラフが多いからです。

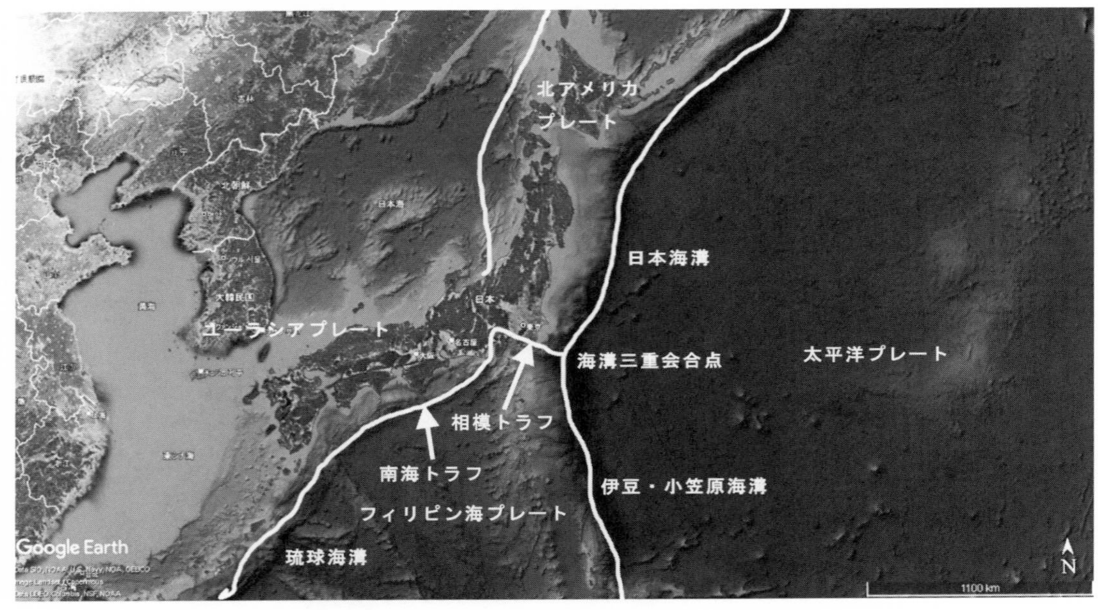

図2　日本列島周辺に集中する4枚のプレートと海溝・トラフ（Google Earth に追記）

2. 現場を見る……相模湾と相模トラフ

相模湾は神奈川県の南、伊豆半島と湘南海岸、三浦半島、房総半島南部、伊豆大島に囲まれたほぼ円形をした直径約70㎞の湾です[註5]（図3)。相模湾の特徴として水深が1000メートル以上もある深い湾ということがあげられ[註6]、日本では他には駿河湾、富山湾の合計3つしかありません。なぜ、水深が深いのでしょうか。それは、相模湾、駿河湾の場合はそれぞれ湾の中に沈み込むプレート境界である相模トラフ、駿河トラフがあるからです[註7]。

相模トラフの東側は沖ノ山堆列と呼ばれる浅瀬になっていて、これは付加体と呼ばれる相模トラフの底にたまったものがプレートによって押されて本州側に付け加わってできたものです。相模ト

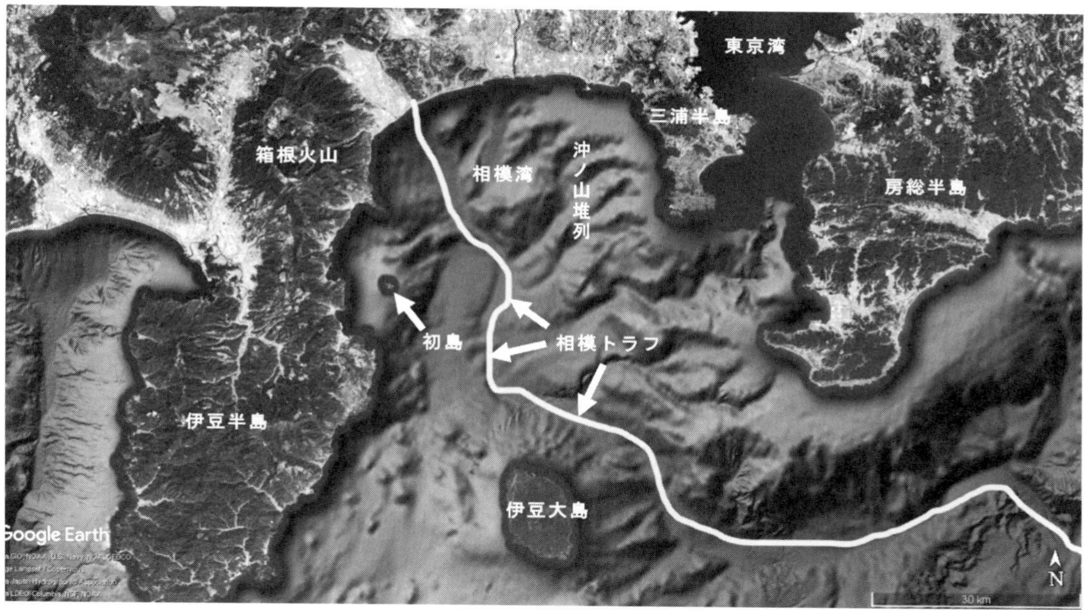

図３　相模湾（Google Earth に追記）

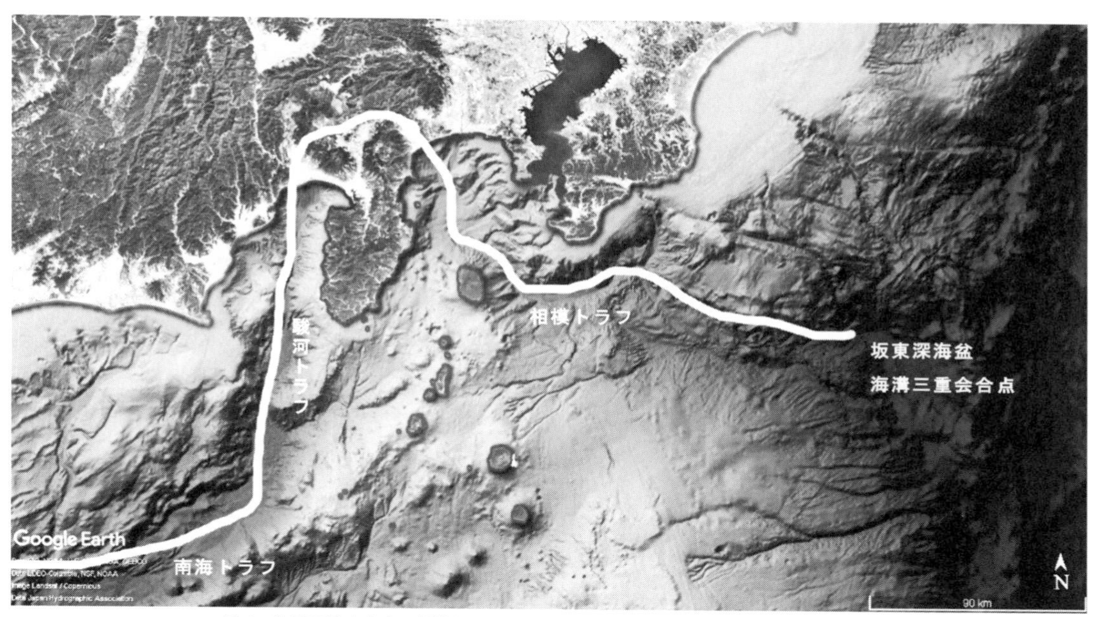

図４　海溝三重会合点・相模トラフ・駿河トラフ・南海トラフ（Google Earth に追記）

ラフの西側にはそういう地形はなく、海底火山の小さな山が並んでいます。初島は、現在は活動していない小さな火山島です。

相模トラフを沖に進んでいくと、房総半島南東沖で、相模トラフ、日本海溝、伊豆・小笠原海溝の３つが出会う「海溝三重会合点」に達します。海溝三重会合点は、世界でここしか確認されていません。深さは 9200 メートルあり、海底は坂東深海盆と呼ばれる広大な海盆を形成しています。

相模トラフを陸側に進んでいくと、プレートの境界は、ほぼ JR 御殿場線に沿って箱根火山を半周し駿河湾に入って駿河トラフに続き、その先は南海トラフとなります（図４）。ここに相模湾誕生のドラマがあります。かつては、南海トラフがそのまま延長されて一本の海溝になっていました。そこへ伊豆弧の最北端部にあった伊豆地塊が北上して本州に衝突し、やがて隆起して「伊豆半島」になり、海溝と湾は、その結果2つに分かれて相模トラフと相模湾、駿河トラフと駿河湾ができたのです。この「事件」はおよそ100万〜60万年前のことであると考えられています[註8]。大正関東地震が起きた現場、相模湾と相模トラフは以上のようにダイナミックな地殻変動の中心地であったこと、そしてこの大変動は現在でも進行中であることがわかります。

3. 歴史をさぐる……相模トラフ沿いで起きたと考えられる巨大地震の歴史

プレートの境界である相模トラフ沿いで発生した大地震は、その発生メカニズムから考えて、過去に大正関東地震1回だけではなかったはずであり、それ以前にも大地震があったことは容易に想像できます。そこで2014（平成26）年の地震調査委員会の報告書[註9]を参考に相模トラフ沿いの巨大地震の歴史について振り返ります。報告書によると、1703年に発生した元禄関東地震と1923年に発生した大正関東地震の2つの地震が相模トラフ沿いで発生したことが明らかであるとしています。また1293年に発生した永仁関東地震も歴史的な記録から相模トラフ沿いの地震として確認できるとしています。これら3つの大地震についてそれぞれ見ていきましょう。

永仁関東地震（1293年5月27日発生）

マグニチュードは7程度と想定され、鎌倉の建長寺をはじめとして多数の神社・仏閣が倒壊・炎上し、犠牲者は数千人から2万人超とされています。横浜市金沢区金沢文庫遺跡で、火災を受けていない大量の瓦群が一括廃棄されたことが分かっています。瓦の年代は13世紀末〜15世紀初頭であったので、この地震によって寺院が崩壊したか、瓦が大量に落下したと考えられます。三浦半島の小網代湾では、この時期に対比される可能性のある津波堆積物が発見されていて、この地震によって、津波が発生した可能性が指摘されています。また、房総半島の保田低地に分布する離水段丘地形にも、この地震に対比できるものがあることから、地殻変動も生じたと考えられています。

元禄関東地震（1703年12月31日午前2時頃発生）

マグニチュードは8.2と想定され、相模湾から房総半島の先端部、房総半島南東沖の相模トラフ沿いの地域を推定震源域とする大地震でした。被害状況から、関東地方の南部の広い範囲で震度6相当、相模湾沿岸地域や房総半島南端では震度7相当の揺れであったと推定されています。特に小田原での被害は大きく、城下は全壊、犠牲者は約2300人と言われています。小田原城の二の丸中堀ではこの地震で大規模地割れが発生し、堀底では地割れに沿って砂が噴出しました。また石垣も崩壊しました。津波については相模湾沿岸地域では鎌倉で8メートル、小田原で4メートル、熱海で5メートルでした。特に津波が高かったのが房総半島の太平洋側の外房地域で、最も信頼性の高い記録として、南房総市和田町の威徳院にある石碑から、10.9メートルと推定されています。九十九里浜でも5メートルの津波があったと想定されています。地殻変動としては房総半島の南端が6メートル以上隆起し、三浦半島南部で1.2メートル、江の島で1メートル未満の隆起が確認されています。

大正関東地震（1923年9月1日午前11時58分発生）

マグニチュードは7.9で、神奈川県全域、房総半島南部を含む相模トラフ沿いが震源域でした。この地震では、発生が昼食の時間と重なったことから、火災が被害を大きくし、死者、行方不明者合わせて約10万5千名にのぼりました。この地震により、埼玉県、千葉県、東京都、神奈川県、山梨県で震度6を観測したほか、北海道南から中国・四国地方にかけての広い範囲で震度5から震度1を観測しました。当時の震度階級は震度0から震度6までの7階級でしたので、最大深度は6と記録されました。しかし、家屋の倒壊状況などから相模湾沿岸地域や房総半島南端では、現在の震度階級で7相当の揺れであったと推定されています。津波については相模湾沿岸で特に大きく、津波の高さは熱海などで最大12メートルにまで達しました。房総半島南部でも、南端の相浜で9.3メートルと大きかったのですが、太平洋沿岸の外房では大きくはなりませんでした。地殻変動については、三浦半島から大磯地域にかけて1～2メートル隆起していて、元禄関東地震とほぼ変化はありません。大きな違いは房総半島の隆起の状況です。元禄関東地震では房総半島の南部のみ隆起しましたが、大正関東地震では房総半島全域が隆起しました。ただし、大正関東地震では房総半島南端の最大隆起は2メートルと元禄関東地震の約3分の1程度となっています。

元禄関東地震と大正関東地震との比較

両地震に共通することは被害の範囲、房総半島～三浦半島～相模湾沿岸にかけて津波が発生したこと、土地の隆起があったことです。これらのことから両地震が発生した場所は同じかごく近いと考えられています。一方で、マグニチュードから元禄関東地震の方が、大正関東地震よりも規模が大きかったことが分かります。特に房総半島において、元禄関東地震では、大正関東地震よりも地殻変動が大きく、津波も外房方面においても発生しています。このことから元禄関東地震の震源域は、大正関東地震のものよりも広く、大正関東地震の震源域を超えて房総半島南東沖の相模トラフ沿いにまで広がっていたと考えられています。

房総半島南部の海岸段丘

大地震で土地が隆起すると海岸線周辺では海岸段丘が形成されます。房総半島南部の海岸段丘はおおまかに4つの段丘面に区分され、それぞれ7200年前、5000年前、3000年前、1703年の元禄関東地震時にそれぞれ離水した段丘面が確認できます。その最下層の4段目から海面までの海食崖が1923年の大正関東地震で離水した斜面になります。房総半島南部の海岸段丘に元禄関東地震、大正関東地震も含めた過去数千年にわたる地震の記録が残されていることが分かります。[註10]

4.　相模トラフ付近に生きる化学合成生物群集

相模湾は水深1000メートル以上もある深い湾です。太陽光線は水深200メートルまでしか届かず、相模湾の深海底、相模トラフ付近は光のない世界であり、高圧、低温の世界です。海は10メートル潜るごとに水圧は1気圧高くなるので1000メートルの海底では100気圧、1㎠（指の爪くらいの広さ）あたり100kgの圧力がかかります。また海水中では深くなるほど温度が下がります。

海水面の温度が25℃でも、水深1000メートルでは冷蔵庫の中の温度である4℃くらいになります。このような過酷な環境の中で、生物はどうやって生きているのでしょうか。

相模湾の深海底には化学合成生物群集が生息しています。はじめ、1977年にガラパゴス沖や東太平洋海膨の熱水噴出孔[註11]でみつかったものですが、アメリカ西海岸のオレゴン沖で、海溝の冷水[註12]湧出帯で生息する化学合成生物群集が発見され、1984年に発表されたばかりでした。同年6月5日、日本の海洋科学技術センター（現海洋研究開発機構：JAMSTEC）所有の有人潜水調査船「しんかい2000」による初島近辺の調査で水深1174メートルの海底でシロウリガイの群集とそれを捕食するエゾイバラガニが発見されました。

相模湾の海底では相模トラフの西側の初島沖と東側の沖ノ山堆に化学合成生物群集が生息しています。シロウリガイとチューブワーム（ハオリムシ）が代表です。断層に沿って地下から湧き出してくるメタンや硫化水素などの化学物質を、体内に共生させた化学合成細菌が有機物を作ることによって生きています。光合成ではなく化学合成で生きる生物の発見は、地球科学、生物化学の分野における20世紀最大の発見でした。

5. おわりに

大正関東地震が発生した現場である相模トラフ周辺を見てきました。大地震が頻繁に発生する場所である相模トラフは、地球規模の地殻変動が起きている場所の中心であることがわかりました。また、相模湾の深海には化学合成生物群集が生息していて生物学の分野から見ても貴重な場所であることもわかりました。相模トラフ沿いで発生した大地震としては、歴史記録の研究や考古学的調査も動員された結果、大正関東地震を加えて3つ発生したことも分かりました。しかし、科学的な研究がなされたのは大正関東地震しかありません。過去に発生した地震を研究することの難しさを痛感します。1923年の大正関東地震の次となる巨大地震は将来必ずやってきます。地震予知や防災・減災のためにも過去に発生した地震の研究が大切であることを改めて実感します。

最後になりますが、本稿の作成にあたり、神奈川県立生命の星・地球博物館館長の平田大二先生に原稿を読んでいただき、貴重なアドバイスをいただいて加筆、修正をしています。この場をお借りして感謝申し上げます。

【註】

1　地震そのものの名称は大正関東地震、その地震によって引き起こされた災害のことを関東大震災といいます。本稿では地震が発生した相模トラフについて取り上げているので地震の名称である大正関東地震を用います。

2　地震発生当時、東京帝国大学（現東京大学）地震学教室の大森房吉教授はオーストラリアに出張中で、大学にいたのは同教室の今村明恒助教授でした。今村助教授は初期微動継続時間と震源までの距離は比例するという「大森公式」から東京から震源地までの距離を算出し、地震のP波がやってきた方角から相模湾の地下に震源があると地震発生直後に推定しています。当時、気象台（現気象庁）は台湾、朝鮮を含む全国80か所に地震計を設置していました。ちなみに世界にあった地震観測所は170カ所です。当時の日本は地震観測大国だったのです。

3　地震は、地下の岩盤が壊れてずれ、その衝撃が地表まで伝わり地面がゆれる現象です。岩盤の崩壊とずれによって生じるエネルギーの大きさを「マグニチュード」といい、地面のゆれの大きさを「震度」で表します。マグニチュードが一つ大きくなると、エネルギーの大きさは約32倍になります。震度は体で感じるゆれの強さや被害状況から決めてきましたが、日本では1996年からは震度計に記録された加速器などから決定しています。

4　「トラフ」とは、水深6000メートルよりも浅い海底盆地のことで、日本語で「舟状海盆」といい、形が日本の木造船のように底が細長く伸びた形をしているところからその名がつきました。南海トラフ、駿河トラフ、相模トラフの３つが代表です。

5　本稿では相模湾を広義にとらえて使用しています。狭義の相模湾は真鶴岬から三浦半島の城ヶ島以北にかけての海域にあたり、その外側の伊豆半島の石廊崎、伊豆大島、三浦半島の剱崎に囲まれた海域のことを相模灘と呼びます。

6　ちなみに相模湾のすぐ隣の東京湾の水深は 100 メートルもなく、平均水深は 15 メートルしかありません。太陽光線が届くのは水深 200 メートルまでで、それより深くなると昼間でも真っ暗になります。光合成に必要な太陽光が届く深さが約 200 メートルまでであるので、それより深い海のことを深海と呼びます。相模湾の出口付近の水深は 2400 メートルにもなります。相模湾は「深い」のです。

7　富山湾の湾底では富山深海長谷（富山トラフ）が、富山湾を源流部として湾口から日本海盆に達しています。

8　フィリピン海プレートの動きに従って伊豆・小笠原諸島は北上を続け、本州に衝突を続けてきました。500 万年前にはその衝突によって丹沢山地が形成されました。この衝突によって神奈川の地形が決定されたと言っても言い過ぎではありません。将来的には相模湾の南にある伊豆大島は相模湾内に侵入し陸に衝突し、半島になると予想されます。１年間で５㎝移動したと考えると 100 万年で 50㎞の移動になります。年間５㎝の移動はカタツムリよりも遅いですが、そのスピードを軽んじてはいけません。

9「相模トラフ沿いの地震活動の長期評価（第二版）について」平成 26 年４月 25 日地震調査研究推進本部地震調査委員会。

10　宍倉正展、鎌滝孝信、藤原治「房総半島南部沿岸の海岸段丘と津波堆積物に記録された関東地震の履歴」『地質学雑誌 第 122 巻 第７号』PP.357-370.,2016 年７月。

11　深海底において地熱で熱せられた水が噴出する大地の亀裂のこと。1977 年と 1979 年に東太平洋海膨やガラパゴス海嶺で発見され、深海底から 360℃にも達する黒い煙を吐き出す煙突状の構造物（チムニー）が発見され、その周辺からシロウリガイやチューブワームなどが見つかりました。

12　冷水とは熱水噴出孔から噴き出す数百度にも達する熱水ほどではないという意味です。海面の海水の温度が 25℃でも水深 1000 メートルでは４℃ほどになります。この場合、４℃よりも高い水温であっても数百度に達していなければ冷水湧出帯になります。

【参考文献】

藤岡換太郎『相模湾　深海の八景』有隣新書（2016）
藤岡換太郎・平田大二編著『日本海の拡大と伊豆弧の衝突』有隣新書（2014）
山賀進『日本列島の地震・津波・噴火の歴史』ベレ出版（2016）
諏訪兼位『地球科学の開拓者たち』岩波書店（2015）
上本進二、上杉陽「相模湾周辺の遺跡から検出された地震跡」『第四紀研究　38（6）』PP.533-542.（1999 年 12 月）
宍倉正展、鎌滝孝信、藤原治「房総半島南部沿岸の海岸段丘と津波堆積物に記録された関東地震の履歴」『地質学雑誌　第 122 巻　第７号』PP.357-370.（2016 年７月）
行谷佑一、佐竹健治、宍倉正展「南関東沿岸の地殻上下変動から推定した 1703 年元禄関東地震と 1923 年大正関東地震の断層モデル」『活断層・古地震研究報告　NO.11』PP.107-120.（2011）
松田時彦、松浦律子、水本匡起、田力正好「神奈川県江の島の離水波食棚と 1703 年元禄関東地震時の隆起量」『地学雑誌　124（4）』PP.657-664.（2015）
地震調査研究推進本部　地震調査委員会「相模トラフ沿いの地震活動の長期評価（第二版）について」（平成 26）
神奈川県温泉地学研究所「地震を知ろう」（2007）

第６章　国際化・多文化化する横浜と関東大震災研究
──インタビュー　後藤周氏（元ヨコハマ・ハギハッキョ事務局長）

聞き手：鈴木晶・小川輝光（文責）

1990年代以降の横浜には、在日コリアンと日本の子どもたちとの交流を重ねる取り組みがいくつかありました。その一つが「ヨコハマハギハッキョ」です。「ハギハッキョ」とは韓国・朝鮮語で「夏の学校」という意味です。横浜市内の小中学校を中心に多くの子どもたちが参加し、ここから日本社会へ育っていきました。ハギハッキョの長年の取り組みの中で、関東大震災の歴史に向き合うことにもなりました。それはなぜでしょうか。グローバル化が急速に進み、在日コリアンのみならず多様なルーツをもつ子どもたちが増えていく、この社会の中で、その取り組みの理由を伺いました。

後藤 周（ごとう・あまね）氏プロフィール

1948年生まれ。横浜市立中学校教員の時期は、在日朝鮮人教育、人権教育に取り組む。在日外国人の人権問題に取り組み、「信愛塾」、「ヨコハマ・ハギハッキョ」の活動に創設期から参加した。現在は横浜の関東大震災の調査研究、また横浜市教委の「中学生用副読本」書き換え・回収問題に取り組んでいる。

──本日はよろしくお願いします。まず、後藤さんが教員になられたころのことを教えて下さい。

後藤　私は1972年に横浜市に来て、中学教員になりました。蒔田中学校に12年間いました。学区に宝生寺があり、住職の佐伯真光さんのお話を聞きました。蒔田中では、社会科の教員で関東大震災のことを書いた資料を生徒に配っていたのですが、その中心が宝生寺で、佐伯真光さんでした。ちょうど宝生寺に朝鮮人慰霊碑が出来た翌年で、李誠七（イ ソンチル）さんが作った位牌も見せていただけました。私は関西の出身だったので、大変驚きました。当時は、李誠七が大変な困難を乗り越えて宝生寺の法要をしたという話でした。調べていくと多くの日本人の支援があった事実もわかってきました。李誠七は、韓国教会の創設メンバーでしたので、韓国教会の金君植牧師とも縁が出来ました。金牧師は信愛塾を作った方です。振り返ると、ハギハッキョの前から、私は関東大震災とかかわりがあったと言えます。

宝生寺……横浜市南区にある真言宗寺院。社会事業団体である愛隣園を主宰していた李誠七が中心となって関東大震災の翌年に盛大な１周年忌の法要を行った。戦後住職となった佐伯真光（宗教学研究者でもある）による土地の提供もあり、1971 年に関東大震災韓国人慰霊碑が建立された。

韓国教会……正式名称は在日大韓基督教会横浜教会。1924 年に李誠七が愛隣園を設立。李は 26 年に神奈川内鮮協会の理事となる。28 年に創立礼拝が行われた。

――ハギハッキョをはじめられた経緯を教えて下さい。

後藤　1991 年、横浜市教育委員会が「在日外国人（主として韓国・朝鮮人）にかかわる教育の基本方針」（以下、「基本方針」）をまとめました。そのきっかけに在日韓国・朝鮮人の子どもたち苦悩がありました。とりわけ、本名を名乗る子どもたちと、その保護者の訴えが始まりです。1978 年に在日の子どもたちが集う信愛塾が出来ていて、私も仕事を終えたあとに、そこに通っていました。その信愛塾の保護者たちが市教委に訴えたわけです。小学校に上がった在日の子どもたちが、他の生徒にいじめられたり、先生との関係に苦しんだりすることが多かったです。市教委では、教員による部落差別問題や在日の子どもたちの問題もあり、1989 年に人権教育担当体制ができました。基本方針の在日の問題については、その苦難の歴史を学ぶ必要と、在日の文化について敬意をもつことの重要性が指摘されていました。

この基本方針を知った私たちは、在日や日本の子どもたちが、友達として過ごせるハギハッキョを立ち上げることを思い立ったのです。市教委の後援をもらい、市内のすべての小中学校に案内を出すことが出来ました。最初のころの取り組みは、あまり歴史に重点はなく、文化を体験することが中心でした。ただ、中区や鶴見区の小学校が会場校になった時には、希望者を募って宝生寺や東漸寺に行っていました。たまたま取り上げていたわけです。

「在日外国人（主として韓国・朝鮮人）にかかわる教育の基本方針」……横浜市教育委員会が 1991 年に示した方針。国際文化都市ヨコハマとして内なる国際化と民族共生を目指し、日本による朝鮮植民地支配の歴史を反省することが必要だとする。その歴史のなかに関東大震災の朝鮮人虐殺もあげられている。

信愛塾……1978 年に中華街で設立。子ども会の活動や、補習教室、韓国・朝鮮語の講座などを開く。2004 年からは NPO 法人在日外国人教育生活相談センターとして、多様な外国人支援活動を行っている。

ハギハッキョのひとこま

――ハギハッキョが関東大震災の歴史と関わることになったきっかけは何でしょうか。

後藤　2004 年の震災作文の発見がきっかけです。ハギハッキョを南吉田小学校で取り組む前に、校内で教員の研修会が開かれました。資料として寿小学校の児童作文を紹介しました。関東大震災の体験を書いた震災作文です。それを聞いた社会科の先生が「この学校にも同じようなものがある」といって、段ボールに入った９冊の児童作文を出してくれたのです。校長室にさらにもう１冊がありました。南吉田小学校の『震災記念綴方帖』の発見でした。関東大震災の３カ月後、合計 550 人を超える子どもたちの作文を、ハギハッキョのメンバーで読み進めました。これが、ハギハッキョが歴史に学ぶことになったはじまりです。

私たちは、作文の子どもたちの避難路をフィールドワークして、追体験することにしました。道は当時とほとんど変わっていません。平楽の丘を中心に横浜植木会社、遊行坂方面、中村小（旧石油倉＝県揮発物貯庫）、たぬき坂、唐沢公園のコースや中村橋から宝生寺（韓国人慰霊碑）のコースなどです。子どもたちの作文には、これらの場所の体験が書かれています。

もう一つは、ハギハッキョの全体会のなかで朗読劇に取り組みました。実行委員長の大沢朝美さんが中心となって台本を書き、実行委員と中高校生リーダーで事前学習をして臨みました。台本の中には、作文の一節を取り入れました。例えば、次のような一節です。

> ワーワーという叫び声。「朝鮮人だ」「鮮人がせめてきた」という声がとぎれとぎれに聞こえた。あまりの驚きにどうきは急に高くなった。きん骨たくましい男の方たちはそれぞれ竹を切って棒にしたり、鉢巻きをしたりと用意にいそがしくなった。（中略）昼間は夢のような恐ろしい地震にあい又火事にあい、九死に一生をえてこの山に逃げ出し、夜又この朝鮮人騒ぎ、どこまで私らは不運なのでしょう。
> 〔ハギハッキョ朗読劇『震災に学ぶ 2015』より抜粋〕

毎年の朗読劇で入れる作文は変わります。ハギハッキョの目的は、韓国・朝鮮の文化に親しもう、仲間の輪を広げようです。関東大震災の歴史の事実を知ったうえで、絶対「殺す・殺される」状況にならない関係を築きたいと思いました。このように、作文の発見や書き起こし、フィールドワーク、朗読劇とつながり、結果的には在日の歴史としては関東大震災のことが中心となったのです。

チャンゴ教室での練習

――ハギハッキョは今年３月でその活動を終えました。31年に及ぶ活動とはどのようなものだったのでしょうか。

後藤　ハギハッキョの活動は、韓国・朝鮮の文化と楽しく接することと、歴史に学ぶということまでしてきました。マイノリティの存在を知り、その意識をもつことが大事で、状況が変われば誰がマイノリティなのかは変わっていきます。つまり、具体的な歴史の事実から、普遍化することが教育のなかでは必要です。

ハギハッキョの申し込み用紙は、民族名を記入します。当日は名札を渡します。「本名で１日過ごしてみよう」と渡します。大沢朝美さんが、よく最初に参加したころの経験を語ってくれます。受付をしているとき、ある母親から「この子の民族名が正確な読み方なのかわかりません」と聞かれたそうです。母親は「これがあなたの民族名よ」と車の中で教えて来たとも言います。それが本当に正確な発音なのか不安になって聞いたのだと思います。その親子の姿、やり取りが思い浮かぶような気がします。

国籍、民族の多様化と名前自体の多様性が進んだ今とは少し違うかもしれませんが、民族名によって民族、国籍を明らかにすることは、少数者として生きることです。それは、無理解の中では、いつでも傷つくきっかけになります。本名をひらがなで書いても、先生たちの理解がなく、漢字の日本語読みを押し付けてしまうこともよくありました。韓国文化が日本でも流行って文化環境も大きく変わりました。それでも韓国人として日本の社会で生きることは大変なこともあります。民族や国籍が尊重され、友であることは素敵なことだと実感できる経験が大切です。

関東大震災の時にも、命を懸けて朝鮮人を守った人たちがいました。彼らは朝鮮人と何かの縁があった人たちです。自分の友たちを殺すわけにはいかないと思ったのでしょう。

ハギハッキョの活動の中で、参加者が次第に増えて300人を超えたことがありました。これではいけないと思い、南区と鶴見区の二会場で開催するようにしました。在日が散在している南会場では「友達の輪を広げよう」というスローガンを生かし、中高生がリーダーとなるグループをつくりました。午前中は文化コーナーを体験し、午後はグループ活動とするようにしました。すると小学生は、中高生リーダーにあこがれ、リーダーたちは責任を持って活動することで自信を持っていきます。

事前のリーダー会の活動も、実行委員、中高校生の関係を深める場となり、ハギハッキョを推進するものとなりました。さまざまな困難や課題を抱えてもいる子どもたちが、ハギハッキョの一日の充実に素晴らしい姿を見せ、私は幾度も感動し、教えられもしました。

2016年で大きいハギハッキョは終わりました。このころ子どもは200人、300人と集まってきていたのですが、若い教師の参加が広がらない状況がありました。1991年の基本方針が出来て、その勢いがあって取り組んできた活動でしたが、その後にヘイトスピーチが起こったり、社会全体の雰囲気も変りました。安全に運営することがむずかしいと判断してやめることにしました。しかし、その代わりに月1回のチャンゴ教室をはじめ、文化の集いを開催してきましたが、それも今年で終わらせることにしました。

――後藤さんがライフワークとされている横浜の関東大震災研究で分かってきたことを、さらに教えて下さい。

後藤　横浜の関東大震災と朝鮮人虐殺の問題は、分からないことがあまりにも多いです。紛れもなく横浜は「虐殺の地」です。当時の市役所がまとめた『横浜市震災誌第四冊』（1927年）は、「翌二日からは全市近郷隈なく暴状を呈し、暴民による多数の殺害を見、大なる不祥事を惹起するに至ったのである」と述べています。多くの朝鮮人、中国人が殺されたのですが、具体的な事件の記録は少ないのです。

横浜の南部丘陵地が流言の発生地だと言われていましたが、その証拠のようなものがありませんでした。しかし、南吉田小の震災作文を読むと、流言は横浜南部の丘陵地から始まったことがよく分かります。9月1日から虐殺が起きており、子どもたちが作文に記録していたのです。このようなことが分かったのは画期的なことでした。

中央防災会議の報告書は、「関東大震災の虐殺を災害史上最悪のできごと」としています。最悪という理由は、災害を生き延びた人たちの命を奪ったことです。次に、治安の悪化を理由に、救援は市内には入れず被害を広げたことです。たとえば、3日夜に到着した大阪からの救援船シカゴ丸は、荷揚げも救護班の上陸もできませんでした。可能となったのは神奈川警備隊（陸軍）が入った後の5日になってからです。朝鮮人暴動による治安悪化が理由でしたが、実はその暴動はありませんでした。しかし、横浜の人びとは武器をもって横行し、掠奪も多く、治安は乱れていました。また、多くの朝鮮人が殺されているということは、この町の多くの人が殺人者になったということでもあります。川崎の田島町は約150人の朝鮮人を町が保護したところですが、町長の上申書に、「鮮人収容の義挙は、単に鮮人救済の為のみにあらずして、町内平和を維持するとともに、不幸犯罪人を出さず」とあります。これは、朝鮮人を保護したことは、朝鮮人を救っただけでなく町民も救ったのだ。なぜなら町民から不幸にも犯罪人を出すことにならなかったからである、という意味です。

流言が虐殺となる、一度虐殺が始まるとそれが伝染するのは容易になります。そういう当時の現実や状況が分かります。どのような状況のなかで、虐殺が起こったのかを伝えないといけないと思います。伝えないと忘れられるし、事実を伝えないと誤ったまま伝わっていきます。埼玉県や群馬県では、ほとんど震災被害がない中で虐殺事件が起きました。横浜では震災被害が大きく、その中で虐殺が起こります。状況がそれぞれ違います。軍隊が率先して虐殺をしたとか、内務省中枢の指示があったという主張もありますが、横浜は軍隊がいませんでしたし、内務省の指示も伝わりようがありませんでした。しかし、民衆は虐殺を行っています。流言から虐殺と言っても、地域や時期よってずいぶん状況は違います。

虐殺の原因は分かりませんが、どのような状況で起こったかは、調べると分かります。流言の始まった南部の丘陵地・平楽の丘は、9月1日は地震に続いて不穏なことが続いています。1日16時に山口正憲の決死隊が武器をもって掠奪を始めます。管轄する寿警察署は35、6人いた署員の20人を本部に送って、その残りが唐沢交番に行っています。彼らは、決死隊を抑えることはできませんでした。18時に横浜刑務所の囚人解放が行われ、横浜方面を目指してきました。証言を読むと「囚人が来るぞ」と竹槍の準備をし始めた人もいます。朝鮮人暴動の流言より前のことです。そして、19時に朝鮮人暴動の流言が広がります。

関東大震災の虐殺をめぐって国家責任を問う声があります。たしかに官憲もまた流言を信じて行動し、虐殺を煽り、加担し、また治安の責任を果たせなかったという点において大きな責任はあります。しかし、それだけで横浜の虐殺を説明することはできません。横浜では警察が警察として機能していない中、民衆自身が誰に指図されたわけでもなく武装して殺していったのです。民衆は指示されて動くだけでなくて、自らも動き虐殺に向かった側面があることは否定できません。

また、この問題は伝説のように語られてきた部分もあります。鶴見の警察署長だった大川常吉や地域の有力者も、朝鮮人を保護した警察を民衆が襲うことを強く警戒しています。大川常吉は、朝鮮の独立を支持していた人ではありませんが、それでも朝鮮人を殺してはいけないと言えました。その理由は何でしょう。関東大震災の歴史はあまりにも思い込みや伝説のような話が多いと思います。私自身も分からないことは多いですが、それでも調べてみるとぼんやり分かってきたことがあると思っています。

中央防災会議報告書……内閣府に事務局のある中央防災会議が2008年にまとめた「災害教訓の継承に関する専門調査会報告書（1923年関東大震災）」のこと。３編からなり、第２編で流言と虐殺の問題が扱われている。

――思い込みが強いと、逆の考えができたときに、180度ひっくり返ってしまうこともありますね。横浜では、副読本をめぐって関東大震災と虐殺の記述が消され、回収・溶解処分される出来事もありました。

後藤　横浜市の副読本問題は、政治が教育に介入し、行政が教育を守らなかったできごとです。「関東大震災で起こったことは虐殺ではない」という極端な考え方をもった政治家の議会での発言に対して、教育長は「私もそう思う」と同意しました。「朝鮮人虐殺」という言葉は、研究者が使い、百科事典にも載っている言葉だったにもかかわらず、です。また、議会で問題にならなかった、朝鮮人慰霊碑の写真も削除されました。その理由を、教育委員会に聞いたら「横浜市が発行する副読本だから、個人が建立した碑は載せない」という回答です。では「表紙に写真が載っているランドマークは市が建てたものですか」と聞いたら、答えられませんでした。答えられるはずもありません。政治家の介入による行為で、そもそも筋が通らないわけですから。1991年に、教育委員会は立派な基本方針を作ったのに、変わってしまったと思います。あの副読本は、回収・溶解しなければいけないようなものだったのでしょうか。

振り返れば、教育委員会は1971年に最初の副読本を作りました。この時期は横浜市の人口が膨れ上がり、教員も親も横浜の外から来たので、地域の歴史を知りませんでした。そこで地域の歴史をまとめたものがつくられ、学校で配られ、市販もされました。その副読本の関東大震災のページの冒頭は、寿小の作文です。私が、震災作文があるということを最初に知ったのも、実はこの副読本だったのです。中央図書館に寿小の作文を見に行ったら、ワゴン車に乗ったたくさんの作文集がでてきて驚いたことを覚えています。そういうすべてが副読本からなくなってしまいました。

副読本問題……2013年に市会で自民党所属の市議が副読本『わかるヨコハマ』のなかの朝鮮人虐殺の記述を「虐殺」は「世間で使われない表現」でふさわしくないと問題化させた。市教委は、その場で改訂を約束し、12年度版はすべて回収され、溶解処分が行われた。その後、「虐殺」を「殺害」と書き換え、大幅に内容を変えた副読本が発行された。

――最後に、100年後に向けて、私たちは今、関東大震災の歴史からどのようなことを学んだらよいでしょうか。お考えをお聞かせください。

後藤　関東大震災の虐殺は、日本と韓国・朝鮮の関係で見ることが多かったと思います。これからは、グローバル化がより一層進んで、見方によっては誰もがマイノリティであるともいえ、誰もが過ごしやすい社会にする必要があります。現在LGBTQの問題が課題になっていますが、新しく知ったマイノリティについて知る、すでに知っているマイノリティの理解を深めるということが大切です。「友達の輪」が広ければ広いほど、人を殺したり、不幸な目にあわせたりして平気ということはなくなるでしょう。横浜は「虐殺の地」であったことは事実です。その歴史から学び、誰でも大事な人間なのだから、相手を知り、相手をリスペクトすることが必要です。大川常吉の「人道に忠なる」という言葉が『震災美談』に書かれていますが、大事なことを教えていると思います。今は、ウクライナのことなど大変なことがありますが、こういうことがもっと簡単にできるような次の１世紀を作っていきたいと思っています。

インタビュー日時：2023年５月14日　＠横浜市内

第７章　災害からの復興・教訓、そして世界への貢献
——インタビュー　長島昭久氏（衆議院東日本大震災復興特別委員会 委員長）

聞き手・文責　藤田賀久

2011年3月11日14時46分頃に発生した東日本大震災。マグニチュード9.0という国内観測史上最大規模の激震と津波、そして未曽有の原子力災害が発生し、死者1万9759名（災害関連死を含む）、行方不明者2553名の犠牲を強いました。住家被害（全壊）は12万2006戸（2022年3月8日現在）、今も3.1万人が避難しています。

東日本大震災から12年目の今、いかなる問題に直面しているのか。関東大震災や阪神・淡路大震災など、大規模な自然災害に何度も苦しめられてきた教訓を将来にどのように生かすべきか。長島昭久氏（衆議院東日本大震災復興特別委員会委員長）に尋ねました。

長島昭久（ながしま・あきひさ）氏プロフィール

1962（昭和37）年神奈川県生まれ。慶應義塾大学大学院法学研究科修士課程修了、米国ジョンズ・ホプキンス大学高等国際問題研究大学院修士課程修了。米国外交問題評議会上席研究員。防衛大臣政務官、内閣総理大臣補佐官（外交及び安全保障担当）、防衛副大臣、衆議院安全保障委員長、拉致問題特別委員長等を歴任。中央大学大学院公共政策研究科客員教授、慶應義塾大学法学部非常勤講師、日本スケート連盟会長、日本体育協会理事。

著書『日米同盟の新しい設計図—変貌するアジアの米軍を見据えて』（日本評論社）、『「活米」という流儀—外交・安全保障のリアリズム』（講談社）など多数。当選7回。

——2011年3月11日の東日本大震災から今年で12年が経ちました。被災地の復旧・復興に関して、現在ではどのような問題に直面していますか。

長島　東日本大震災から12年経ちました。私も1月に現地を視察しました。これまで政府、自治体、警察、消防、自衛隊など、実に様々な関係者の努力によって、ハード面での復興、すなわち住まいの再建やインフラ整備など、目に見える復興は着実に進んできました。

しかし他方では、いまだに3万1000人もの方たちが避難生活を強いられています。また、震災や津波の衝撃によるトラウマ・PTSD（心的外傷後ストレス障害）など、心のケアの課題が非常に多く残っています。

そして、原子力災害からの復興・再生がいまだ道半ばです。「ようやく本格的に始まった」と言った方が正確かもしれません。当面の大きな課題は3つあります。

1つはALPS処理水の問題です。これを海洋放出するにあたり、いまだ漁業関係者の理解を得られていません。福島第一原発の敷地内にALPS処理水を所蔵しているタンクは

1000基を超え、もうスペースがなく、老朽化などで漏れるといけないことなどから、どうしても海上放出せざるを得ない。問題はトリチウム（三重水素）です。これは水素の仲間で、水道水や雨水など、普通の水の中にも入っている物質ですが、この1000基のタンクを全部足しても、トリチウムは３グラムしかないとのことです。トリチウムは世界中の多くの原子力施設からも海洋に放出されています。これに対して日本は、国際原子力機関（IAEA）が安全性にお墨付きを与える国際基準からさらに何十倍にも希釈して放出しようとしています。しかし、なかなか理解が得られていないという現状があります。

次に、帰還困難地域の問題があります。福島第一原発の放射性物質が飛散した地域は、これまでいくつかの区域に分けられていましたが、帰還困難地域以外では避難指示が解除されています。しかし、まだ帰還困難地域が残されているのが現状ですが、これに対しても、避難指示の解除に関する検討が始まりました。

３点目は、甚大なダメージを受けた福島の復興の象徴として、世界最先端の研究開発・人材育成の拠点を設けることになりました。これが福島国際研究教育機構（F-REI）で、この４月に立ち上がります。ここでは水素エネルギーやロボットの研究開発などの最先端研究や人材育成が推進される予定です。こうした取り組みには、被災地の復旧に留まらず、将来の希望を新たに作り出し、そのエネルギーで過去を克服していくという理念が込められています。ここが未来に向けて前進する希望の光になればと思います。未来への希望が、苦しみや困難に立ち向かう力になればと思います。

ALPS処理水……東京電力福島第一原子力発電所の建屋内にある放射性物質を含む水について、トリチウム以外の放射性物質を、安全基準を満たすまで浄化した水のこと。

福島国際研究教育機構（F-REI）……福島をはじめ東北の復興を実現するための夢や希望となるものとするとともに、我が国の科学技術力・産業競争力の強化を牽引し、経済成長や国民生活の向上に貢献する、世界に冠たる「創造的復興の中核拠点」を目指し、令和５年４月に設立されました。（復興庁ウェブサイトより）

――過去の震災から学んだ教訓について、お考えを教えてください。

長島　これまでの日本は、何度も大震災に見舞われました。そして、そのたびに教訓を学んできました。ここに過去の大震災における犠牲者の死因割合を示したグラフがあります。

今年は関東大震災から100年目を迎えます

大震災における犠牲者の死因の割合

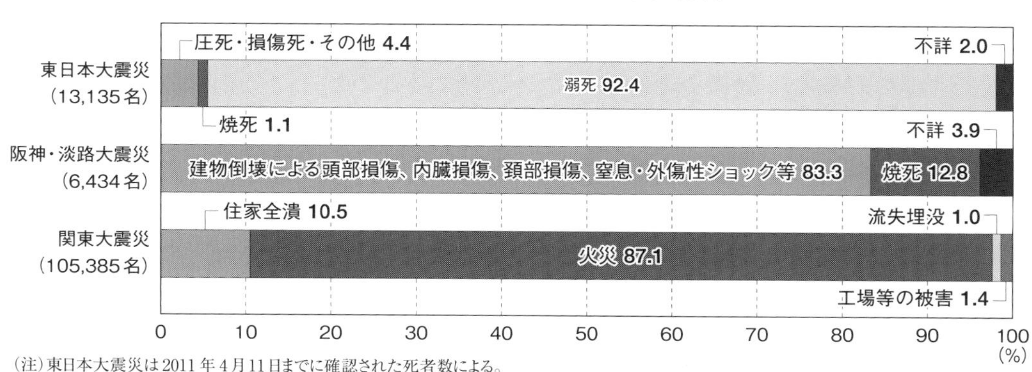

（注）東日本大震災は2011年４月11日までに確認された死者数による。

出典：東北大学災害科学国際研究所 災害統計グローバルセンター 東日本大震災関連統計データベース

が、このグラフが示す通り、関東大震災では犠牲者の87.1%が火災による焼死でした。そのため、震災後には延焼防止策が講じられました。例えば家屋が密集している地域に道路を設けたり、これまでの道を拡張して幹線道路としました。また、都心には大規模な公園を設けて緩衝地帯を作っていきました。

こうした都市改造に加えて、建築物の不燃化が進められました。つまり日本は、火災による焼死者が甚大であった関東大震災の教訓から、火災を防ぐための街づくりを100年かけて進めてきたのです。

次のグラフには阪神・淡路大震災（1995年）の犠牲者の割合があります。これを見ると、焼死による犠牲者は12.8%に抑えられていることが分かります。火災による犠牲者が甚大だった関東大震災の教訓を学び、その対策に取り組んできたからです。その一方で、阪神・淡路大震災では、建物倒壊による圧死が犠牲者の83.3%を占めました。そこで日本は、この教訓を踏まえ、建築物の耐震化や免震化を急速に進めました。

そして2011年の東日本大震災。グラフからも明らかなように、圧死や焼死の割合が非常に低いのは、先の2震災の教訓を学び、対策をしてきたからだと思います。しかし、東日本大震災では、津波による溺死が死因の92.4%も占めました。ならばこの教訓をどのように生かすべきなのか。

津波に対するハード面の整備は限界があります。もちろん、防潮堤の設置や高地移住を進めるといったハード面の防災対策は進めています。しかし、津波から命を守るためには、とにかく避難をしていただくしかない。そのためには平時からの避難訓練やシミュレーションなどが非常に大切です。「向こう三軒両隣」と古くから言い表しているような地域のコミュニティや自治体の連携なども必要です。こういったソフト面での災害対策が非常に大切であることが再確認されました。

東北・東日本を襲った津波は1000年に1度だと言われています。私たちは、その1000年に一度の津波に備えなければいけない。しかし、地震が発生するたびに津波警報が発せられていると、人はどうしても慣れてしまいます。するとどうしても警戒心が緩んでしまいます。そこで、警戒感を持続させるにはどうすればよいかを考える必要が出ていました。

これには、過去の経験や教訓を伝え続けるということが強く求められます。つまり、「語り継ぎ」や教育、そして地域コミュニティが非常に大事になってくるのです。震災モニュメントや石碑、郷土資料館などにある過去の災害の経験や情報を地域の人々が共有することにも大きな意義があります。学校の現場における教育も非常に大事です。

今後は首都直下型地震が発生する可能性も考えられています。発生時には、木造住宅を中心に火災が数日間続くという想定もあります。これに対する備えとして、例えば建物の耐震化率を100%に引き上げると、全壊棟数と死者数を9割減にすることができると想定されています。また、感震ブレーカーの設置が進むと焼失家屋数を半減させることができるとも考えられています。こうした対策を平素から進めていくということが非常に大事だと考えています。

教訓については、「東日本大震災　復興の教訓・ノウハウ集」という冊子があります。この冊子は、東日本大震災における各関係機関の対処を報告していますが、それだけにとどまっていません。「こうやりましたがうまくいかなかった」「こんな意見を取り入れてこんな教訓を残しました」というように、失敗例も課題点も明記しています。そのため、これまでにはない非常に良い教訓・ノウハウ集となっています。現在、この冊子を英語をはじめ各主要言語に翻訳することになっています。この教訓・ノウハウ集は、例えば今年２月に発生したトルコ・シリア地震の復興に貢献できると思います。また、長引く戦乱によって破壊されたウクライナの戦後復興にも役立つのではないでしょうか。

感電ブレーカー……一定以上の揺れを感知すると、自動的に電気の供給を遮断することで電気出火を防ぐ装置。これにより、地震火災の発生を抑える効果が期待されている。

「**東日本大震災　復興の教訓・ノウハウ集**」の公表（2021 年３月）
・復旧・復興に関わる官民の膨大な取り組み事例を収集・調査。
・研究者の専門的知見も踏まえ、事例から教訓・ノウハウを抽出。
・地方公共団体の職員等に向けて、簡潔かつ実践的に記述。
・成功事例だけでなく、残された課題も記述。
ウェブサイトから全ページ閲覧可能。「東日本大震災教訓継承」で検索

――震災や自然災害が発生すると、そのしわ寄せは貧困家庭・高齢者・乳幼児・障碍者・マイノリティなど社会的弱者に押しかかります。この点をいかがお考えですか。

長島　大災害が発生すると、多くの人は避難所生活を強いられます。そして、その後に生活再建という課題に直面します。こうした中、特に支援が必要な方をいかに支援するか。これが非常に重要なポイントになってきました。

そこで、災害対策基本法が改正（2013 年６月）されました。これにより、市区町村が避難所の生活環境の整備に必要な措置を講じるように規定しました。より具体的には、高齢者や身体の不自由な方、乳幼児を抱えている方など、支援が必要な家庭や個人に対して、個別の避難計画を作成するように定められました。実際に実行していくのは市町村ですが、国のレベルでこのように決まりました。

また、避難所生活は１週間や１カ月、さらにはより長期間続くこともあります。そのため、避難所は「一時的に難を逃れる場所」にとどまらず、居住空間としての環境整備が必要だということが、今回の経験で痛感されました。また、生活に必要な物資の提供の他にも、介護や高齢者の支援、マイノリティの方たちの支援を、メンタル面を含めて考えることが大事であることが分かりました。

被災者の心のケアも、避難所や仮設住宅の見回りなども含め、積極的に窓口を作るなど手厚くやっていくべきです。また、生きがいを持っていただくことも必要です。いわば心の復興事業を切れ目なく被災者に寄り添ってやって行くことが肝要です。そのためにも、やはり日常の人と人の繋がりが大事であり、コミュニティや自治会活動の活性化を図る必要もあります。

こうした事業は、具体的には市民と最も近い自治体が実施しています。国がすべきことは、頑張ってアイデアを出して実践している自治体の取り組みをモデルとして提示し、他の自治体にも横展開させていくことだと思います。

――「心のケア」をはじめ、一人一人に向き合うには非常に多くの人手が必要ですね。

長島　だから行政が全部やるのは無理で、ボランティアや NPO の役目が非常に大切です。

これまでも、避難所運営において、ボランティア組織や個人が非常に献身的に働いていただきました。しかし、その一方で避難されている方々が「行政は何をやっているのか」「行政の顔が見えない」という不安を抱くこともありました。したがって、行政もきっちりと関与し、ボランティアと連携することの

重要性が課題として見えてきました。

いずれにせよ、ボランティアやNPOの活動を補助する仕組みも作っています。効果的な活動があれば、それを先行モデルとして他の地域にも伝えていくことも問われています。

――地震や自然災害に向き合ってきた日本の経験や知見を活かして、世界に貢献することは可能でしょうか。

長島　この2月にトルコ・シリア地震が発生した時も、日本は「国際緊急援助隊」を派遣しました。国際緊急援助隊は被災地での捜索や救出、応急処置、安全な場所への移送が主な任務なので、医師や看護師などの医療チーム、消防や警察、海上保安庁のレスキュー等が定番ですが、今回は復興や建築、免震・耐震の技術者も派遣しました。耐震性診断など災害の対策と復旧に対する助言を行うためです。

つまり、日本は災害国であるがゆえに、これまでの経験で蓄積したノウハウがあります。「災害対策先進国」として、私たちのノウハウを他国の災害復興に生かすことが、日本の使命であり役割だと思っています。

――他国が災害に襲われた時に日本は緊急援助を行ってきましたが、復興段階においても貢献するという考えですね。

長島　ウクライナのゼレンスキー大統領も、復興段階における援助を日本に期待しています。現在は戦争中ですので、日本ができることは限られている。ウクライナに兵器を提供するという選択肢は日本にはありません。しかし、何年先になるか分からないが、戦争終結後の復興については力を貸してほしいと言われています。これは、まさに日本の災害復興のノウハウが生かされる分野です。10年、20年、あるいはそれ以上の時間をかけて行われるべき国家の再建であり地域の再建です。これは日本が行うことのできる非常に大事な貢献だと思います。

――海外の復興支援は、今後の日本が行うべき大きな軸になるのではないでしょうか。

長島　日本はこれまで地震や台風など、本当に数多くの災害を経験してきました。そして、困難に直面し、みんなで結束し、助け合い、命を守り、社会を守りながら国を作ってきた経験の蓄積があります。そのため、日本が災害に見舞われた時、その対応にはこれまで何百年に及ぶ経験の蓄積が反映されています。これは、我々日本人の災害に対するある種のDNAみたいなものだと思います。こういった経験の蓄積を、1000年に1度の災害に襲われて途方に暮れている国に提供し、その国の人々の命を救い、生活再建を支援することは、我々日本に与えられた使命といっても過言ではないでしょう。そして、この使命を実施していくことについては、多くの日本人の同意が得られると思っています。

日本はこれまでにもイラク復興支援やアフガニスタン復興支援などを行ってきました。アフガニスタンでは中村哲医師が命を落とされました。日本は武力で物事を解決するということはこれまでもしてきておらず、これからもするつもりはありません。その代わり、民生分野における国の再建や、災害・戦争からの復興支援を行うということに関しては、そのノウハウも意欲もあるということです。

中村哲（1946～2019年）……医師。パキスタンでハンセン病に向き合い、アフガニスタンの無医村で医療活動に従事。戦争による荒廃や砂漠化が進むアフガニスタンに井戸や用水路を建設し、農地を潤し、衛生環境を改善するなど人道・復興支援活動に尽くした。2019年、用水路の工事現場に向かう途中に凶弾に倒れた。享年73。

インタビュー日時：2023年3月29日

《コラム》

この 100 年の教訓
――私たちは何を学んだのだろうか

藤田賀久

阪神・淡路大震災を思い出して

本書の企画が立ち上がった時、神戸で育った私は、故郷を襲った阪神･淡路大震災（1995 年１月 17 日）を思い出しました。神戸空襲からちょうど 50 年目のことであり、「また焼け野原になった」とつぶやくお年寄りが１人や２人ではなかったのが印象に残っています。

震災発生時、私は東京にいました。早朝にテレビで知るとすぐに神戸の実家に電話しました。しかし、呼び出し音すら鳴らず、家族の声を聞くまでの数日間が非常に長く感じました。

発生から少し経ち､神戸に帰りました。公共機関は断絶していたのでバイクで向かいました。途中で通った長田区は火事の痕がまだ残っていました。消防車が到着しても水道管が破裂して水が出ず、遠く離れた河川や海からホースを延々と繋いだが焼け石に水だったと聞かされました。街を歩くとあちこちに遺体安置所があり、「遺体運搬中」と書いたトラックが往来していました。

モラルを疑う行動もたくさん見ました。緊急車両専用の道路に入って道をふさぐ「見物客」の車や、倒壊した自宅の木材を燃やして暖を取る人たちに対して「今のお気持ちを教えてください」とマイクを突きつける取材陣などです。

私の実家は「一部損壊」で済みました。しかし、「半壊」「全壊」となった人達は、避難所生活を余儀なくされ､その後は仮設住宅へと移り住みました。私の家の近くにもたくさんの仮設住宅が立ち並びました。独居老人が多く、孤独死が問題となったため、ボランティアによる安否確認がはじまりました。私も母と一緒に近所の仮設住宅を訪ね、お年寄りには、起床後にカーテンを開けることや、黄色いタオルを物干しにかけることをお願いしました。そして、昼になってもカーテンを閉めていたり、夜になってもタオルを取り入れていない住居をノックして廻りました。しかし、心の傷のため、他人との交流を避ける人もいました。

様々な課題も見えました。たとえば震災直後より外国から支援表明が相次ぎましたが、日本の受け入れ体制の不備や混乱が目立ちました。特に記憶に残るのは、日本の医師免許を持たない外国人医師の扱いです。緊急措置として医療行為を認めたのは震災発生１週間後でした。通訳不足も問題になりました。東日本大震災（2011 年３月 11 日）では日本の医師免許がなくても医療活動を可能にする特例を即座に認めましたが、阪神・淡路大震災の苦い教訓が生かされたのでしょう。

惨劇は繰り返されなかった

阪神・淡路大震災の時、私も含めて多くの人たちが、関東大震災の朝鮮人虐殺を思い出しました。神戸にも在日コリアンの人口が多いためです。後で教えてもらいましたが、在日コリアンの人たちも不安に襲われていたとのことでした。

しかし実際に私たちが見たのは、国籍や民族の違いを超え、お互いに助け合う姿でした。このことは当時の新聞にも書かれています。たとえば『毎日新聞』（1995年３月16日）によると、震災前には「通学途中に日本人から石を投げられたり、『朝鮮に帰れ』と言われたり」した在日コリアンの子どもが少なくありませんでしたが、震災が発生すると、国籍や民族を問わず「同じ被災者」としてお互いが助け合ったとあります。

長田区の西神戸朝鮮初中級学校には、多くのコリアンが避難していました。そこに日本人のラーメン屋が屋台を引っ張ってきて校庭に入ってきました。ある人が「ここは朝鮮人の学校ですよ」というと、「困っとるのは一緒やないか」と30人分のラーメンを無償で提供したという話もありました（『神戸新聞』1995年２月１日）。

もちろん、こうした「美談」ばかりではありません。しかし、関東大震災の惨劇を知る私たちからすれば、やはり胸をなでおろしたくなります。

悲劇が繰り返されなかったのはなぜか。ひとつには、テレビやラジオが情報を迅速かつ適切に提供していたことが考えられます。情報がなければ人々は不安になり、根拠のない「流言飛語」が流れる原因になります。それがいかに人々を不安と怒りに駆り立てたのか、私たちは関東大震災で知っています。

私も含めて関東大震災の惨劇を思い出した人が少なくなかったことは、社会全体が過去を学び、教訓として共有していた証でもありました。また、関東大震災の時とでは、人々の時代認識や人権感覚が大きく異なっていたことも指摘すべきです。この間、日本と世界は第二次世界大戦など激変の歴史を通じ、多大なる犠牲を払い、様々な教訓を学んできました。阪神・淡路大震災で見られた「美談」はその教訓の成果ではないでしょうか。

多文化共生の在り方が問われた

兵庫県内にはヴェトナム人も多く住んでいます。ヴェトナム戦争から逃れた「ボートピープル」対象の定住促進センターが姫路市にあったからです（神奈川県大和市にもありました）。姫路から神戸に移り住んだヴェトナム人は1995年１月末で742人、そのうちの約６割が長田区に住み、地場産業の靴工場などで働いていました。震災発生直後には、長田区に23家族(87人)のヴェトナム人テント村ができました。

行政や非営利団体のもとに届けられた救援物資は、国籍を問わず平等に配分されました。また、多言語による医療費や生活不安の相談窓口を開設するなど、外国人住民（兵庫県では1993年に年内在住の外国人を「外国人県民」と呼びはじめました）の被災者支援にも力点が置かれました。日本語が不得手な外国人住民に向けた多言語ラジオ局（FM COCOLO）も開局されました。

たしかに阪神・淡路大震災は、未曾有の災害であったため、初動には多くの反省点を残しました。しかし現場の人たちは、困難な状況の中で数々の努力を試み、多文化共生社会のあるべき姿を実現するにあたって大きな教訓を残してくれました。

ボランティア元年

阪神･淡路大震災が発生した1995年は「ボランティア元年」と言われるように、震災直後からボランティア志願者が全国から殺到しました。彼らは、避難所での炊き出し、ガレキ撤去、ライフライン復旧、物資輸送、生活支援、被災者の心のケア、外国人住民の通訳など、あらゆる分野で活躍しました。

その一方で、支援の受入れ側と提供者のミスマッチや、ボランティア自身の心身疲労など、予期せぬ問題が噴出しました（『毎日新聞』1995年３月４日）。しかし関係者は、こうした問題に取り組み、その結果、地元ニーズの調整やリスクマネジメント、ボランティア保険などが一気に充実しました。何よりも、ボランティアの意識や社会の理解が深まったことは特筆すべきです。

阪神・淡路大震災の後も、日本は震度７を超える地震を経験しています（2004 年の新潟県中越地震、2011 年の東日本大震災、そして 2016 年の熊本地震）。いずれの時も地元行政やボランティア団体は、被災地のニーズに応じた効率的な支援体制をすばやく整えています。そして、多くのボランティアが全国から自発的に被災地に向かいました。

東日本大震災の発生時には、ボランティアを被災地に運ぶバスが多く運行されました。とりわけ大学生など若い世代が、春休みや夏休みを利用して、利害や得失を考慮に入れず、困っている人のための力になろうと夜行バスで次々と被災地に向かう姿が今も強く印象に残っています。

世界の自然災害に立ち向かう――国際緊急援助隊の活躍

自然災害が多発する日本は救助技術や防災対策を練り上げてきました。その経験やノウハウは、今では国境を越えて人命救助に生かされています。

直近の例では 2023 年２月６日午前に発生したトルコ・シリア大地震があります。日本の国際消防救助隊の先遣隊は、地震発生の翌日夜には現場に到着。本隊到着後は、医療チームや建築構造の専門家と連携してガレキに埋もれた被害者捜索にあたりました。各国の救助隊との調整においても日本は優れた能力を示しています。

国際緊急援助隊は 1987 年の設立からすでに 160 回以上も海外派遣されました。近年では中国四川大地震（2008 年）、ネパール地震（2015 年）、メキシコ中部地震（2017 年）、台湾花蓮地震（2018 年）などで活躍しています。

私たちは過去から多くを学び、理想に向かって歩んできた

この 100 年間、多くの悲劇が私たちの社会に襲い掛かりました。しかし、そのたびに、教訓を導き出して次の時代に生かしてきました。とりわけ、人命や人権の尊重（高齢者や特別支援が必要な人に対するケア）、相互扶助（ボランティア活動）、多文化共生といった理念は、過去と比べると格段に深く社会に根付いたと思います。

私の印象は楽観的過ぎるかもしれません。まだ日本社会には至らぬ点もたくさんあります。ならばそれは何なのか、改めて問題を抽出し、引き続き真剣に議論し、歴史を学び、決して後退を許さず、理念の実現に向けて一歩ずつ歩み続けたいものです。

【参考文献】

阪神淡路大震災復興フォローアップ委員会著、兵庫県編『伝える――阪神・淡路大震災の教訓』ぎょうせい（2009）
兵庫朝鮮関係研究会 編『兵庫の大震災と在日韓国・朝鮮人』社会評論社（2009）
西川智「阪神・淡路大震災でみられた国際救援活動のミスマッチ」『地域安全学会論文報告集 No.6』（1996）

おわりに

小川輝光

この本の副題は「100年後の視点」としました。この言葉から本書を振り返るとき、私たちが捉えた「関東大震災」とは、どのようなものになるでしょうか。

第1部は「神奈川地域」の関東大震災です。震源地に近い神奈川では甚大な被害が起きました。東京の被災状況から「地震が起きれば火を消す」という教訓を与えた関東大震災ですが、異なる経験も神奈川に多くあることが分かります。県内各地では火事の前に建物が倒壊し、人びとはその下敷きになりました。埋立地でその被害が多かった横浜では、外国から来た人たちも多く犠牲になっています。さらに地震は免れても虐殺されてしまった朝鮮人や中国人などが多くいます。工場地帯が形成されつつあった川崎南部でも流言は流れましたが、被害は比較的に少なかった事実があります。東京湾の入り口にあたる三浦半島では、軍都・横須賀で海軍依存に逆戻りする経験となり、別荘地の葉山、寺社や文化財の多い鎌倉・藤沢でも特徴的な地震との向き合い方が生じています。湘南や小田原など県西地域では、忘れがちですが津波や土砂崩れによる甚大な被害が起こっています。農村部の県央地域では、都市から避難する罹災民が通過しましたが、その道の確保に尽力した経験もあります。このように地域を歩き、日記などの記録や記念碑に着目してみると、多くの人びとの記憶と経験や教訓が引き出されてきます。

第2部は「テーマからみた」関東大震災です。本書では、国際関係や文化・思想への影響、衛生や教育、交通とのかかわりなどのテーマを取り上げました。2023年現在ではロシアによるウクライナ侵攻が続き、「台湾有事」が語られ、人びとの意識や安全保障政策にも影響を及ぼしています。新型コロナウィルス感染症によるパンデミックの経験も、非常時と感染症という新たな視点を与えました。グローバル化の中で生じる交通や物流の変化、メディア変容による人びとの意識の変化も体験しているところです。このような現在注目される視点から歴史を振り返ると、知らない事実を発見したり、偶然起きた災害のショックを利用して新しい社会がつくられることに気づいたりします。たとえば、100年前の中国など救援する側の内部で生じていたできごと、戦前・戦時教育の規範意識や「震災美談」の植民地統治への転用などがその例です。新たな視点で関東大震災を捉え、その像を写し鏡にするならば、2023年現在の社会についても異なる像が浮かび上がるのではないでしょうか。

そして第3部は「100年その後」です。残念ながら大震災は、今後もやってきます。まずは、そのことを念頭に置かなければいけません。では、何をどう備えていけばよいでしょうか。100年前に比べて科学技術は進歩しました。しかし、それだけでは震災に伴う被害や苦悩をのり越えることはできないことを、歴史は教えてくれます。他方で100年間にあった複数の大地震のなかで、力をあわせて乗り越える人間社会を構築してきたことも歴史は教えてくれていました。いざ交通や情報が遮断された時に、身近に暮らす人びととだけでも、どのように困難を乗り越えることが出来るか。地域に暮らす人間同士で、自然を見定め、社会をどう作っていけるか。今は、その答えを探る準備期間です。

このように、私たちは神奈川の関東大震災をめぐって、新たな「記憶の場」を生みだしました。「100年後」というモニュメントの前に、県内各地域の記憶や、今こそ取り上げたい普遍的なテーマについての分析が並んでいます。関東大震災は、大衆化と都市形成の時代に起こったので、気を付ければ私たちが暮らす生活空間のさまざまな場所に、その痕跡を見いだすことができます。本書が問いかけたかったことは、そのような足元を見つめることの重要性です。

一方で、このような記憶に向き合う側にも、それぞれの経験があることでしょう。私には、関東大震災それ自体に関する深い経験はありません。むしろ歴史研究の対象として、1920年代の世相に大きな影響を与えたことを学んできました。ただ、忘れ難い、直接の体験として2011年の東日本大震災があります。特に、普段溢れているからこそ感じる情報不足への不安、原子力発電所事故という未曽有の事態と日常のエネルギーの問題、原発立地や復興をめぐる地域間格差の存在などを介して、100年前のできごとを見つめます。未来は、地域の記憶と、このような一人ひとりの経験の延長線上に、やってくると思われます。

最後に、これからはこの「記憶の場」を広げていくことが課題です。その当事者は、本書を読んでいただいた読者のみなさんかもしれません。本書にちりばめられた過去の記憶と記録を頼りに、それぞれの地域に一歩踏み出してはいかがでしょうか。私の場合、多文化が進む横浜の学校で歴史を教えています。すぐ隣には朝鮮学校があります。もし、大震災が起こったらということを考え、未来をつくる生徒たちとともにわが街を歩き、考えたことを発信しよう、と考えています。本書の目的は、そのような現在を生きる私たちの実践が加わることによって達成されるのだと、執筆者一同考えています。

〈編集後記〉

関東大震災と第二次世界大戦の空襲は、神奈川を二度も壊滅させました。しかし、そのたびに、人々はガレキを撤去し、道路を舗装し、新たな家を建て、産業を復興し、生活を再建しました。今、街を歩いても過去の惨状は想像できません。先人たちが、美しい街をつくり、私たちに譲り渡してくれたからです。

しかし神社の境内や公園、そして裏路地などを歩くと、古い震災記念碑や戦災慰霊碑に出会うことがあります。先人たちは、美しい街とともに、悲しい経験も後世に残そうとしたのです。

木の陰にひっそりと隠れて見つけにくい時もありましたが、私たちは記念碑や慰霊碑を捜し歩き、向き合い、その場の空気を吸い、地形を確認しました。すると、先人たちの声が聞こえてくるようでした。

たとえるならば、私たちは能の「ワキ」でした。ワキは旅の途中で「シテ」（主役）と出会います。シテは多くの場合、死者の霊です。死者が姿を現すのは、この世に伝えたいメッセージがあるからです。関東大震災を経験した先人たちも私たちに何かを伝えようとしています。目には見えないですが、彼らが立った地に私たちも立ち、彼らと対話を重ねると、100 年前の神奈川の姿が立ち上がってきました。

2021 年 12 月刊行の『神奈川から考える世界史――歩いて、見て、考える歴史』（えにし書房）に続き、今回も、地元神奈川の高校・大学の先生方をはじめ、志を共有する多くの方にご参画いただきました。執筆中に痛感したのは、県内各地で慰霊碑を守ってこられた方々や、図書館や資料館で郷土史料の発掘・調査に従事されてこられた方々の存在です。また、藤村泰夫先生（山口県立西京高等学校）が主宰される「地域から考える世界史プロジェクト」の方々からも多くの励ましとアドバイスを頂きました。

私たちが途中で迷子にならずに刊行というゴールに辿り着けたのは、神奈川を愛し、生徒さんとフィールドワークを重ねて来られた鈴木晶先生と小川輝光先生が編集委員として先頭を歩いてくださったおかげです。かくして、執筆陣・地域の方々・全国の賛同者の力が結集した本書は、神奈川の関東大震災に向き合う最新かつ野心的な 1 冊となりました。

私たちは、100 年前から引き継がれた地域の経験と教訓を後世に語り継ぐ気概で本書を企画しました。100 年後、誰かが書くであろう「関東大震災 200 周年」の参考文献リストに本書の名前が記載されたならば、ここに集まった執筆者全員で「私たちの任務は達成された」と胸を張る予定です。

2023 年 5 月 16 日　藤田賀久

〈執筆者・編集委員一覧〉

※以下の紹介は各自が提供した内容を尊重し、最低限体裁を整えました。

〈執筆者略歴（50音順）〉

飯森明子（いいもり・あきこ）

1957年大阪府生まれ。1980年津田塾大学学芸学部国際関係学科卒、2000年常磐大学大学院人間科学研究科博士後期課程修了。博士（人間科学）。川崎市内の通信機メーカー勤務、ドイツ留学、高校地歴科講師（世界史）、大学講師、等を経て、現在、桜美林大学非常勤講師、早稲田大学アジア太平洋研究センター特別センター員、渋沢研究会運営委員、日本国際文化学会常任理事。

著書『戦争を乗り越えた日米交流　日米協会の役割と日米関係　1917─1960』（彩流社、2017年）。『国際交流に託した渋沢栄一の望み──「民」による平和と共存の模索』（渋沢栄一と「フィランソロピー」シリーズ第5巻、ミネルヴァ書房、2019年、編共著）。『関東大震災と日米外交』（草思社、1999年、共著）、『もう一つの日米交流史　日米協会資料で読む20世紀』（中央公論新社、2012年、共著）など。

市川賢司（いちかわ・けんじ）

1962年生まれ。現在アレセイア湘南高等学校教諭。國學院大學文学部史学科卒。東海大学大学院文学研究科史学専攻修士課程修了。文学修士。NPO法人世界遺産アカデミー認定講師資格。世界遺産検定マイスター。歴史能力検定1級。進路アドバイザー検定マスター合格認定。博物館学芸員。

主な著書『世界史単語の10秒暗記 ENGRAM2250』（学研、2017年、共著）、『最速で覚える世界史用語』（学研、2021年）など。

井上渚沙（いのうえ・なぎさ）

1996年神奈川県生まれ。同志社大学文学部文化史学科卒。神奈川県立大磯高校にて日本史を中心に授業を受け持つ。

岩下哲典（いわした・てつのり）

1962年、信州『たのめの里』（長野県塩尻市・辰野町）生まれ。1985年青山学院大学大学院文学研究科史学専攻博士後期課程満期退学。2001年博士（歴史学）。明海大学教授等を経て現在東洋大学文学部教授。

著書『予告されていたペリー来航と幕末情報戦争』（洋泉社新書y、2006年）、『江戸無血開城──本当の功労者は誰か？』（歴史文化ライブラリー、吉川弘文館、2018年）、『ロシア海軍少尉《ゴローウニン事件》ムールの苦悩』（右文書院、2021年、共著）、『見る・知る・考える 明治日本の産業革命遺産』（勉誠社、2022年）、『「文明開化」と江戸の残像』（ミネルヴァ書房、2022年、編著）、『江戸無血開城の史料学』（吉川弘文館、2022年、編著）など。

上野信治（うえの・しんじ）

1989年大阪市生まれ。関西学院大学経済学部卒業。

現在、神奈川県立相原高等学校教諭。令和元年度神奈川県優秀授業実践教員。勤務校では歴史系科目を担当しながら、100周年記念事業として自校史の編纂にも携わっている。

上田誠二（かみた・せいじ）

1971年宇都宮市生まれ。横浜国立大学教育学部卒業。横浜国立大学大学院教育学研究科修士課程修了。東京都立大学大学院人文科学研究科博士課程修了。博士（史学）。博士課程在籍中、神奈川県大磯町の町史編さん事業に執筆委員として携わり『大磯町史』を刊行した。その後、町田市生涯学習センター嘱託職員、横浜国立大学ほか非常勤講師、横浜高等教育専門学校専任講師を経て、現在は日本女子大学人間社会学部現代社会学科准教授。

著書に『音楽はいかに現代社会をデザインしたか──教育と音楽の大衆社会史』（新曜社、2010年）、『「混血児」の戦後史』（青弓社、2018年）、共著に『こんなに変わった　歴史教科書』（新潮文庫、2011年）、『近代日本の都市と農村─激動の1910─50年代』（青弓社、2012年）、『日本の吹奏楽史　1869─2000』（青弓社、2013年）、『〈戦後〉の音楽文化』（青弓社、2016年）、『展開された厚生音楽──戦争・職場・レクリエーション』（金沢文圃閣、2021年）などがある。

神田基成（かんだ・もとしげ）

1979年東京生まれ、エジプト、オランダ、イタリア、ドイツ、茨城県育ち。筑波大学第一学群人文学類史学専攻オリエント史コース卒業、筑波大学大学院教育研究科教科教育専攻社会科教育コース修了。修士（教育学）。現在は鎌倉学園中学校・高等学校社会科教諭。

「生徒の「データ」を教材にした世界史の授業」『歴史と地理671号（世界史の研究238）』（山川出版社、2014年）、「台湾に残る日本統治時代の学校資料」『地方史研究第391号』（地方史研究協議会、201年）。共著『学校資料の未来』（岩田書院、2019年）、『私たちの歴史総合』（清水書院、2022年）、『郷土から問う歴史学と社会科教育』（清水書院、2023年）。

桐生海正（きりゅう・かいせい）

1990年足柄上郡松田町生まれ。東京学芸大学大学院教育学研究科社会科教育専攻修了。修士（教育学）。現在、神奈川県立足柄高等学校勤務、松田町文化財保護委員。

共著『「歴史総合」世界と日本　激変する地球人類の未来を読み解く』（戎光祥出版、2022年）、『近世地域史研究の模索――「つながり」の視点から――』（岩田書院、2022年）、『悪の歴史　日本編（下）』（清水書院、2017年）など。

柴　泰登（しば・やすと）

1976年東京都生まれ。早稲田大学第一文学部史学科東洋史専修卒業、九州大学人文科学府歴史空間論専攻イスラム文明史学専修修士課程修了。文学修士（九州大学）。現在は中央大学附属横浜中学校・高等学校教諭。

関口康弘（せきぐち・やすひろ）

1957年南足柄市生まれ。日本大学文理学部史学科卒、神奈川県立高校社会科教諭を退職。現在、法政大学人文学研究科史学専攻修士課程在学、足柄の歴史再発見クラブ主宰、小田原近世史研究会、治水神・禹王研究会所属。

共著『日本禹王事典』（古今書院、2023年）、『治水神禹王をたずねる旅』（人文書院、2013年）、『足柄歴史新聞 富士山と酒匂川』（文化堂印刷、2007年）、『江戸時代神奈川の100人』（有隣堂、2007年）。

高橋 梓（たかはし・あずさ）

1979年青森県弘前市生まれ。弘前大学人文学部卒業、東北大学大学院国際文化研究科修了（国際文化博士）。現在、近畿大学法学部准教授。専門は国際文化学、フランス文学、フランス語教育。2019年、堀辰雄のマルセル・プルースト受容をめぐる研究で第9回平野健一郎賞を受賞。

谷口天祥（たにぐち・てんしょう）

1976年生まれ、神奈川県秦野市出身。関東学院大学大学院文学研究科英語英米文学専攻博士前期課程修了。修士（文学）。藤沢翔陵高等学校教諭（英語科）。

藤沢市善行地区にて英会話コミュニティースクールを運営。進路アドバイザー検定マスター合格認定。

智野豊彦（ちの・とよひこ）

明治大学経営学部経営学科卒業、民間企業退職後、横浜市立高等学校に勤務。

主な共著『story 日本の歴史――近現代史編』（山川出版、2000年）、『世界史をどう教えるか』（山川出版、2008年）

主な発表　東文研シンポジウム（共生とマイノリティ）「公立学校におけるムスリムの受入れ」（2018年）、全国歴史教育研究協議会 第60回研究大会（2019年）「身近のものから歴史を考える」、AAWH大阪大会（2019年）「Making teaching materials of the Ertuğrul incident　with the view of integrated History」。

塚越俊志（つかごし・としゆき）

1982年北海道生まれ。2011年東海大学大学院文学研究科博士課程後期満期退学。2022年博士（文学）（東洋大学）。神奈川県下の公立高校などの勤務を経て、現在、逗子市教育委員会会計年度任務職員（古文書整理）、及び東洋大学非常勤講師。

著書「諸藩の留学生とパリ万博での維新前哨戦　薩摩・長州vs.幕府・佐賀」（岩下哲典・岡美穂子編『つなぐ世界史2 近世』清水書院、2023年）、『レンズが撮らえた幕末　日本の事件史』（山川出版社、2022年、編著）。「横須賀製鉄所創設と柴田剛中」（『洋学』28号、2021年）など。

徳原拓哉（とくはら・たくや）

1992年生まれ。山口大学人文学部卒、東京大学大学院情報学環・学際情報学　修士課程在籍中。
神奈川県立横浜国際高等学校教諭。

中山拓憲（なかやま・たくのり）

1976年アメリカ合衆国ロサンゼルス生まれ。2歳で帰国、その後神奈川県で育つ。千葉大学大学院修了。神奈川県立湘南高等学校勤務。世界史担当。研究テーマは朝鮮の三・一独立運動。研究のため、韓国全羅北道の全北大学校に1年間留学。8年間民間企業に勤めた後、2012年から神奈川県の公立高校教員となる。
現在は、神奈川県社会科部会歴史分科会や、高大連携歴史教育研究会に所属し世界史教育を勉強中。
歴史総合教科書『わたしたちの歴史　日本から世界へ』（山川出版社）の執筆に参加。

伴在 渚（ばんざい・なぎさ）

1990年長野県生まれ。信州大学教育学部社会科学専攻卒。日本史研究室にて牛山佳幸教授に師事。2013年より横浜市立戸塚高校に7年間勤務。現在は横浜市立横浜商業高校にて日本史を中心に授業を受け持つ。

平賀 匡（ひらが・たすく）

1977年東京生まれ。早稲田大学法学部卒業後、民間企業勤務を経て、上智大学大学院史学専攻博士後期課程満期退学。その後、台湾国立政治大学文学院歴史所へ6年間留学。最近の関心は、大正・昭和期（戦前）の日本の東アジアにおける鉄道政策である。
一方で、鉄道写真の撮影のため日本全国と台湾全土を駆け巡る。早稲田大学在学中は鉄道研究会に所属、雑誌や書籍等に提供してきた鉄道写真は2000枚を超える。

松井真之介（まつい・しんのすけ）

1976年長崎市生まれ。神戸大学大学院総合人間科学研究科博士後期課程修了。博士（学術）。大阪産業大学、大和大学、神戸大学、京都大学等の非常勤講師を経て、現在は宮崎大学国際連携機構 多言語多文化教育研究センター准教授および神戸大学国際文化学研究推進インスティテュート（Promis）連携フェロー。
共著『公共文化施設の公共性 運営・連携・哲学』（水曜社、2011年）、『はじまりが見える世界の神話』（創元社、2018年）、フランス語教科書『ウレカ！』（白水社、2020年）など。フランス語圏を中心とするマイノリティ（アルメニア人、ムスリム、地域語話者）の学校に関する論文多数のほか、フランス語圏に限らず広くマイノリティや地域文化の研究を行っている。

劉紅（りゅう・こう）

1969年中国・山東省生まれ。中国・山東大学外国語学部日本語科卒業、天津外国語大学大学院日本文学修士、上智大学大学院グローバル・スタディーズ研究科国際関係論専攻博士後期課程満期退学。博士（国際関係論）。研究テーマは中国近代思想、近代日中関係。現在は、翻訳活動、法政大学・武蔵野大学非常勤講師など。
論文「駐米大使胡適——知識人の対米外交（1938年－1942年）」（上智大学グローバ・スタディーズ研究科国際関係論専攻『コスモポリス』No.13、2019年）など10篇。翻訳書に「中国漫遊記」（原著名：徳富蘇峰『支那漫遊記』、北京：中華書局、2008年）など多数。

〈編集委員略歴〉

鈴木 晶（すずき・あきら）

1960年横浜市生まれ。フェリス女学院大学国際交流専攻修士、元東京大学教養学部非常勤講師（公民科教育法）、生徒とFW中心の活動をする「グローカリー」主宰。現在、横浜市立みなと高等学校勤務。

著書『旅行ガイドにないアジアを歩く――横浜』（梨の木舎、2020年）、共著『神奈川の戦争遺跡』（大月書店、1996年）、『近代神奈川の史話31選』（神奈川県歴史教育者協議会編、2001年）、『旅行ガイドにないアジアを歩く――マレーシア』（梨の木舎、2010年）、『旅行ガイドにないアジアを歩く――シンガポール』（梨の木舎、2016年）。

小川輝光（おがわ・てるみつ）

1978年生まれ。神奈川県川崎市出身。東京都立大学大学院人文科学研究科修士課程修了。現在、神奈川学園中学高等学校教諭・早稲田大学教育学部非常勤講師。神奈川県歴史教育者協議会などで神奈川の歴史とかかわる。

著書『3・11後の水俣／MINAMATA』歴史総合パートナーズ⑦（清水書院、2019年）。

藤田賀久（ふじた・のりひさ）

1973年神戸市生まれ。The George Washington University 修士、上智大学大学院グローバル・スタディーズ研究科国際関係論専攻博士後期課程満期退学。貿易商社、東京財団、国会議員政策秘書、上智大学非常勤講師等を経て、現在は多摩大学・武蔵野大学非常勤講師、慶熙大学校客員研究員など。

編著『神奈川から考える世界史』（えにし書房、2021年）、著書『台湾へ行こう！』（えにし書房、2018年）、『アジアの虐殺・弾圧痕を歩く』（えにし書房、2021年）。共著『東アジアの弾圧・抑圧を考える』（春風社、2019年）。

神奈川の関東大震災
100年後の視点

2023年 8月25日 初版第1刷発行

■編著者　鈴木 晶／小川輝光／藤田賀久
■発行者　塚田敬幸
■発行所　えにし書房株式会社
〒102-0074 東京都千代田区九段南 1-5-6 りそな九段ビル 5F
TEL 03-4520-6930　FAX 03-4520-6931
ウェブサイト　http://www.enishishobo.co.jp
E-mail　info@enishishobo.co.jp

■印刷／製本　株式会社 厚徳社
■ DTP・装幀　板垣由佳

ISBN978-4-86722-121-1　C0021

歴史総合、日本史・世界史探求の参考書に！

信州から考える世界史

歩いて、見て、感じる歴史

岩下哲典／中澤克昭／竹内良男／市川尚智 編

B5 判／並製／定価 2,000 円＋税

ISBN978-4-86722-118-1　C0020

高校・大学教員、在野の研究者など 30 人以上が執筆。4 つに分かれた信州各地域の歴史的な事件・事象や人物に関する遺物・遺跡・史跡・史料などから日本と世界の歴史の関係を古代から現代まで考えてみよう、というチャレンジングな試み。

相澤みのり／青木隆幸／青木歳幸／池田さなえ／遠藤由紀子／大橋敦夫
岡村幸宣／織田顕行／加藤聖文／亀岡敦子／北原高子／木下健蔵／きむらけん
窪田善雄／篠田健一／関 良基／竹内康人／寺沢秀文／傳田伊史／東郷 えりか
中島庄一／祢津宗伸／原 英章／平川豊志／広中一成／藤森英二／宮澤崇士
村石正行／山浦直人／山田 朗／山本英二／和根崎 剛

《主な内容》

古代・中世

八ヶ岳に咲いた「井戸尻文化」／銅戈・銅鐸・渦巻装飾的鉄剣が発見された弥生遺跡／古墳時代のシナノと渡来／「大黄」の謎／東アジア世界とつながる善光寺の本尊／信濃の善光寺はなぜ信仰を集めたのか／諏訪信仰とモンゴル来襲／供犠の比較史／海を渡った信濃の禅僧／諏訪御神渡りと気候変動／鉄炮を運んだのは誰か？　他

近世

豊臣秀吉の「村切り」と「たのめの里」／徳川政権と在地権力（諸藩）／蘭学・洋学の発達と信州／近世信州の城と世界遺産／中国発祥の臨済禅と飯山正受庵／小布施の高井鴻山と北斎・小栗上野介／外国勢力の日本進出と松尾多勢子・伊那谷の国学／もうひとつの五稜郭（西洋式城郭龍岡城）と松平乗謨／外国人殺傷事件（東禅寺事件）と松本藩　他

近代

幕末・明治と『夜明け前』／秩父事件と信州／信州の産業と経済／留学体験を糧に教育・文化の近代化に寄与した信州人／信州出身者による出版業／信州の軍隊と出身軍／近代日本と世界につながる信州の女性たち／信州の製糸産業と女性　他

現代

アジア太平洋戦争と信州における〈本土決戦〉準備／歩き、学び、考える、長野県の朝鮮人強制労働／満蒙開拓の歴史は私たちに何を教えてくれるのか／災害への備えを歴史から学ぶ　他